RESPONSABILIDADE CIVIL
E O NOVO CÓDIGO CIVIL

Antônio Elias de Queiroga

Desembargador aposentado do Tribunal de Justiça da Paraíba. Professor aposentado de Direito Civil da Universidade Federal da Paraíba. Professor aposentado de Direito Civil do UNIPÊ – Centro Universitário de João Pessoa.

RESPONSABILIDADE CIVIL E O NOVO CÓDIGO CIVIL

3ª edição
Revista e Atualizada

RENOVAR
Rio de Janeiro • São Paulo • Recife
2007

Todos os direitos reservados à
LIVRARIA E EDITORA RENOVAR LTDA.
MATRIZ: Rua da Assembléia, 10/2.421 - Centro - RJ
CEP: 20011-901 - Tel.: (21) 2531-2205 - Fax: (21) 2531-2135
FILIAL RJ: Tels.: (21) 2589-1863 / 2580-8596 - Fax: (21) 2589-1962
FILIAL SP: Tel.: (11) 3104-9951 - Fax: (11) 3105-0359
FILIAL PE: Tel.: (81) 3223-4988 - Fax: (81) 3223-1176

LIVRARIA CENTRO (RJ): Tels.: (21) 2531-1316 / 2531-1338 - Fax: (21) 2531-1873
LIVRARIA IPANEMA (RJ): Tel: (21) 2287-4080 - Fax: (21) 2287-4888

www.editorarenovar.com.br   renovar@editorarenovar.com.br
SAC: 0800-221863
© 2007 by Livraria Editora Renovar Ltda.

Conselho Editorial:

Arnaldo Lopes Süssekind — Presidente
Carlos Alberto Menezes Direito
Caio Tácito (*in memoriam*)
Luiz Emygdio F. da Rosa Jr.
Celso de Albuquerque Mello (*in memoriam*)
Ricardo Lobo Torres
Ricardo Pereira Lira

Revisão Tipográfica: Maria de Fátima Cavalcante

Capa: Sheila Neves

Editoração Eletrônica: TopTextos Edições Gráficas Ltda.

Nº 0510

CIP-Brasil. Catalogação-na-fonte
Sindicato Nacional dos Editores de Livros, RJ.

Q196r
Queiroga, Antônio Elias
    Responsabilidade civil e o novo código civil — 3.ed. revista e atualizada / Antônio Elias Queiroga. — Rio de Janeiro: Renovar, 2007.
    488p. ; 21cm.

    Inclui bibliografia.
    ISBN 978857147-639-4

    1. Direito civil — Brasil. I. Título.

CDD 346.81015

Proibida a reprodução (Lei 9.610/98)
Impresso no Brasil
Printed in Brazil

Dedicatória:

Por tudo que representam para mim, esta obra é dedicada à minha esposa, Onélia, aos meus filhos, Onaldo, Antônio Carlos, André Avelino, Antônio Neto e Antônio Filho e aos meus netos.

À memória do grande civilista pátrio, Desembargador Mário Moacyr Porto.

"A idéia de reparação é uma das mais antigas idéias morais da humanidade. Foi posta, no primeiro plano, pela moral cristã" (Georges Ripert).

I. Trabalhos publicados:

1. Manual de Direito de Família, RCJ Edições Ciência Jurídica, maio de 2001.
2. Responsabilidade Civil e o Novo Código Civil, Editora Renovar, 2003.
3. Curso de Direito Civil, Direito de Família, Editora Renovar, 2004.
3. Curso de Direito Civil, Direito das Sucessões, Editora Renovar, 2005.
Hermenêutica. Interpretação e Aplicação do Direito, Revista do Direito Civil, Ed. RT, 1980, pp. 30/40.

II. No prelo:

Parte Geral do Código Civil

III. Trabalhos inéditos:

1. Limitações ao direito do autor.
2. Direito e ciência.
3. Recursos trabalhistas.
4. Coisa julgada.
5. Revisão criminal.
6. Os limites subjetivos da coisa julgada no art. 472, 1ª parte do Código de Processo Civil.
7. Críticas aos sistemas que adotam simultaneamente o divórcio-sanção e o divórcio-remédio.
8. O módulo rural.
9. Antecedentes históricos do Estado Moderno.
10. Direito Medieval e Direito Moderno.

NOTA DO AUTOR À 3ª EDIÇÃO

    Escrevi este trabalho com o intuito de dar uma contribuição aos operadores e acadêmicos de Direito. Na primeira e na segunda edições, compunha-se este livro de duas partes: uma sobre a responsabilidade civil no Código de 1916; a outra acerca da responsabilidade civil no Código de 2002. Essa sistemática não consta mais da terceira edição. Preferi, para ser mais didático, abordar os temas sob a ótica do novel Código Civil, sem descuidar, no entanto, de fazer um estudo comparativo entre o atual Código e o revogado. Além disso, novos capítulos foram introduzidos, bem como ampliados temas no contexto dos demais capítulos.
    Todas as matérias debatidas estão calcadas na orientação dos grandes mestres e assentadas na jurisprudência dominante do Superior Tribunal de Justiça e do Supremo Tribunal Federal. Apresento, assim, uma obra atualizada que, tenho certeza, irá servir como mais uma fonte de pesquisa aos que militam na área da responsabilidade civil.
    Devo ressaltar que, embora revista e atualizada a presente edição, foi mantido o prefácio de autoria do Ministro José Augusto Delgado. A decisão de conservá-lo deveu-se à forma profícua e magistral como o ilustre Ministro analisou e desenvolveu as idéias centrais do livro, nas primeira e segunda

edições. São páginas de um mestre, de um verdadeiro cultor do Direito; de um magistrado situado em órbita global da evolução e mutações constantes das áreas jurídicas, mormente a do Direito Civil; de julgador que alia a teoria à prática, na busca da vontade da norma, conquanto que a aproxime cada vez mais do verdadeiro ideal de justiça.

Como simples estudioso do Direito, entendo que se este livro sobre responsabilidade civil tem algum valor só será completo com a preservação do prefácio, por dois motivos: pelos ensinamentos que encerra e pela oportunidade que oferece aos leitores de conhecê-lo, de beber a sapiência de sua fonte e, por fim, de admirá-lo como precioso escrito jurídico-literário.

João Pessoa, janeiro de 2007

Antônio Elias de Queiroga

PREFÁCIO

O sistema de responsabilidade civil adotado pelo nosso ordenamento jurídico tem sido motivo de constantes estudos, em face da importância que tem o tema para consolidar a garantia dos direitos subjetivos adquiridos pelo cidadão. Essa preocupação tem se aprofundado na fixação de princípios jurídicos e regras de interpretação a serem aplicadas ao direito positivo. Tudo isso é feito com vinculação a dogmas científicos e com objetivos de aperfeiçoamento das normas que cuidam do assunto, a partir do texto da Carta Magna.

A evolução da sociedade contemporânea está ocorrendo com intensa velocidade, provocando acentuadas mutações nas relações entre a pessoa humana com o seu semelhante, com as entidades jurídicas e entre estas. Isso exige que tudo seja acompanhado pelo Direito, por ser a ciência que tem a responsabilidade de regular o funcionamento dessas ações.

Esse panorama importa em se considerar que "as normas jurídicas hão de ser entendidas, tendo em vista o contexto legal em que são inseridas e considerando os valores tidos como válidos em determinado momento histórico. Não há como interpretar-se uma disposição, ignorando as profundas modificações por que passa a sociedade, desprezando os avanços da ciência e deixando de ter em conta as alterações de outras normas pertinentes aos mesmos institutos jurídicos", conforme anotou Eduardo Ribeiro, Ministro do STJ, em acórdão publicado na Revista do Superior Tribunal de Justiça, vol. 119, pg. 348.

A responsabilidade civil é considerada pela doutrina como sendo a entidade jurídica que mais tem se desenvolvido nos últimos anos. No Brasil, ela vem recebendo constantes exames, sempre no sentido de aprimorá-la e aproximá-la o máximo dos objetivos exigidos pela Constituição Federal, em seu artigo 1º, incisos II e III, que é de o Estado atuar, em todos os sentidos, na busca da valorização da dignidade humana e da cidadania. Uma das formas de alcançar esse desiderato constitucional é fazer ressarcir pecuniariamente o cidadão quando sofre violação em seus direitos patrimoniais, quer por ações materiais, quer por ações de ordem moral.

O Código Civil de 1916, refletindo tendência da época de sua elaboração e aprovação, dedicou apenas um artigo, o 159, a regular a responsabilidade civil. Preocupou-se, mais adiante, a determinar a apuração da culpa e a avaliar a extensão dos efeitos da responsabilidade, quando reconhecida. A responsabilidade civil, no curso da história, passou a ser tratada em leis esparsas, não sendo dada uma forma sistematizada à sua análise.

O Código Civil de 2002, fiel às exigências da era contemporânea, apresenta regulamentação atualizada sobre esse importante fenômeno presente no relacionamento das pessoas físicas e jurídicas, conforme pode identificar-se nos artigos 43, 47, 186 a 188, 927 a 943, com destaque para os arts. 931, 932, I, II, III, IV, 933, 936, 937, 938, 939 a 941 e 942, parágrafo único.

A consciência dessa realidade jurídica inspirou Antônio Elias de Queiroga, Desembargador do Tribunal de Justiça da Paraíba e Professor de Direito Civil da Universidade Federal da Paraíba, a escrever a presente obra intitulada "Responsabilidade Civil e o novo Código Civil", para a qual, com muita honra, fazemos o seu prefácio. No desempenho da missão que nos foi confiada, a primeira providência que tomamos foi a de efetuar leitura cuidadosa de todos os assuntos tratados no livro, o que fizemos de uma só assentada, pelo incentivo que o seu conteúdo nos ofertou.

Não nos foi surpresa o agrado que essa tarefa proporcionou, em razão de conhecermos as qualidades intelectuais e jurídicas do autor, já comprovadas no exercício do honroso cargo que ocupa, na missão de ministrar aulas no Curso de Direito e na elaboração de outros trabalhos já publicados. Fazemos questão de registrar que a doutrina brasileira está sendo premiada com um trabalho de profundidade, todo construído em uma base sistêmica e inspirado em pesquisas doutrinárias e jurisprudenciais que abarcam os campos nacional e estrangeiro.

"Responsabilidade Civil e o novo Código Civil", de Antônio Elias de Queiroga, é obra de vulto e que muito contribuirá para a compreensão dos variados aspectos que envolvem, neste início de século, a temática questionada. Embora se trate de uma obra densa, a sua leitura é facilitada pelo primoroso estilo adotado, haja vista a clareza dos pensamentos expostos e desenvolvidos com rigoroso primor científico. Para tanto, o autor adotou metodologia vinculada à prática de guardar absoluta fidelidade ao silogismo, demonstrando integral compatibilidade entre as premissas lançadas e as conclusões adotadas.

Em duas importantes partes está dividido o trabalho: A primeira é dedicada a examinar a responsabilidade civil no Código Civil de 1916. A segunda trata da responsabilidade civil no Código Civil de 2002.

Essa dicotomia, posta em campos especiais, demonstra a necessidade de não se romper com o tradicionalismo já implantado no trato da responsabilidade civil, porque se torna necessário adequá-lo às novas exigências da sociedade. O Código Civil de 10.01.2002 foi sensível a essa tendência. O autor soube explorar com intensidade esse vínculo, decisão que demonstra quão importante será para a doutrina e para a jurisprudência essa forma de estudar comparativamente a responsabilidade civil.

A obra, após analisar todos os aspectos da responsabilidade civil no Código de 1916 e legislação que o completa, volta-se para o Código Civil 2002 e procura interpretar, o que faz com sucesso, como o tema foi analisado. O autor dedicou, na primeira parte, 27 capítulos para o tratamento da responsabilidade civil no Código de 1916. A eles deu os seguintes títulos:

- Capítulo I – Noções preliminares sobre responsabilidade civil.
- Capítulo II – Pressupostos da responsabilidade civil.
- Capítulo III – Da culpa.
- Capítulo IV – Da relação de causalidade.
- Capítulo V – Do dano.
- Capítulo VI – Do dano moral.
- Capítulo VII – Responsabilidade civil por fato de terceiro.
- Capítulo VIII – Do direito regressivo.
- Capítulo IX – Responsabilidade civil da Administração Pública.
- Capítulo X – Da liquidação do dano em caso de homicídio.
- Capítulo XI – Morte de criança de tenra idade.
- Capitulo XII – Da liquidação do dano em caso de lesão corporal.
- Capítulo XIII – Da responsabilidade civil dos médicos e dos cirurgiões plásticos.
- Capítulo XIV – Da responsabilidade civil dos prestadores de serviços.
- Capítulo XV – Responsabilidade civil dos empreiteiros e construtores.
- Capítulo XVI – Da responsabilidade civil do locador e do locatário.
- Capítulo XVII – Da responsabilidade civil por acidente do trabalho.

- Capítulo XVIII – Do dano ecológico.
- Capítulo XIX – Responsabilidade civil e criminal.
- Capítulo XX – Da responsabilidade civil dos notários e registradores.
- Capítulo XXI – Responsabilidade civil do transportador.
- Capítulo XXII – Responsabilidade civil na guarda de coisa inanimada.
- Capítulo XXIII – Responsabilidade civil pela ruína de edifício.
- Capítulo XXIV – Da responsabilidade civil resultante de coisas líquidas e sólidas.
- Capítulo XXV – A responsabilidade civil na alienação fiduciária e no arrendamento mercantil (Leasing).
- Capítulo XXVI – Da responsabilidade civil no contrato de depósito.
- Capítulo XXVII – Responsabilidade civil e acidente automobilístico.

A segunda parte da obra cuida da responsabilidade civil no Código de 10.01.2002. Os assuntos estão divididos em três capítulos, assim definidos:
- Capítulo I – Aspectos gerais.
- Capítulo II – Da obrigação de indenizar.
- Capítulo III – Da indenização.

No Capítulo III, o autor detalha, com profundidade, os aspectos inerentes às atividades de risco, à responsabilidade civil do incapaz, à responsabilidade civil por fato de terceiros, à responsabilidade civil dos pais, dos tutores, dos patrões ou comitentes, dos donos de hotéis, dos que gratuitamente participarem nos produtos do crime. Preocupa-se, também, em examinar a ação regressiva, os efeitos da responsabilidade civil e criminal, responsabilidade civil pelos danos causados por animais, pela ruína de edifício ou construção, a decorrente de *'effusis et dejectis'*, a oriunda por dívida vincenda ou já paga e a proveniente da transmissão por herança.

Há destaque, no Capítulo III, para a fixação do montante da indenização, em razão do detalhamento que o novo Código Civil emprestou a esse tormentoso assunto. A leitura de cada capítulo do presente livro leva o leitor a estado de satisfação, por receber ensinamentos sustentados na melhor doutrina e em decisões jurisprudenciais mais recentes. Entre vários pontos explorados, destacamos, segundo o nosso entendimento, o momento em que a obrigação de indenizar é examinada em todos os seus aspectos, enfrentado as controvérsias geradas com as atividades de risco, com a responsabilidade decorrente por ato de incapaz, por fato de terceiro e quando imposta aos pais, por ações de filhos menores.

A linha de exposição segue um prisma de clareza e lucidez jurídica, e está construída em apoio formado por meandros científicos de plena aceitação pelo mundo jurídico. As meditações enfrentadas pelo autor são mostradas com muita tecnicidade e amparadas em pesquisa que se estendeu pelo direito estrangeiro e nacional, conforme atesta a bibliografia que as inspirou.

Registramos, em face do exposto, a nossa satisfação pela identificação, na primeira leitura, de que o autor incorpora à doutrina brasileira uma obra que adota conduta expositiva ligada à correta aplicação dos fundamentos que inspiram a Ciência Jurídica, além de expressar total domínio sobre o vasto campo da responsabilidade civil.

Não se pode negar que cresce a sensibilidade jurídica para o desenvolvimento das situações provocadoras de responsabilidade civil. Essa circunstância não passou sem comentários do autor, especialmente, quando observa, com absoluta razão, que o Código Civil de 2002, não obstante a sua inquietação com a matéria, não avançou, de modo considerável, "no trato da natureza da responsabilidade civil". Afirma, ainda, que, "apenas, foram codificados temas já consagrados em leis esparsas, na doutrina e na jurisprudência dos nossos tribunais". Essas observações demonstram a acuidade intelectual com que a obra foi produzida, dedicando-se a acentuar toda a problemática da responsabilidade civil no momento, sem deixar de apontar a timidez do legislador de 2002, na elaboração do novo Código Civil.

Há, no curso da exposição do autor, avanços que impressionam o jurista. Por essa razão, não hesitamos em renovar a afirmação de que a obra é de vulto, merece ser louvada, o que fazemos com profundo sentimento de justiça e de alegria, em homenagem à inteligência e esforço de quem a escreveu. É muito difícil impor silêncio quando nos defrontamos com reflexões bem estruturadas cientificamente, como são as desenvolvidas no livro ora prefaciado. Sabemos que novos horizontes estão abertos para a discussão sobre responsabilidade civil. O autor antecipa-se a esse movimento. Dedicou-se a essa tarefa com ardor, fato que o leva a receber o reconhecimento da comunidade jurídica.

Exprimimos, por último, a nossa convicção de que "Responsabilidade Civil e o novo Código Civil" marcará novo panorama na nossa ordenação jurídica. Ela será de grande utilidade a todos os operadores de direito, por ter desvendado, de modo simples e correto, os mais intrincados aspectos que envolvem a responsabilidade civil no âmbito do Direito.

A obra presente é um atestado do esforço intelectual do autor. Este já tem lugar consagrado na magistratura brasileira, no exercício do honroso cargo de Desembargador do Tribunal de Justiça da Paraíba, local em que profere eruditos votos que o consagram como um dos mais cultos integrantes da magistratura brasileira. É reconhecido, também, pelas excelentes gestões administrativas quando exerceu a Presidência do Tribunal de Justiça do Estado e, igualmente, a do Tribunal Regional Eleitoral da Paraíba.

No exercício do magistério, pontifica como o mais completo e conceituado Professor do Curso de Direito da Universidade Federal da Paraíba, sendo respeitado pelo corpo docente e pelos seus alunos que lhe manifestam amizade e gratidão.

Alinhamos todo esse mérito profissional do autor e a ele acrescentamos o culto que pratica exercendo os valores que compõem a cidadania.

Por tudo isso e por ter uma vida conduzida com dignidade, em todos os aspectos, é que o Desembargador Antônio Elias de Queiroga ocupa lugar de merecido destaque entre os magistrados, professores e doutrinadores do Brasil.

Rendemos as nossas homenagens a tão destacado homem público e intelectual, porque são merecidas. Parabenizamos a doutrina brasileira pela importância que este livro empresta ao estudo da responsabilidade civil. Louvamos a produção intelectual de quem se dedica à Ciência Jurídica com toda a força de sua capacidade intelectual, voltando-se para incentivar o seu aprimoramento, por reconhecê-la como suporte maior para a manutenção do Estado Democrático que todos nós desejamos vivenciar.

Brasília, julho de 2002.

José Augusto Delgado
Ministro do STJ.

SUMÁRIO

NOTA DO AUTOR À 3ª EDIÇÃO XI
PREFÁCIO XIII

CAPÍTULO I
NOÇÕES PRELIMINARES SOBRE RESPONSABILIDADE CIVIL .. 1
1. INTRODUÇÃO 1
2. EVOLUÇÃO DA RESPONSABILIDADE CIVIL. 3
3. CONCEITO DE RESPONSABILIDADE CIVIL. 6
4. CLASSIFICAÇÃO DA RESPONSABILIDADE. 6
   4.1. Responsabilidade civil e penal. 6
   4.2. Responsabilidade civil contratual e extracontratual ou aquiliana. 7
   4.3. Responsabilidade civil subjetiva e objetiva. 9

CAPÍTULO II
PRESSUPOSTOS DA RESPONSABILIDADE CIVIL 11
1. REGRA GERAL DA RESPONSABILIDADE CIVIL. 11
2. PRESSUPOSTOS DA RESPONSABILIDADE CIVIL. 13
   2.1. Ação ou omissão do agente. 13
   2.2. Culpa do agente 13
   2.3. Relação de causalidade 14
   2.4. Dano experimentado pela vítima. 14

CAPÍTULO III
AÇÃO OU OMISSÃO......15
1. CONCEITO DE AÇÃO E OMISSÃO......15
2. RESPONSABILIDADE CIVIL POR ATO DE TERCEIRO......17

CAPÍTULO IV
CULPA......19
1. INTRODUÇÃO......19
2. EXTENSÃO DA CULPA E O CÓDIGO CIVIL DE 2002......22
3. ESPÉCIES DE CULPA......23
3.1. Culpa presumida......24
3.2. Culpa exclusiva......24
3.3. Culpa contratual......25
3.4. Culpa extracontratual......25
3.5. Culpa concorrente......25

CAPÍTULO V
DANO......27
1. INTRODUÇÃO......27
2. ESPÉCIES DE DANO......28
3. DOS DANOS EMERGENTES E DOS LUCROS CESSANTES......29
4. DANO REFLEXO......30
5. DANOS COLETIVOS, DIFUSOS E INDIVIDUAIS HOMOGÊNEOS......32
6. INDENIZAÇÃO DO DANO MATERIAL......35

CAPÍTULO VI
DANO MORAL......37
1. INTRODUÇÃO......37
2. CONCEITO DE DANO MORAL......38
3. FIXAÇÃO DA INDENIZAÇÃO POR DANO MORAL......40
4. DANO MORAL DIRETO E INDIRETO......42
5. O DANO MORAL E AS PESSOAS JURÍDICAS......42

CAPÍTULO VII
RELAÇÃO DE CAUSALIDADE..45
1. INTRODUÇÃO. 45
2. TEORIAS EXPLICATIVAS DO NEXO CAUSAL E A POSIÇÃO DO CÓDIGO CIVIL...46

CAPÍTULO VIII
EXCLUDENTES DA RESPONSABILIDADE CIVIL....................49
1. INTRODUÇÃO. 49
2. EXCLUDENTES DA RESPONSABILIDADE CIVIL...............50
2.1. Estado de necessidade...50
2.2. Legítima defesa..52
2.3. Exercício regular de um direito reconhecido e estrito cumprimento do dever legal. 53
2.4. Caso fortuito e de força maior. 53
2.5. Culpa exclusiva da vítima...57
2.6. Fato de terceiro. 57
3. CLÁUSULA DE NÃO INDENIZAR: PRESSUPOSTOS DE VALIDADE. 67
4. CULPA CONCORRENTE..69
5. JURISPRUDÊNCIA DO STJ SOBRE A MATÉRIA................69

CAPÍTULO IX
RESPONSABILIDADE OBJETIVA..73
1. INTRODUÇÃO. 73
2. NOÇÕES PRELIMINARES. 74
3. RESPONSABILIDADE OBJETIVA E O CÓDIGO CIVIL DE 2002..76
4. ATIVIDADE DE RISCO. 77

CAPÍTULO X
AGENTES CAUSADORES DO DANO 79
1. INTRODUÇÃO. 79
2. RESPONSABILIDADE CIVIL DO INCAPAZ.......................79
3. RESPONSABILIDADE CIVIL DO MENOR.........................83

CAPÍTULO XI
RESPONSABILIDADE CIVIL POR FATO DE TERCEIRO 87
1. INTRODUÇÃO. 87
2. VISÃO DA MATÉRIA PELO CÓDIGO CIVIL DE 2002. 90
3. RESPONSABILIDADE CIVIL DOS PAIS. 91
4. DANO CAUSADO POR MENOR DE VINTE E UM ANOS DE IDADE 92
5. LEGITIMIDADE DOS PAIS PARA PLEITEAR INDENIZAÇÃO POR DANOS MORAIS PERPETRADOS CONTRA FILHO JÁ FALECIDO. 93
6. RESPONSABILIDADE CIVIL DOS TUTORES. 104
7. RESPONSABILIDADE CIVIL DOS CURADORES. 105
8. RESPONSABILIDADE CIVIL DOS PATRÕES OU COMITENTES. 105
9. PRESSUPOSTOS DA RESPONSABILIDADE CIVIL DOS PATRÕES. 106
10. RESPONSABILIDADE DOS DONOS DE HOTÉIS. 106
11. RESPONSABILIDADE CIVIL DOS QUE GRATUITAMENTE HOUVEREM PARTICIPADO NOS PRODUTOS DO CRIME, ATÉ A CONCORRENTE QUANTIA. 107
12. RESPONSABILIDADE CIVIL DOS EDUCADORES. 107
13. AÇÃO REGRESSIVA. 109

CAPÍTULO XII
RESPONSABILIDADE CIVIL E CRIMINAL 113
1. NOÇÕES PRELIMINARES. 113
2. POSIÇÃO DO STJ E DO STF SOBRE A MATÉRIA. 114

CAPÍTULO XIII
RESPONSABILIDADE CIVIL PELO FATO DA COISA E DO ANIMAL 117
1. INTRODUÇÃO. 117
2. NATUREZA DA RESPONSABILIDADE. 118
3. RESPONSABILIDADE CIVIL PELOS DANOS CAUSADOS POR ANIMAL. 119

4. RESPONSABILIDADE CIVIL PELA RUÍNA DE EDIFÍCIO OU CONSTRUÇÃO. 122
5. RESPONSABILIDADE RESULTANTE DE COISAS LÍQUIDAS E SÓLIDAS. 123
5.1. Natureza da responsabilidade. 124
5.2. Excludentes. 125

CAPÍTULO XIV
RESPONSABILIDADE CIVIL POR DÍVIDA VINCENDA OU JÁ PAGA 127
1. INTRODUÇÃO. 127
2. POSIÇÃO DOS TRIBUNAIS. 128

CAPÍTULO XV
RESPONSABILIDADE CIVIL DOS PRESTADORES DE SERVIÇOS 131
1. INTRODUÇÃO. 131
2. NATUREZA DA RESPONSABILIDADE CIVIL. 132
3. DO ÔNUS DA PROVA. 133
4. DOS BANCOS E SEUS PREPOSTOS. 133
5. DOS POSTOS DE COMBUSTÍVEIS. 138

CAPÍTULO XVI
RESPONSABILIDADE CIVIL DO MÉDICO 141
1. INTRODUÇÃO. 141
2. PRESSUPOSTO DA RESPONSABILIDADE CIVIL DO MÉDICO. 143
3. NATUREZA DA RESPONSABILIDADE CIVIL DO MÉDICO. 144
4. OBRIGAÇÃO DE MEIO E OBRIGAÇÃO DE RESULTADO. 147
4.1. Obrigação de meio. 147
4.2. Obrigação de resultado. 149
5. CIRURGIAS PLÁSTICAS ESTÉTICAS. 149
6. CIRURGIAS PLÁSTICAS REPARADORAS 151
7. RESPONSABILIDADE DOS ANESTESISTAS. 152

8. RESPONSABILIDADE DOS CIRURGIÕES-DENTISTAS.. 154
9. RESPONSABILIDADE DOS HOSPITAIS............... 157
10. ENTIDADES PRIVADAS DE SEGURO E DE
    ASSISTÊNCIA MÉDICA. 160
11. APLICAÇÃO DO CÓDIGO DE DEFESA DO
    CONSUMIDOR... 161
12. INDENIZAÇÃO.. 163

CAPÍTULO XVII
DOS ADVOGADOS 165
1. INTRODUÇÃO. 165
2. NATUREZA DA RESPONSABILIDADE................ 165
3. INVIOLABILIDADE PROFISSIONAL 167

CAPÍTULO XVIII
RESPONSABILIDADE CIVIL DOS EMPREITEIROS E
CONSTRUTORES 171
1. INTRODUÇÃO. 171
2. DO CONTRATO DE EMPREITADA. 172
3. DAS OBRIGAÇÕES DO EMPREITEIRO.............. 174
4. CONSTRUÇÕES DE EDIFÍCIOS E OUTRAS
   CONSTRUÇÕES CONSIDERÁVEIS. 176
5. NATUREZA DA RESPONSABILIDADE CIVIL DO
   EMPREITEIRO E SUA CLASSIFICAÇÃO........... 177
6. DA RESCISÃO DO CONTRATO DE EMPREITADA PELO
   DONO DA OBRA.. 179
7. DO CONTRATO DE ADMINISTRAÇÃO. 182

CAPÍTULO XIX
RESPONSABILIDADE CIVIL DO TRANSPORTADOR........... 183
1. INTRODUÇÃO. 183
2. NATUREZA DO CONTRATO. 184
3. TRANSPORTES QUE EXIGEM AUTORIZAÇÃO DO
   PODER PÚBLICO. 186
4. CONTRATO DE TRANSPORTE: LEIS ESPECIAIS E
   TRATADOS. 187

5. DOS TRANSPORTES CUMULATIVOS. 187
6. NATUREZA DA RESPONSABILIDADE DOS CONTRATOS. 188
7. OBJETO DO CONTRATO DE TRANSPORTE. 189
8. DO TRANSPORTE DE PESSOAS. 189
8.1. Espécies de transporte de pessoas. 191
8.2. Outras regras. 191
9. DO TRANSPORTE DE COISA. 193
9.1. Das obrigações do transportar. 193
9.2. Recusa da coisa pelo transportador. 194
9.3. Outras regras. 194
10. DO TRANSPORTE MARÍTIMO. 196
11. DO TRANSPORTE AÉREO 197
11.1. Considerações. 198
11.2. Alcance da responsabilidade civil do transportador aéreo. 199
11.3. Extravio de bagagem. 200
11.4. Extravio de bagagem e dano moral. 204
11.5. Legislação aplicável. 206
11.6. Danos decorrentes de morte ou lesão corpórea. 208
11.7. Jurisprudência do STJ. 209
11.8. Acidente aéreo e responsabilidade civil da União 211

CAPÍTULO XX
RESPONSABILIDADE CIVIL DAS EMPRESAS LOCADORAS DE VEÍCULOS 213
1. INTRODUÇÃO. 213
2. JURISPRUDÊNCIA DO STF E DO STJ. 215

CAPÍTULO XXI
RESPONSABILIDADE CIVIL DOS NOTÁRIOS E REGISTRADORES 223
1. NATUREZA DA RESPONSABILIDADE. 223
2. LEI Nº 8.935/94. 225
3. FUNÇÃO PÚBLICA DOS NOTÁRIOS E REGISTRADORES: JURISPRUDÊNCIA DO STJ E DO STF ANTES DA REFORMA DA PREVIDÊNCIA SOCIAL 226

4. FUNÇÃO PÚBLICA DOS NOTÁRIOS E REGISTRADORES: JURISPRUDÊNCIA DO STF DEPOIS DA REFORMA DA PREVIDÊNCIA SOCIAL. 228

CAPÍTULO XXII
RESPONSABILIDADE CIVIL PELO FATO DO PRODUTO E DO SERVIÇO, POR DANOS NO FORNECIMENTO DO SERVIÇO E POR VÍCIO DE QUALIDADE DO PRODUTO OU DO SERVIÇO 231
1. INTRODUÇÃO. 231
2. RESPONSABILIDADE PELO FATO DO PRODUTO. 232
2.1. Tipos de defeitos. 233
2.2. Dos responsáveis. 234
2.3. Natureza da responsabilidade. 235
2.4. Excludentes da responsabilidade. 236
3. RESPONSABILIDADE POR DANOS NO FORNECIMENTO DO SERVIÇO. 239
4. RESPONSABILIDADE POR VÍCIO DE QUALIDADE DO PRODUTO E DO SERVIÇO 241
4.1. Extensão da responsabilidade por vícios às pessoas jurídicas. 242
4.2. Sujeitos passivos dessa relação. 243
4.3. Vício de qualidade e quantidade. 243
4.4. Sanções 244
4.5. Prazo de garantia. 244
5. ANÁLISE COMPARATIVA ENTRE O CÓDIGO CIVIL E O CÓDIGO DE DEFESA DO CONSUMIDOR. 245

CAPÍTULO XXIII
RESPONSABILIDADE CIVIL DO LOCADOR E DO LOCATÁRIO 249
1. BASE LEGAL. 249
2. RESPONSABILIDADE CIVIL DO LOCADOR 249
3. RESPONSABILIDADE CIVIL DO LOCATÁRIO. 251

CAPÍTULO XXIV
TRANSMISSÃO DA RESPONSABILIDADE CIVIL POR
HERANÇA 255
1. INTRODUÇÃO. 255
2. OUTRAS OBRIGAÇÕES. 257

CAPÍTULO XXV
RESPONSABILIDADE CIVIL DA ADMINISTRAÇÃO PÚBLICA
E DAS PESSOAS JURÍDICAS DE DIREITO PRIVADO
PRESTADORAS DE SERVIÇOS PÚBLICOS 259
1. INTRODUÇÃO. 259
2. TEORIA DA CULPA ADMINISTRATIVA. 261
3. TEORIA DO RISCO ADMINISTRATIVO. 262
4. TEORIA DO RISCO INTEGRAL. 263
5. O § 6º DO ART. 37 DA CONSTITUIÇÃO DA REPÚBLICA. . 264
6. APLICAÇÃO DA RESPONSABILIDADE OBJETIVA. 268
7. RESPONSABILIDADE CIVIL DO ESTADO POR ATO
   OMISSIVO DE SEUS AGENTES. 269
8. EXCLUSÃO DA RESPONSABILIDADE. 277
9. ÔNUS DA PROVA. 278
10. RESPONSABILIDADE POR ATO LEGISLATIVO. 278
11. ATOS JUDICIAIS. 279
12. DANOS DE OBRAS PÚBLICAS. 282
13. DA PRESCRIÇÃO. 282
14. DENUNCIAÇÃO DA LIDE. 285

CAPÍTULO XXVI
RESPONSABILIDADE CIVIL POR ACIDENTE DO
TRABALHO 287
1. INTRODUÇÃO. 287
2. INDENIZAÇÃO PREVIDENCIÁRIA. 288
3. INDENIZAÇÃO PELO DIREITO COMUM 291

CAPÍTULO XXVII
DANO ECOLÓGICO 293
1. INTRODUÇÃO. 293

2. INSTRUMENTOS DE TUTELA. 297
3. REPARAÇÃO DO DANO AMBIENTAL. 298

CAPÍTULO XXVIII
RESPONSABILIDADE CIVIL NA ALIENAÇÃO FIDUCIÁRIA E NO ARRENDAMENTO MERCANTIL (LEASING) 301
1. DA ALIENAÇÃO FIDUCIÁRIA. 301
2. DO *LEASING*. 302

CAPÍTULO XXIX
RESPONSABILIDADE CIVIL NO CONTRATO DE DEPÓSITO 305
1. INTRODUÇÃO. 305
2. NATUREZA DA RESPONSABILIDADE. 306

CAPÍTULO XXX
RESPONSABILIDADE CIVIL E ACIDENTE AUTOMOBILÍSTICO 309
1. INTRODUÇÃO. 309
2. NATUREZA DA RESPONSABILIDADE. 309
3. SITUAÇÃO DE PERIGO CRIADA POR TERCEIRO. 311
4. ACIDENTE CAUSADO POR MENOR. 311
5. CULPA CONTRA A LEGALIDADE. 312
6. ACIDENTE DE VEÍCULO E CULPA CONCORRENTE ... 313
7. INDENIZAÇÃO PREVIDENCIÁRIA 315
8. AÇÃO DE INDENIZAÇÃO CONTRA O ANTIGO PROPRIETÁRIO. 315

CAPÍTULO XXXI
ROMPIMENTO DE NOIVADO 319
1. INTRODUÇÃO. 319
2. REQUISITOS DA PRETENSÃO. 321
3. EXTENSÃO DO DANO. 321
4. DESFAZIMENTO DE NOIVADO POR MORTE. 326

CAPÍTULO XXXII
DA INDENIZAÇÃO 327

1. INTRODUÇÃO. 327
2. OBRIGAÇÕES CONTRATUAIS E IMPOSSIBILIDADE DE CUMPRIR A PRESTAÇÃO. 328
3. INDENIZAÇÃO EM CASO DE HOMICÍDIO. 329
4. PENSÃO DA VIÚVA E DOS FILHOS MENORES............ 330
5. GARANTIA DE CUMPRIMENTO DA OBRIGAÇÃO. 332
6. MORTE DE CRIANÇA DE TENRA IDADE. 332
7. PENSÃO. 336
8. INDENIZAÇÃO EM CASO DE LESÃO CORPORAL......... 340
9. INABILITAÇÃO PARA O TRABALHO E REDUÇÃO DA CAPACIDADE LABORAL. 344
10. USURPAÇÃO OU ESBULHO DO ALHEIO. 344
11. OFENSA À HONRA DA MULHER. 347
12. INDENIZAÇÃO POR INJÚRIA OU CALÚNIA 349
13. INDENIZAÇÃO EM CASOS DE OFENSA À LIBERDADE PESSOAL. 351

CAPÍTULO XXXIII
JUROS E CORREÇÃO MONETÁRIA: APLICAÇÃO NO CAMPO DA RESPONSABILIDADE CIVIL 355
1. JUROS: CONCEITO E ASPECTOS GERAIS. 355
2. CLASSIFICAÇÃO DOS JUROS. 357
3. JUROS LEGAIS. 358
3.1. Juros de mora. 359
3.2. Juros moratórios na prática 368
3.3. Regras para a contagem dos juros de mora 370
4. JUROS COMPENSATÓRIOS. 372
5. CUMULAÇÃO DE JUROS MORATÓRIOS COM JUROS COMPENSATÓRIOS. 372
6. CAPITALIZAÇÃO DE JUROS. 373
7. CORREÇÃO MONETÁRIA.. 376
7.1. Considerações gerais. 378
7.2. Dívida de dinheiro e dívida de valor................................. 379
7.3. Lei nº 6.899, de 8 de abril de 1981 380
7.4. Regras sobre a aplicação da correção monetária. 381
7.5. Súmulas sobre correção monetária 382

7.6. Outras regras. ... 388
8. COMISSÃO DE PERMANÊNCIA E CORREÇÃO
MONETÁRIA. ... 388

CAPÍTULO XXXIV
RESPONSABILIDADE CIVIL POR DANO PRATICADO NA
INTERNET ... 391
1. INTRODUÇÃO. ... 391
2. COMPOSIÇÃO DO SISTEMA. ... 395
3. COMÉRCIO ELETRÔNICO. ... 398
4. RISCOS DO COMÉRCIO ELETRÔNICO. ... 400
5. REGULAMENTAÇÃO JURÍDICA NO BRASIL. ... 401
6. DIREITO DO CONSUMIDOR E A INTERNET. ... 406
7. INFRAÇÕES PRATICADAS. ... 408
7.1.Violação de direitos autorais. ... 408
7.2. Invasão de sites/redes. ... 411
7.3. Clonagem de cartões de crédito. ... 413
7.4. Acesso não autorizado a contas bancárias. ... 415
7.5. Pornografia infantil. ... 416
7.6. Concorrência desleal. ... 417
7.7. Manipulação e falsificação de dados. ... 418
7.8. Racismo. ... 418

CAPÍTULO XXXV
CONTRATO PELA INTERNET ... 419
1. INTRODUÇÃO. ... 419
2. FORMAS DOS CONTRATOS ELETRÔNICOS. ... 421
3. NATUREZA DA RESPONSABILIDADE CIVIL NA
INTERNET ... 425
4. DAS SANÇÕES. ... 428
5. DA JURISDIÇÃO. ... 428
6. JURISPRUDÊNCIA COLACIONADA. ... 430

BIBLIOGRAFIA ... 437

Capítulo I

NOÇÕES PRELIMINARES SOBRE RESPONSABILIDADE CIVIL

1. Introdução. 2. Evolução da responsabilidade civil. 3. Conceito de responsabilidade civil. 4. Classificação da responsabilidade. 4.1. Responsabilidade civil e penal. 4.2. Responsabilidade civil contratual e extracontratual ou aquiliana. 4.3. Responsabilidade civil subjetiva e objetiva.

1. Introdução. É complexa a definição de responsabilidade civil, em face das divergências encontradas entre a concepção tradicional da culpa e a doutrina moderna do risco.

"O conceito de responsabilidade deve colocar em confronto duas pessoas, supondo, necessariamente, um conflito suscitado entre elas, para propor, ao cabo, que responsável será a pessoa que deve reparar um prejuízo"[1].

---

1. Mazeaud, Henri e Léon. Traité théorique et pratique de la res-

Esse confronto entre conceito e conteúdo da responsabilidade civil não leva a nada. Mesmo porque, segundo Savatier, a culpa e o risco não podem ser considerados como fundamentos, mas como fontes da responsabilidade civil[2].

Josserand considera responsável aquele que em definitivo suporta um dano. Toma a responsabilidade civil no seu sentido mais amplo, tanto que abrange na qualificação de responsável o causador do dano a si mesmo[3].

Para Aguiar Dias[4], o fato de se confundirem, no mesmo patrimônio, o crédito pela reparação e a obrigação respectiva não afeta a figura da responsabilidade, tal como a entende Josserand. "O que se dá é o desinteresse na caracterização do dever de reparação conseqüente à responsabilidade".

Inspira-se o conceito de reparação do dano na concepção de harmonia e equilíbrio, orientadora do direito. Talvez seja por isso que não se definiu, até hoje, uma teoria unitária da responsabilidade civil, apesar dos esforços empreendidos por muitos juristas. E é difícil fazê-lo, porque o instituto é dinâmico, transformando-se, constantemente, de acordo com a evolução social, permitindo amoldar-se às condições dos tempos. Aguiar Dias[5], dissertando sobre a matéria, diz que não "se deve, por temor à famosa tirania judiciária, abandonar o direito

---

ponsabilité civile, délictuelle et contractuelle, Paris, 1938, vol. III, 3.ª ed., t. 1, n°s 4-5, pág. 2 e segs.
2. Aguiar Dias. Da responsabilidade civil, 7.ª ed., Forense, n. 7.
3. Les transports, Paris, n° 558, pág. 45.
4. Aguiar Dias, op. cit., n° 7
5. Aguair Dias, op. cit., n. 9.

a outras tiranias, talvez menos suportáveis". Ingleses e norte-americanos, assinala ele, "povos de bom senso, têm na sua técnica judiciária os standards, formas com flexibilidade bastante para evitar o escolho, a que o legalismo inevitavelmente conduz, do *summum jus summa injuria*".

2. *Evolução da responsabilidade civil.* Pela teoria clássica, a responsabilidade civil se estabelece sobre três pilares: dano, culpa e relação de causalidade entre o fato culposo e o dano experimentado.

A culpa, no início dos tempos, não era analisada. Não havia regras. Experimentado o dano, a resposta era imediata, fruto do instinto do ofendido. Predominava a vingança privada, "forma primitiva, selvagem talvez, mas humana, da reação espontânea e natural contra o mal sofrido; solução comum a todos os povos nas suas origens, para a reparação do mal pelo mal"[6]. A reparação era uma retribuição do mal pelo próprio mal. Se a resposta não pudesse ser imediata, esta vingança era adiada. O dano não se relacionava com o direito.

Mais tarde, o Estado interveio e adotou, como regra jurídica, o talião. A lei passou a disciplinar a matéria, dispondo quando e como a vítima tinha o direito de retaliação. A Lei das XII Tábuas não repeliu a vingança privada. Nela ainda se encontravam vestígios significativos do critério *si membrum rupsit ni eo pacit talio est.* Veio depois a fase da composição. Justamente nessa fase, como assinala Alvino Lima[7], a vingança foi substi-

---

6. Alvino Lima. Da culpa ao risco, 1938, pág. 10.
7. Ibidem.

tuída pela composição, a critério da vítima, mas subsiste com o fundamento ou forma de reintegração do dano sofrido.

Proibiu-se a vítima de fazer justiça com as próprias mãos, sendo obrigada a aceitar a composição ditada pela autoridade. Esse período da História foi a época do Código de Ur-Nammu, do Código de Manu e da Lei das XII Tábuas. Nos Estados Unidos e na Inglaterra, ainda existem processos em que as ofensas à honra, notadamente em matéria de injúria, são resolvidas através de condenação em quantia meramente simbólica.

Na Roma Antiga, não há registro de distinção entre as responsabilidades civil e penal. Em ambos os casos, a pena seria aplicada como punição ao agente causador do dano. O princípio geral da responsabilidade civil começou a se formar com a *Lex Aquilia*, a fonte geradora da teoria da culpa aquiliana, ainda hoje consagrada. Compunha-se de três capítulos: o primeiro cuidava da morte de escravos ou animais; o segundo tratava da quitação do estipulador com prejuízo do credor estipulante; o terceiro ocupava-se do *damnum injuria datum*, que tinha um sentido bem amplo, alcançando as lesões a escravos e animais, até a deterioração ou destruição de coisas corpóreas.

A *Lex Aquilia* estabeleceu a diferença entre pena e reparação. A pena deveria ser aplicada aos delitos públicos, ofensas consideradas mais graves, por serem perturbadoras da ordem pública, situação em que a pena pecuniária imposta ao réu seria recolhida aos cofres públicos. Em sentido diverso, a reparação seria aplicada aos delitos privados e o réu condenado a indenizar a vítima, sendo a única forma de punição para os delitos não criminosos.

Definiu também a responsabilidade aquiliana, preceituando que, havendo culpa, por menor que fosse o grau, haveria a obrigação de indenizar. Estando vedada a aplicação da justiça pelas próprias mãos, a função de punir ficou restrita ao Estado. O direito francês aperfeiçoou o direito romano, estabelecendo um princípio geral para a responsabilidade civil. O Código de Napoleão conceituou a noção de culpa em abstrato e fez a distinção entre culpa delitual e culpa contratual, tendo esses conceitos repercutido nas legislações cíveis do mundo inteiro.

A partir de então, a responsabilidade civil passou a se fundamentar na culpa. A realidade, no entanto, demonstrou que havia casos em que deveria existir a obrigação de reparar, independentemente da noção de culpa. Surgiu, então, a teoria da responsabilidade objetiva, fundada no princípio da eqüidade. Por essa teoria, aquele que lucrasse com uma situação deveria responder pelas desvantagens dela resultantes. Pela responsabilidade objetiva, a simples comprovação do dano e do nexo causal entre a atitude omissiva ou comissiva do ofensor e o dano experimentado pela vítima são suficientes para ensejar a reparação.

O Código Civil brasileiro, em seu artigo 186, faz uso da responsabilidade subjetiva (responsabilidade aquiliana), sendo necessário comprovar a culpa para haver responsabilidade. Em outros dispositivos e em outras leis, mostra-se a adoção da teoria da responsabilidade objetiva, sem culpa, como no parágrafo único do art. 927, no art. 933 e outros do novo Código Civil; na Lei de Acidentes de Trabalho, no Código Brasileiro de Aeronáutica etc.

Tem conquistado espaço ultimamente a teoria do risco. Por essa teoria, todo aquele que exerce atividade perigosa ou que possa, de alguma forma, prejudicar terceiros no exercício de suas atividades assume o risco pela sua execução, podendo ser obrigado a reparar os danos que venha a causar no desempenho dessas atividades. Dela cuidaremos em capítulo próprio.

A moderna concepção da responsabilidade civil não guarda similitude com a dos primórdios. Evoluiu significativamente, saindo do estágio primitivo da vingança privada para o princípio de que a ninguém é dado o direito de fazer justiça com as próprias mãos. Hoje, o instituto não pode sofrer mais limitações, ante as novas tendências provocadas pelo desenvolvimento tecnológico e pelo despertar do princípio da cidadania.

3. Conceito de responsabilidade civil. Savatier[8] definiu a responsabilidade civil como a obrigação que pode incumbir uma pessoa a reparar o prejuízo causado a outra, por fato próprio, ou fato de pessoas ou coisas que dela dependam. A idéia de reparação do prejuízo sofrido pela vítima inspira-se no interesse de restabelecer o equilíbrio econômico-jurídico provocado pelo dano.

4. Classificação da responsabilidade. A responsabilidade civil comporta várias classificações, conforme se trate do conteúdo do ato, da sua natureza ou da sua forma.

4.1. Responsabilidade civil e penal. As duas vertentes da conduta humana, acima enfocadas, levam a uma

---

8. Savatier. Traité de responsabilité civile, Paris, 1939, 1.º vol., n° 1.

primeira classificação de responsabilidade: a civil e a penal.

São tipos distintos, embora numa e noutra haja uma infração a um dever por parte do agente. Na responsabilidade penal, o infrator fere uma norma de direito público e a sua conduta transtorna o grupo social, que reage impondo uma pena ao agente, ainda que não haja prejuízo de ordem material para a vítima.

Na responsabilidade puramente civil, não existe interesse público afetado; apenas o interesse privado sofre as conseqüências da ação ou da omissão danosa. Mesmo assim, há um dever de reparar o prejuízo, porque um dos princípios gerais do direito, o do *neminem laedere*, consiste em que a ninguém se deve lesar. Contudo, se a responsabilidade tem natureza estritamente civil, o Estado não age de ofício, não interfere na busca de compor o dano; deve ser provocado pela pessoa lesada. Havendo inércia do ofendido, o infrator nada sofrerá.

Existem, todavia, atos ilícitos que, em face de sua gravidade, repercutem tanto na esfera civil como na penal. É o caso do homicídio, da lesão corporal que deixa aleijão e muitos outros. Esses tipos infringem uma norma de direito público e geram uma penalidade; causam, também, prejuízo patrimonial ou moral à vítima ou aos seus familiares. A conseqüência é a composição, mediante uma justa indenização.

4.2. Responsabilidade civil contratual e extracontratual ou aquiliana. A responsabilidade civil também se classifica em contratual e extracontratual. É contratual, quando duas pessoas celebram uma determinada obrigação e uma delas não cumpre a sua parte, causando lesão ao patrimônio da outra. Necessariamente, não se exige que a obrigação seja formalmente escrita. O locatário, por exemplo, que mantém contrato verbal com o locador e causa estragos no prédio locado comete ato ilícito contratual e pode ser, civilmente, responsabilizado a compor o prejuízo. Muito comum é o contrato de transporte coletivo. Quem toma um ônibus, tacitamente, celebra um contrato de adesão com a empresa, e esta assume, implicitamente, a obrigação de deixar o passageiro ileso no seu local de destino. Qualquer dano que este vier a sofrer importa em inadimplemento contratual, que acarreta a responsabilidade de indenizar as perdas e danos, nos termos do art. 389 do Código Civil.

Quando a responsabilidade não advém de contrato, classifica-se como extracontratual, também denominada de aquiliana. A distinção entre esses tipos de responsabilidade é bem nítida. Na contratual, o dano é provocado pelo inadimplemento da obrigação; na extracontratual, não existe nenhum vínculo jurídico entre a vítima e o agente causador do dano, mas este é responsável por haver infringindo um dever legal, causando prejuízo ao outro.

Na responsabilidade contratual, a indenização substitui, em quase todos os casos, a prestação inadimplida. Abrange os danos emergentes (o prejuízo efetivamente sofrido) e os lucros cessantes (aquilo que razoavelmente a vítima deixou de ganhar). Na responsabilidade extracontratual ou aquiliana, a indenização, geralmente, consiste no pagamento de despesas efetuadas com a vítima (tratamento médico e despesas hospitalares) e uma pensão equivalente à redução ou perda total da capacidade laborativa da vítima, ou, em caso de morte, aos dependentes desta.

Em matéria de prova, o ônus, na responsabilidade contratual, incumbe, em regra, ao devedor inadimplente, enquanto que, na responsabilidade extracontratual, caberá à vítima demonstrar a culpa do agente, ressalvados casos especiais de responsabilidade objetiva ou de presunção de culpa.

Convém anotar que o Código Civil de 1916 regulava a responsabilidade extracontratual no art. 159 (regra geral da responsabilidade civil no direito brasileiro); já a responsabilidade contratual estava disciplinada nos arts. 956 e 1.056. O Código Civil de 2002 traz como regra geral da responsabilidade civil extracontratual o art. 186, complementado pelo art. 927, enquanto a responsabilidade contratual vem tratada nos arts. 389 e 395.

Os adeptos da teoria monista refutam essa dualidade de tratamento da responsabilidade, por entenderem que pouco importa a forma como se apresenta, pois uniformes serão sempre os seus efeitos. Dúvida não paira acerca dessa colocação, porque, tanto na responsabilidade contratual como na extracontratual, a responsabilidade civil só se configura se existirem três condições: o dano, o ato ilícito e a relação de causalidade. O Brasil, contudo, consagrou a tese dualista, embora muito combatida.

4.3.Responsabilidade civil subjetiva e objetiva. A responsabilidade civil também pode ser subjetiva e objetiva. Não se trata propriamente de uma classificação, mas de fundamentos diversos da responsabilidade, ou "maneiras diferentes de encarar a obrigação de reparar o dano"[9].

---

9. Sílvio Rodrigues. Direito Civil — Responsabilidade civil, vol. IV, pág. 10.

A responsabilidade subjetiva repousa na culpa, que, pela teoria clássica, é o seu fundamento ou o seu pressuposto. Se o agente não age com culpa, não há responsabilidade. Como ensina Carlos Alberto Bittar[10], na teoria da culpa, cabe perfazer-se a perquirição da subjetividade do causador do dano, a fim de demonstrar-se, em concreto, se quis o resultado (dolo) ou se atuou com imprudência, imperícia ou negligência (culpa em sentido estrito). A crítica maior que se faz à teoria subjetiva diz respeito à prova. Em regra, incumbe à vítima demonstrar a culpa do agente causador do dano, tarefa das mais difíceis em juízo. Muitas vezes, a vítima fica irressarcida devido à impossibilidade que encontra de desempenhar esse mister.

A responsabilidade objetiva é a responsabilidade sem culpa. Para o agente ser responsanbilizado pelos danos causados, não é necessário que tenha agido com culpa ou dolo. Basta que tenha causado o resultado. Provada assim a relação de causalidade, surge a obrigação de indenizar. Sendo assim, a culpa ou o dolo são juridicamente irrelevantes.

---

10. Carlos Alberto Bittar. Responsabilidade civil, Teoria & Prática, 2.ª ed., Forense Universitária, pág. 30.

Capítulo II

PRESSUPOSTOS DA RESPONSABILIDADE CIVIL

1. Regra geral da responsabilidade civil 2. Pressupostos da responsabilidade civil. 2.1 Ação ou omissão do agente. 2.2 Culpa do agente. 2.3 Relação de causalidade. 2.4 Dano experimentado pela vítima.

1. Regra geral da responsabilidade civil. O Código Civil de 1916 adotou a teoria subjetiva, erigindo, no art. 159, o dolo e a culpa como fundamentos da obrigação de indenizar: "Aquele que, por ação ou omissão voluntária, negligência, ou imprudência, violar direito, ou causar prejuízo a outrem, fica obrigado a reparar o dano". No dizer de Eduardo Espínola[11], "o Código, obedecendo à tradição do nosso direito e à orientação das legislações

---

11. Eduardo Espínola. Breves Anotações ao Código Civil Brasileiro, vol. I., nº 5.

estrangeiras, ainda as mais recentes, abraçou, em princípio, o sistema da responsabilidade subjetiva". O Código Civil de 2002 seguiu a mesma linha, ao dispor, nos arts. 186 e 927, o seguinte:

"Art. 186. Aquele que, por ação ou omissão voluntária, negligência ou imprudência, violar direito e causar dano a outrem, ainda que exclusivamente moral, comete ato ilícito".

"Art. 927. Aquele que, por ato ilícito (arts. 186 e 187), causar dano a outrem, é obrigado a repará-lo. Parágrafo único. Haverá obrigação de reparar o dano, independentemente de culpa, nos casos especificados em lei, ou quando a atividade normalmente desenvolvida pelo autor do dano implicar, por sua natureza, risco para os direitos de outrem".

Numa primeira análise do tema, percebe-se uma nítida contradição entre os artigos 186 e 927. Este último estabelece, de forma cogente: "Aquele que, por ato ilícito (arts. 186 e 187), causar dano a outrem, é obrigado a repará-lo". Nenhuma referência faz à idéia de culpa, o que leva o intérprete a pensar que a expressão "é obrigado a repará-lo" contém, realmente, uma força impositiva. Mas é aparentemente, porque o parágrafo único do mesmo artigo situa a verdadeira posição do Código, ao dispor que haverá obrigação de reparar o dano, "independentemente de culpa, nos casos especificados em lei, ou quando a atividade normalmente desenvolvida pelo autor do dano implicar, por sua natureza, risco para os direitos de outrem".

Não houve avanço considerável no trato da natureza da responsabilidade civil. Apenas, foram codificados temas já consagrados em leis esparsas, na doutrina e na jurisprudência dos nossos tribunais.

2. Pressupostos da responsabilidade civil. Para que haja a obrigação de indenizar, são necessários os seguintes pressupostos: a) ação ou omissão do agente; b) culpa do agente; c) relação de causalidade; d) dano experimentado pela vítima.

Essas condicionantes aplicam-se tanto à responsabilidade contratual como à responsabilidade extracontratual ou aquiliana, embora a primeira apresente feições peculiares, vinculadas à parte geral das obrigações e dos contratos. No momento, cuidaremos apenas da definição de cada pressuposto, tendo em vista que serão tratados, com profundidade, em capítulos próprios.

2.1. Ação ou omissão do agente. A responsabilidade civil do agente pode resultar de ato próprio, de ato de terceiro que esteja sob a responsabilidade do agente, e ainda de danos causados por coisas que estejam sob a guarda deste.

2.2. Culpa do agente. É necessário que o agente causador do dano tenha agido com culpa ou dolo. O art. 186 é bem claro quando estabelece que se alguém causou prejuízo a outrem, por meio de ação ou omissão "voluntária, negligência ou imprudência", fica obrigado a reparar. Apenas não são abrangidos por essa regra os casos de responsabilidade sem culpa, como veremos adiante.

2.3. Relação de causalidade. Para que haja obrigação de indenizar, é preciso que se demonstre que o resultado (dano) decorreu, necessariamente, da ação ou da omissão do agente. Sem que se estabeleça esse vínculo de causa e efeito, não se pode obrigar alguém a reparar um prejuízo que um outro sofreu.

2.4. Dano experimentado pela vítima. Para haver responsabilidade civil e, portanto, a obrigação de indenizar, é necessário que haja um dano, pois o ato ilícito somente causa repercussão jurídica quando afeta o patrimônio da pessoa.

Capítulo III

AÇÃO OU OMISSÃO

1. Conceito de ação e omissão. 2. Responsabilidade civil por ato de terceiro.

1. Conceito de ação e omissão. A ação é ato positivo; a omissão é um ato negativo ou a ausência do ato. Na primeira hipótese, o agente pratica a ação quando é proibido de fazê-lo. É o que acontece nos casos em que mata, fere, calunia, injuria ou difama alguém, ou faz cobrança de dívida já paga etc. A responsabilidade por ação pode decorrer de ato próprio, de ato de terceiro que esteja sob a guarda do agente, e ainda de danos causados por coisas e animais.

Na segunda hipótese, o agente permanece inerte, quando deveria agir. Para que se configure a responsabilidade por omissão, é necessário que haja o dever jurídico de praticar determinado ato e que se demonstre que, com a sua prática, o dano poderia ter sido evitado. O dever jurídico de agir ou de não se omitir pode ser imposto por lei (exemplo: o dever de prestar socorro às vítimas de acidente imposto a todo condutor de veículos) ou resultar de convenção (exemplo: dever de guarda, de vigilância, de custódia).

O ato praticado ou que deixou de ser praticado deve ser ilícito. Ato ilícito é o que viola direito alheio ou causa prejuízo a outrem, por dolo ou culpa. Em outras palavras, é uma infração ao dever legal de não violar direito e não lesar outrem. Esse dever é imposto a todos pelo art. 186 do Código Civil. Também comete ato ilícito quem abusa de seu direito (art. 187).

O Código Civil de 2002 desmembrou a noção do ato ilícito em três artigos: 186, 187 e 927. O art. 186 trata somente do ato ilícito; o art. 927 prevê a obrigação de reparar o dano, como conseqüência. Aguiar Dias, citado por Carlos Roberto Gonçalves[12], fez duras críticas à modificação da redação do art. 159 do Código Civil brasileiro de 1916 pelo art. 186 do diploma de 2002:

"Se o que se pretendia era tratar separadamente do ato ilícito e da reparação do dano, ao contrário do art. 159, que tratava da obrigação de reparar baseada na culpa, houve um visível excesso na definição daquele, em cujos elementos integrantes não figura o dano, requisito, sim, da obrigação de reparar. O ato ilícito pode não causar dano. É o que ensina, entre muitos, José Paulo Cavalcanti, a propósito mesmo da discussão sobre o Projeto, e o que sustenta José de Oliveira

---

12. Carlos Roberto Gonçalves. Comentários ao Código Civil, vol. XI, Saraiva, pág. 927.

Ascensão (Ilícito Pessoal e Responsabilidade Civil, Revista de Direito Comparado Luso-Brasileiro, n. 3, p. 149). O ilícito civil não está necessariamente associado à produção de danos. O ilícito civil surge e tem conseqüências civis, mesmo que porventura nenhum dano haja a reparar".

2. *Responsabilidade civil por ato de terceiro.* Tem lugar nas hipóteses do art. 932 do Código Civil (danos causados por filhos menores, tutelados e curatelados, por empregados, serviçais e prepostos, por hóspedes, moradores e educandos etc.). Nessa seara, estão as pessoas jurídicas de direito público ou empresas prestadoras de serviços, que também são responsáveis pelos atos praticados por seus servidores.

A responsabilidade civil, nos casos enumerados, é imposta aos pais, tutores e curadores, aos patrões, amos ou comitentes, bem como aos donos de hotéis, hospedarias, casas ou estabelecimentos onde se albergue por dinheiro, mesmo para fins de educação. Além disso, a responsabilidade civil pode surgir de danos praticados por animais que estejam sob a guarda do agente, ou de coisas que caiam de sua morada.

Capítulo IV

CULPA

1. Introdução. 2. Extensão da culpa e o Código Civil de 2002. 3. Espécies de culpa. 3.1. Culpa presumida. 3.2. Culpa exclusiva. 3.3 Culpa contratual. 3.4. Culpa extracontratual. 3.5. Culpa concorrente.

1. Introdução. O ato volitivo da responsabilidade civil pode decorrer de dolo ou culpa do agente. Dolo é a vontade deliberada de cometer determinada infração; culpa é o cometimento da infração sem vontade deliberada. No dolo, há a vontade consciente. Na culpa, o agente age por imprudência, negligência ou imperícia. A culpa tem uma posição relevante na responsabilidade civil, embora não seja o seu fundamento exclusivo. Genericamente entendida, é, conforme ensina Aguiar Dias[13], fundo animador do ato ilícito, da injúria, ofensa

---

13. José de Aguiar Dias, op. cit., n° 56.

ou má conduta imputável. Nela, existem duas vertentes: o dolo, que é a vontade direta de prejudicar (culpa *lato sensu*), e a simples negligência, que é a culpa em sentido restrito.

Ainda segundo a lição de Aguiar Dias[14], a culpa, "quando tem conseqüência, isto é, quando passa do plano puramente moral para a execução material, se apresenta sob a forma de ato ilícito. Este, por sua vez, pode ou não produzir efeito material, o dano". Somente quando o ato ilícito repercute no patrimônio da vítima é que se concretiza a responsabilidade civil. A responsabilidade penal vai mais além: pode emergir até de uma tentativa, sem efeito danoso — que é um ato frustrado.

Para Chironi[15], o princípio a que se liga a culpa é o da sua conseqüência. Não interessa indagar se, ao sobrevir, violou relação jurídica obrigatória preexistente ou não. Na sua concepção jurídica, a culpa é una. Essa opinião é incontestável, embora seja difícil entendê-la sem a noção do dever violado.

O conceito de culpa tem desafiado os mestres. Ripert[16] sustenta que não há definição legal da culpa, e não se pode, mesmo, tentar formulá-la. Savatier define a culpa como a inexecução de um dever que o agente podia conhecer e observar. Se efetivamente o conhecia e deliberadamente o violou, ocorre o delito civil ou, em matéria de contrato, o dolo contratual. Se a violação do dever, podendo ser conhecida e evitada, é involuntária,

---

14. Ibidem.
15. Apud José de Aguiar Dias, op. cit., n° 57.
16. Ripert. Revue Critique de Legislation et Jurisprudence, 1912, pag. 196.

constitui a culpa simples, chamada, fora da matéria contratual, de quase-delito[17].

Mazeaud et Mazeaud[18] entendem que é preciso descobrir uma definição que seja, a um tempo, "suficientemente flexível para atender a todas as necessidades e suficientemente precisa para servir de guia aos juízes". Na definição de culpa, o nosso legislador não considerou a distinção entre delito e quase-delito.

Pontes de Miranda, em comentários ao Código Civil anterior, ensina que o ato ilícito acarreta, "de si só e originariamente, o vínculo da obrigação"[19]. Nele, concorrem elementos objetivos e subjetivos. "São requisitos da primeira categoria: o ato contra *jus, sans droit*, isto é, praticado de maneira ilícita, contra o direito; o resultado danoso; a relação causal entre o ato e o dano. São requisitos subjetivos: a imputabilidade do agente e que tenha agido com culpa"[20].

O Código Civil de 2002 adotou a concepção de culpa genérica, compreendendo dolo e culpa propriamente dita; o dolo como o vício de vontade intencional e a culpa, em sentido restrito, "como a vontade dirigida, mas o resultado que não é querido pelo agente"[21]. Na culpa, estão centradas a imprudência, a negligência e a imperícia. A imprudência resulta da imprevisão do agente ou da pessoa, em relação às conseqüências de seu ato ou ação; a negligência é a falta de atenção, de cuidado

---

17. Savatier. Traité de la responsabilité civile, t. I. nº 4, pág. 5.
18. Apud Aguiar Dias, op. cit., vol. I, pág. 118.
19. Pontes de Miranda. Manual de Direito Civil, n.º 38, pág. 91.
20. Pontes de Miranda, op. cit., pág. 88.
21. José de Aguiar Dias, op. cit., n.º 65.

com o que se faz; a imperícia é a falta de conhecimento técnico.

2. Extensão da culpa e o Código Civil de 2002.

A culpa, preconizada pelo Código Civil revogado, admitia graus. Podia ser grave, leve ou levíssima. Culpa grave é aquela em que o agente age com imprudência ou negligência grosseira. Exemplo clássico é o do motorista que dirige em local de muito movimento com excesso de velocidade, ou ultrapassa sinal fechado. "A culpa leve é aquela na qual um homem de prudência normal pode incorrer. E a levíssima é aquela da qual mesmo um homem de extrema cautela não poderia deixar de escapar"[22].

Essa distinção, contudo, não tem muita significação. Nem tampouco a que se faz entre culpa e dolo. É que, qualquer que seja o grau da culpa, quer haja vontade intencional ou não, a obrigação de indenizar é sempre a mesma. O agente causador do dano, de qualquer forma, é obrigado a indeizar a vítima. Advertem os autores que essa solução pode não ser justa, principalmente nos casos de culpa levíssima.

O Código Civil atual, no caput do art. 944, consagra a idéia tradicional, ao estabelecer: "A indenização mede-se pela extensão do dano". Mas, no parágrafo único, concede ao juiz poderes para adequar a indenização, conforme a gravidade da culpa e o dano, ao dispor: "Se houver excessiva desproporção entre a gravidade da culpa e o dano, poderá o juiz reduzir, eqüitativamente, a indenização". Anote-se que, às vezes, a culpa do agente

---

22. Sílvio Rodrigues, op. cit., pág. 163.

foi leve, mas o prejuízo da vítima foi vultoso; ou a culpa do agente foi grave e até mesmo dolosa, no entanto, o dano foi de proporções mínimas. O novo mecanismo permite que se estabeleça relação entre a culpa e o dano.

Outro critério a ser observado pelo juiz refere-se ao comportamento da vítima: se o dano que sofreu foi causado por culpa exclusiva sua, não há responsabilidade civil, ante a inexistência de relação de causalidade; se ela concorreu para o dano, atenua-se a responsabilidade, fixando-se a indenização tendo em conta a gravidade de sua culpa em confronto com a do autor do dano (art. 945). Diante disso, como compatibilizar o art. 944 com a responsabilidade objetiva? Há quem entenda que o redutor só tem aplicação quando o caso é de responsabilidade subjetiva.

Tratando-se de obrigação indeterminada e não havendo, na lei ou no contrato, disposição fixando a indenização devida pelo inadimplente, apurar-se-á o valor das perdas e danos na forma que a lei processual determinar (art. 946).

3. *Espécies de culpa*. A culpa apresenta-se sob a forma de um dever de vigilância (*in vigilando*) ou de escolha (*in eligendo*). Culpa *in vigilando* implica a responsabilidade de pessoas que têm um dever de vigilância sobre outras (do pai pelo filho menor, que estiver sob o seu poder e companhia — art. 932, I, do Código Civil). Culpa *in eligendo* importa na responsabilidade de alguém pela escolha de seus auxiliares (do patrão com relação ao empregado — art. 932, III, do Código Civil).

O fundamento da responsabilidade está no dever de vigiar ou escolher bem. As dificuldades são imensas para se aferir essas modalidades de culpa, pois é muito difícil se penetrar no recinto de um lar para se saber se o pai exerce, realmente, vigilância sobre o filho menor; quais os métodos que o patrão utilizou para escolher seu empregado, seu motorista etc. Por isso, as vítimas, muitas vezes, não podem recompor o seu patrimônio. Existem ainda outras espécies de culpa:

3.1. Culpa presumida. A teoria da presunção de culpa foi criada com o objetivo precípuo de se transferir para o réu o ônus de provar a sua não-culpa ou a existência de uma excludente de responsabilidade. Vale acrescentar que, na presunção da culpa, continua a existir o elemento volitivo. Considera-se, apenas, que a vítima, na relação de causa e efeito, não dispõe de condições naturais ou econômicas favoráveis, para enfrentar tamanho encargo. Exemplo marcante, no direito brasileiro, é a Súmula 341 do STF: "É presumida a culpa do patrão ou comitente pelo ato culposo do empregado ou preposto".

Assinale-se que os tribunais, na vigência do Código Civil de 1916, avançaram mais ainda, levando a teoria da presunção para aqueles casos do art. 1.521. Em todos eles, tinha aplicação a Súmula 341 do STF, exceção feita, apenas, ao inciso V (os que gratuitamente houverem participado nos produtos do crime, até a concorrente quantia), em que a responsabilidade era objetiva. O art. 1.521 corresponde ao atual 932 do Código Civil vigente. As hipóteses nele previstas são, hoje, de responsabilidade objetiva, como veremos adiante.

3.2. Culpa exclusiva. Configura-se pela participação exclusiva da vítima no evento danoso. Nesse caso, a vítima foi quem causou o dano a si própria; o agente foi apenas um instrumento. Exemplo: o motorista dirigia na sua mão de direção; abalroou outro veículo que vinha na contramão ou encontrava-se estacionado em local proibido.

3.3 .Culpa contratual. Acontece quando um dos contratantes deixa de cumprir obrigação assumida, vindo a acarretar um ilícito contratual.

3.4. Culpa extracontratual. É a decorrente da violação de uma norma jurídica ou do fim social a que ela almejava.

3.5. Culpa concorrente. Ocorre a culpa concorrente, quando a vítima participa do desencadeamento do dano, juntamente com o ofensor. Nesse caso, a indenização será reduzida, proporcionalmente à contribuição do ofendido.

Capítulo V

DANO

1. Introdução. 2. Espécies de dano. 3. Dos danos emergentes e dos lucros cessantes. 4. Dano reflexo. 5. Danos coletivos, difusos e individuais homogêneos. 6. Indenização do dano material.

1. Introdução. A palavra dano é derivada do latim *damnum* e quer dizer, num sentido amplo, o prejuízo experimentado por uma pessoa no seu patrimônio material ou moral. Juridicamente, como assinala De Plácido e Silva[23], dano é, usualmente, tomado no sentido do efeito que produz: é o prejuízo causado, em virtude de ato de outrem, que vem causar diminuição patrimonial.

O dano decorre, inexoravelmente, de fato de outrem, que pode estar relacionado, ou não, com a vítima. Emerge de uma ação ou omissão ilícita, ou de exercício

---

23. De Plácido e Silva. Vocabulário Jurídico, vol. II, 11ª, Forense, pág. 02.

de atividade perigosa. Consubstancia-se, como afirma Carlos Alberto Bittar[24], ou em fato humano próprio (responsabilidade direta), ou de outrem, ou ainda, em fato de animal ou de coisa inanimada (responsabilidade extracontratual). De outro lado, verifica-se pelo retardamento ou descumprimento, total ou parcial, de obrigação ou de contrato (responsabilidade contratual). Basta, às vezes, o simples acionamento de uma máquina, que funcione como atividade perigosa, para surgir a potencialidade de dano, como indústrias de explosivos, de energia elétrica, de estradas de ferro, transportes aéreos, coletivos urbanos, marítimos etc.

O dano, em regra, é indenizável, mas, para tanto, é preciso que se demonstre a diminuição patrimonial ou a ofensa ao bem juridicamente protegido. É preciso também que haja um liame entre o prejuízo experimentado e o ato ou a omissão do agente.

2. Espécies de dano. O dano pode ser aquiliano ou contratual. Aquiliano quando decorrente de ato ilícito, isto é, do delito e do quase-delito. Ou, ainda, de qualquer violação a direito alheio, por culpa ou dolo do qual resultou um desfalque no patrimônio da vítima. "É o dano resultante da transgressão ao dever genérico do *neminem laedere,* de que gerou a obrigação de indenizar"[25]. Já o dano contratual é o derivado de infração obrigacional. O contratante que não cumpre o contrato sujeita-se a pagar perdas e danos.

---

24. Carlos Alberto Bittar, op. cit., pág. 09.
25. Carlos Alberto Bitta, op.cit., pág. 03.

A mais importante das classificações de dano é a que o divide em material e moral. Dano material é o que acarreta uma diminuição no patrimônio do ofendido. É também chamado de dano real, pois provoca uma inequívoca danificação na coisa, ou porque perde a sua utilidade ou porque tem o seu valor reduzido. Vê-se, portanto, que a idéia de dano está sempre ligada à de prejuízo. Daí o fundamento da indenização, que visa, justamente, a compor o patrimônio perdido ou desfalcado.

3. Dos danos emergentes e dos lucros cessantes. O dano pode acarretar tanto a diminuição do patrimônio da vítima, como impedir o seu crescimento. A esse respeito, o Código Civil dispõe, no art. 402:

"Salvo as exceções expressamente previstas em lei, as perdas e danos devidas ao credor abrangem, além do que ele efetivamente perdeu, o que razoavelmente deixou de lucrar".

Segundo Pothier[26], chamam-se perdas e danos o prejuízo que alguém sofreu e o lucro que deixou de realizar. Por sua vez, o grande Clóvis Beviláqua[27] ensina que o dano emergente é o que efetivamente se perdeu, a diminuição atual do patrimônio; e lucro cessante é a diminuição potencial do patrimônio.

---

26. Pothier. Manual de Droit Civil, vol. II, pág. 795.
27. Clóvis Beviláqua. Código Civil dos Estados Unidos do Brasil, edição histórica, pág.176.

Já Agostinho Alvim[28], com muita precisão, assinala: "É uma questão de ângulo: se nos colocarmos no momento do pedido de indenização por prejuízo já consumado, podemos nos referir, com efeito, aos lucros que deixamos de ter. Mas, se nos colocarmos no momento do fato causador do dano, então, sim, os lucros cessantes são propriamente potenciais: a sua extensão depende ainda do desenrolar dos acontecimentos".

Ressalte-se, contudo, que lucro cessante não é somente aquilo que não se pode mais obter, o que cessou, estancou etc. É também, segundo Agostinho Alvim, "aquele que o credor não obterá, ainda que não viesse obtendo antes"[29]. Atente-se, porém, para a afirmação de Darcy Arruda Miranda[30]: "Não fica ao nuto do credor ou à sua fantasia estender os lucros cessantes a dados eventuais, puramente imaginários, mas somente àqueles que foram ou que podiam ser previstos ou previsíveis na data da obrigação".

Já o dano emergente corresponde a uma diminuição do ativo e, em contrapartida, a um aumento do passivo. É tudo aquilo que a vítima realmente perdeu, em virtude do comportamento do devedor.

4. Dano reflexo. O dano reflexo ou em ricochete foi desenvolvido por juristas franceses. Consiste no prejuízo que atinge reflexamente pessoa próxima, ligada à vítima

---

28. Agostinho Alvim. Da inexecução das obrigações e suas conseqüências, Saraiva, 1980, pág. 174.
29. Ibidem.
30. Darcy Arruda Miranda. Anotações ao Código Civil Brasileiro, vol. III, pág. 139.

direta da ação ilícita[31]. Tomemos, como exemplo, o assassinato de um pai de família. A vítima do dano foi ele, mas os seus filhos sofreram o reflexo, por conta dos alimentos que deixaram de perceber. Anote-se que não é fácil a sua caracterização. No entanto, desde que provado que a vítima indireta sofreu prejuízo, impõe-se a reparação pelo autor. Caio Mário da Silva Pereira[32], dissertando sobre a matéria, assinala:

"Se o problema é complexo na sua apresentação, mais ainda o será na sua solução. Na falta de um princípio que o defina francamente, o que se deve adotar como solução é a certeza do dano. Se, pela morte ou incapacidade da vítima, as pessoas, que dela se beneficiavam, ficaram privadas de socorro, o dano é certo, e cabe ação contra o causador. Vitimando a pessoa que prestava alimentos a outras pessoas, privou-as do socorro e causou-lhes prejuízo certo. É o caso, por exemplo, da ex-esposa da vítima que, juridicamente, recebia dela uma pensão. Embora não seja diretamente atingida, tem ação de reparação por dano reflexo ou em ricochete, porque existe a certeza do prejuízo, e, portanto, está positivado o requisito do dano como elementar da responsabilidade civil".

A matéria foi objeto de decisão do STJ:

---

31. Plablo Stolze e Gagliano Rodolfo Pamplona Filho. Novo Curso de Direito Civil — Responsabilidade Civil, Saraiva, vol. III, pág. 50.
32. Caio Mário da Silva Pereira. Instituições. Responsabilidade civil, 9ª,Forense, pág, 44.

"Civil. Acidente ferroviário. Morte de cônjuge do qual a autora era separada de fato. Dano moral. Improcedência. I. Justifica-se a indenização por dano moral quando há a presunção, em face da estreita vinculação existente entre a postulante e a vítima, de que o desaparecimento do ente querido tenha causado reflexos na assistência doméstica e significativos efeitos psicológicos e emocionais em detrimento da autora, ao se ver privada para sempre da companhia do *de cujus*. II. Tal suposição não acontece em relação ao cônjuge que era separado de fato do *de cujus*, habitava em endereço distinto, levando a acreditar que tanto um como outro buscavam a reconstituição de suas vidas individualmente, desfeitos os laços afetivos que antes os uniram, aliás, por breve espaço de tempo. III. Recurso especial não conhecido. Dano moral indevido"[33].

5. *Danos coletivos, difusos e individuais homogêneos.*
Os danos coletivos *lato sensu* são também tutelados pelo nosso ordenamento jurídico, através de procedimentos especiais. Classificam em difusos, coletivos *stricto sensu* e individuais homogêneos.
O Código de Defesa do Consumidor, no seu art. 81, dispõe:

"Art. 81. A defesa dos interesses e direitos dos consumidores e das vítimas poderá ser exercida em juízo

---

[33]. STJ. REsp 254418/RJ (Recurso Especial 2000/0033332-8). Relator: Ministro Aldir Passarinho Júnior. Quarta Turma. Data do julgamento: 27/03/2001. Fonte: DJ 11/06/2001, pág. 229.

individualmente, ou a título coletivo.
Parágrafo único. A defesa coletiva será exercida quando se tratar de:
I — interesses ou direitos difusos, assim entendidos, para efeitos deste código, os transindividuais, de natureza indivisível, de que sejam titulares pessoas indeterminadas e ligadas por circunstâncias de fato;
II — interesses ou direitos coletivos, assim entendidos, para efeitos deste código, os transindividuais, de natureza indivisível, de que seja titular grupo, categoria ou classe de pessoas ligadas entre si ou com a parte contrária por uma relação jurídica base;
III — interesses ou direitos individuais homogêneos, assim entendidos os decorrentes de origem comum".

Uma coletividade, portanto, atingida por dano ambiental, tem o direito de ressarcir-se. O STJ, todavia, somente protege a reparação do prejuízo material, não admitindo a existência de dano moral:

"Processual civil. Ação civil pública. Dano ambiental. Dano moral coletivo. Necessária vinculação do dano moral à noção de dor, de sofrimento psíquico, de caráter individual. Incompatibilidade com a noção de transindividualidade (indeterminabilidade do sujeito passivo e indivisibilidade da ofensa e da reparação). Recurso Especial improvido"[34].

---

34. STJ. REsp 598281/MG (Recurso Especial 2003/0178629-9). Relator: Ministro Luiz Fux. Relator p/acórdão: Ministro Teori Albino Zavascki. Primeira Turma. Data do julgamento: 02/05/2006. Fonte: DJ 01/06/2006, pág. 147.

Contudo, a Lei nº 7.347/85, modificada pela Lei nº 8.884/94, estabelece:

Art. 1º Regem-se pelas disposições desta Lei, sem prejuízo da ação popular, as ações de responsabilidade por danos morais e patrimoniais causados:
I — ao meio ambiente;
II — ao consumidor;
III — a bens e direitos de valor artístico, estético, histórico, turístico e paisagístico;
IV — à ordem urbanística ;
V — a qualquer outro interesse difuso ou coletivo ;
VI — por infração da ordem econômica.

Discorrendo sobre a matéria, Plablo Stolze e Gagliano Rodolfo Pamplona Filho[35] ensinam:

"Excluída a idéia — tão difundida quanto errônea — de que o dano moral é a dor sofrida pela pessoa (a dor, em verdade, é apenas a conseqüência da lesão à esfera extrapatrimonial), o conceito de direitos da personalidade tem que ser ampliado para abarcar a previsão legal, tendo em vista inexistir uma personalidade jurídica coletiva difusa. O dano moral difuso tutelado pela previsão legal somente pode ser caracterizado como uma lesão ao direito de toda e qualquer pessoa (e não de um direito específico da personalidade). A título de exemplo, poderíamos imaginar

---

35. Plablo Stolze e Gagliano Rodolfo Pamplona Filho, op.cit., pág. 92.

uma lesão difusa à integridade corporal de toda uma população com a poluição causada em um acidente ambiental ou violação à integridade psíquica, com o cerceio à liberdade de conhecimento e pensamento, com a destruição de bens e direitos de valor artístico, estético, histórico, turístico e paisagístico. A limitação da legitimidade para ajuizamento de tais pretensões, bem como a circunstância de que os valores obtidos reverterão para fundos específicos de defesa de direitos difusos, justifica socialmente tal exceção legal, ressaltando a importância constitucional, por exemplo, da defesa de um meio ambiente ecologicamente equilibrado".

6. *Indenização do dano material.* O dano é sempre indenizável, salvo quando ocorrem excludentes. A indenização deve ser a mais ampla possível. "O ideal de tornar indene a vítima se confunde com o anseio de devolvê-la ao estado em que se encontrava antes do ato ilícito"[36]. É certo que, em alguns casos, isso é impossível. Por exemplo: nas hipóteses de homicídio, aleijão irreversível, defloramento de menor virgem etc.

---

36. Sílvio Rodrigues. Direito Civil — Responsabilidade Civil, vol. IV, pág. 204.

Capítulo VI

DANO MORAL

1. Introdução. 2. Conceito de dano moral. 3. Fixação da indenização por dano moral. 4. Dano moral direto e indireto. 5. O dano moral e as pessoas jurídicas.

1. *Introdução.* A responsabilidade civil por danos morais foi, deveras, uma das questões mais controvertidas no direito civil. Para uns, o dano moral não seria indenizável. Muitas objeções eram feitas: a) impropriedade de se pretender compensar a dor com a pecúnia; b) dificuldade de descobrir-se a existência do próprio dano, tendo em vista a sua natureza subjetiva; c) impossibilidade de uma avaliação em dinheiro da extensão do dano moral, ou do número de pessoas atingidas (pais, filhos, irmãos etc.).
    Esses argumentos não são válidos. Quanto à primeira razão, Minozzi[37] argumenta que o objetivo da indeniza-

---

[37] Apud Sílvio Rodrigues, op. cit., pág. 210.

ção é provocar na vítima uma sensação de prazer, para compensar a dor causada pelo ato ilícito. As outras dificuldades apontadas resolvem-se com a prova e são também visíveis na apuração do dano material. Outros admitiam o ressarcimento quando o dano produzisse conseqüências patrimoniais. Em última análise, para estes, o que se indenizava não era propriamente o dano moral, mas o dano patrimonial conseqüente da ofensa moral.

O Supremo Tribunal Federal, em reiteradas decisões, manifestou-se contrário ao ressarcimento do dano moral: "Não é admissível que os sofrimentos morais dêem lugar à reparação pecuniária, se deles não decorre nenhum dano material"[38]. Essa era a tônica das suas decisões. Hoje, não mais cabe discussão sobre o assunto, tendo em vista a constitucionalização que se operou em torno da matéria, a partir de 1988 (CF, art. 5º, V e X), bem ainda o reconhecimento formal e expresso pelo art. 186 do Código Civil de 2002.

2. Conceito de dano moral. Na lição lapidar de Wilson Mello da Silva[39], danos morais "são lesões sofridas pelo sujeito físico ou pessoa natural de direito em seu patrimônio ideal, entendendo-se por patrimônio ideal, em contraposição a patrimônio material, o conjunto de tudo aquilo que não seja suscetível de valor econômico". Ou, como afirma Agostinho Alvim[40], "é o dano causado

---

38. Revista Forense nº 138/452.
39. Apud Sílvio Rodriges, vol. IV, 13.ª ed., pág. 208.
40. Agostinho Alvim, op. cit., n.º 157.

injustamente a outrem, que não atinja ou diminua o seu patrimônio". Para Pontes de Miranda[41], dano não-patrimonial é o que, só atingindo o devedor como ser humano, não lhe atinge o patrimônio.

O dano moral, singelamente, pode ser definido sob duplo aspecto: o objetivo (a afetação da reputação da vítima no meio social) e o subjetivo (o sofrimento psíquico ou moral, a dor, a angústia e as frustrações infligidas ao ofendido). A esse respeito, ensina Carlos Alberto Bittar[42]: "Qualificam-se como morais os danos em razão da esfera da subjetividade, ou do plano valorativo da pessoa na sociedade, em que repercute o fato violador, havendo-se como tais aqueles que atingem os aspectos mais íntimos da personalidade humana (o da intimidade e da consideração pessoal), ou o da própria valoração da pessoa no meio em que vive e atua (o da reputação ou da consideração social)".

O professor Yussef Sahid Cahali[43], monografista da matéria, assinala: "Tudo aquilo que molesta gravemente a alma humana, ferindo-lhe gravemente os valores fundamentais inerentes à sua personalidade ou reconhecidos pela sociedade em que está integrado, qualifica-se, em linha de princípio, como dano moral; não há como enumerá-los exaustivamente, evidenciando-se na dor, na angústia, no sofrimento, na tristeza pela ausência de um ente querido falecido; no desprestígio, na desconsideração social, no descrédito à reputação, na humilhação

---

41. Pontes de Miranda. Tratado, v. XXVI, § 3.108, pág. 30.
42. Carlos Alberto Bittar. Reparação civil por danos morais, Revista dos Tribunais, 3.ª ed., pág. 45.
43. Yussef Said Cahali. Dano moral, 2.ª, Revista dos Tribunais.

pública, no devassamento da privacidade; (...) nas situações de constrangimento moral". E prossegue o citado mestre: "Acentua-se cada vez mais na jurisprudência a condenação daqueles atos que molestam o conceito honrado da pessoa, colocando em dúvida a sua credibilidade e o seu crédito. Definem-se como tais aqueles atos que, de alguma forma, mostram-se hábeis para macular o prestígio moral da pessoa, sua imagem, sua honradez e dignidade."
Atente-se que o dano moral não reclama rigorosa demonstração probatória. É que, por atingir, fundamentalmente, bens incorpóreos, torna-se desnecessário que a vítima demonstre a efetiva existência do dano. A prova do dano moral puro, portanto, cingir-se-á à existência do próprio ilícito, pois exigir-se que se provem situações íntimas (dor, aflição, angústia etc.) seria o mesmo que tornar irressarcido o dano moral. A jurisprudência do STJ está consolidada no sentido de que, na concepção moderna da reparação do dano moral, prevalece a orientação de que a responsabilização do agente se opera por força do simples fato da violação, de modo a tornar-se desnecessária a prova do prejuízo em concreto, que decorre *in re ipsa*, vale dizer, do próprio registro de fato inexistente[44].

3. Fixação da indenização por dano moral. O arbitramento do valor do dano moral é uma das tarefas mais difíceis do julgador, considerando os valores humanos afetados, que são de caráter inestimável. A concepção

---

44. STJ. REsp n° 196.024. Relator: Min. César Ásfor Rocha . Fonte: DJ 02.88.99.

naturalista de dano é insuficiente, e não existe, por outro lado, um comando normativo indicando parâmetros.

Pela teoria da diferença, a reparação integral dos prejuízos sofridos proporciona ao patrimônio do lesado um retorno à situação em que se encontrava antes de ter sido o dano causado. Observe-se, contudo, que o Código Civil limita a reparação aos efeitos diretos e imediatos do dano, impedindo que a vítima possa se beneficiar do ato ilícito, isto é, que ela possa ter uma situação econômica melhor do que a que tinha antes do ato lesivo.

A jurisprudência assenta que a indenização deve ser fixada em termos razoáveis, não se justificando que a reparação venha a constituir-se em enriquecimento indevido. Deve, portanto, o arbitramento operar-se com moderação, proporcionalmente ao grau de culpa, à situação econômica das partes, às suas atividades comerciais e, ainda, ao valor do negócio. O juiz deve orientar-se pelos critérios sugeridos pela doutrina e pela jurisprudência, com razoabilidade, valendo-se de sua experiência e do bom senso, atento à realidade da vida, notadamente à situação econômica atual e às peculiaridades de cada caso. Contudo, o valor fixado deve ser representativo de desestímulo como fator de inibição a novas práticas lesivas.

Em suma, não há um critério científico de fixação do valor do dano moral. E não deve sequer existir lei estabelecendo limite tarifário, como acontece em alguns países. Também não satisfaz a técnica linear de tantos salários mínimos como padrão para qualquer caso. Nem o critério da lei de imprensa resolve, aliás, não recepcionado pela Constituição Federal de 1988, por atentar contra o princípio fundamental da ilimitação da responsabilidade no patrimônio do lesante. O sistema livre ainda é o melhor, pois funciona de conformidade com o caso concreto, cabendo ao juiz, com a sua sensibilidade, com a sua prudência, no contato com a realidade processual e com a realidade fática, dosimetrar um valor adequado e justo. Atente-se, por derradeiro, que a satisfação de um dano moral deve ser paga de uma só vez, de imediato[45].

4. Dano moral direto e indireto. Trata-se de questão puramente acadêmica. Mas convém que se faça a distinção entre dano moral direto e dano moral indireto. O primeiro se refere a uma lesão específica de um direito extrapatrimonial, como os direitos da personalidade. O segundo ocorre quando há uma lesão específica a um bem ou interesse de natureza patrimonial, mas que, de modo reflexo, produz um prejuízo na esfera extrapatrimonial. É o caso, por exemplo, do furto de um bem com valor afetivo ou, no âmbito do direito do trabalho, o rebaixamento funcional ilícito do empregado, que, além do prejuízo financeiro, traz efeitos morais lesivos ao trabalhador[46].

5. O dano moral e as pessoas jurídicas. Muito já se discutiu sobre a possibilidade de ser a pessoa jurídica passível de sofrer dano moral. Uma corrente de ilustres juristas entende que não pode, sob o fundamento de que a pessoa jurídica é insusceptível de sentimentos. No próprio STJ, houve divergências acentuadas, valen-

---

45. RSTJ, 76/257.
46. Pablo Stolze Gagliano e Rodolfo Pamplona Filho, op. cit., pág. 75.

do destacar a posição do Ministro Carlos Alberto Menezes Direito:

> "O conceito de honra objetiva, opondo-se ao conceito de honra subjetiva, utilizado pela doutrina para justificar o deferimento do dano moral em favor da pessoa jurídica, com todo respeito, é, apenas, um artifício para o fim colimado. Em nenhuma hipótese, e é um fato insuscetível de contestação, a pessoa jurídica pode sofrer dano moral. (...) O que não pode existir é a empresa sentir-se ofendida na sua dignidade, na sua honra. Se fosse diferente, estar-se-ia no reino dos absurdos"[47].

Essa tese, contudo, não foi vitoriosa. No REsp 98/0025744-6 (DJ 05.10.98, Relator: Ministro Sálvio de Figueiredo Teixeira), decidiu a mesma Corte:

> "O protesto indevido de título cambial acarreta a responsabilidade de indenizar razoavelmente o dano moral correspondente, que prescinde da prova de prejuízo. A evolução do pensamento jurídico, no qual convergiram jurisprudência e doutrina, veio a afirmar, inclusive nesta Corte, onde o entendimento tem sido unânime, que a pessoa jurídica pode ser vítima também de danos morais, considerados esses como violadores da sua honra objetiva."

Seguiram-se vários outros julgados, tais como:

---

47. STJ. REsp 190221/SP (Recurso Especial 1998/0072240-8).

"Protesto indevido. Danos morais. Pessoa jurídica. Responde o banco pelos prejuízos, decorrentes do protesto indevido de título já pago. Pacificou-se o entendimento desta Corte no sentido de que as pessoas jurídicas podem sofrer danos morais"[48].

Finalmente, a matéria foi sumulada: "A pessoa jurídica pode sofrer dano moral" (Súmula 227). Não divergem os nossos melhores doutrinadores. Carlos Alberto Bittar ensina que os danos podem atingir tanto pessoas físicas como jurídicas, a respeito das quais podem ser caracterizados, na prática, prejuízos de ordem patrimonial ou moral. Dotadas de personalidade, têm o seu reconhecimento, no âmbito do direito, em todos os aspectos compatíveis — como, por exemplo, quanto à reputação, quanto à confiança, quanto ao crédito — na defesa de suas relações com a clientela, com o público em geral e com a concorrência, inclusive com expressa previsão legislativa, no plano penal, em que se evidencia o amparo jurídico a esses valores, no interesse da própria sociedade.

---

48. STJ. REsp 251078/RJ (Recurso Especial 2000/0023996-8). Relator: Ministro Eduardo Ribeiro.

Capítulo VII

RELAÇÃO DE CAUSALIDADE.

1. Introdução. 2. Teorias explicativas do nexo causal e a posição do Código Civil.

1. Introdução. Outro pressuposto da responsabilidade civil é a relação de causalidade, que se define como um liame que deve existir entre o fato ilícito e o dano por ele produzido. Sem essa relação de causa e efeito, não existe a obrigação de indenizar. Assim, o dano só pode gerar responsabilidade quando seja possível estabelecer um nexo causal entre ele e a ação ou omissão. Como diz Savatier, "um dano só produz responsabilidade, quando ele tem por causa uma falta cometida ou um risco legalmente sancionado"[49].

---

49. Savatier, op. cit., nº 456.

Segundo a lição de Demogue[50], só pode haver nexo causal quando se esteja diante de uma relação necessária entre o fato incriminado e o prejuízo. É necessário que se tome como absolutamente certo que, sem esse fato, o prejuízo não poderia ter lugar. Nessa concepção, não seria indenizável o chamado "dano remoto" (conseqüência "indireta" do inadimplemento), envolvendo lucros cessantes para cuja efetiva configuração tivessem de concorrer outros fatores que não fosse apenas a execução a que o devedor faltou, ainda que doloso o seu procedimento[51].

A relação de causalidade advém da dicção do art. 186 do Código Civil: "Aquele que, por ação ou omissão voluntária, negligência ou imprudência, violar direito e **causar** dano a outrem, ainda que exclusivamente moral, comete ato ilícito" (grifamos). Essa norma reproduz o art. 159 do Código Civil de 1916.

2. Teorias explicativas do nexo causal e a posição do Código Civil. Várias teorias tentam explicar o nexo causal na responsabilidade civil. Selecionamos as três principais, na nossa visão: a) a teoria da equivalência de condições *(conditio sine qua non)*; b) a teoria da causalidade adequada; c) a teoria da causalidade direta ou imediata. A teoria da equivalência de condições *(conditio sine qua non)* foi elaborada pelo jurista alemão Von Buri, na segunda metade do século XIX. Esta teoria não diferencia

---

50. Apud Miguel de Serpa Lopes, Curso de Direito Civil, vol. V, págs. 251/252.
51. Caio Mário da S.Pereira. Instituições, vol. 2.º, pág. 231.

os antecedentes do resultado danoso. Tudo aquilo que concorra para o evento será considerado causa.

A teoria da causalidade adequada, desenvolvida a partir das idéias do filósofo alemão Von Kries, não considera causa "toda e qualquer condição que haja contribuído para a efetivação do resultado", como pregam os adeptos da teoria da equivalência. Leva em consideração, segundo um juízo de probabilidade, apenas o antecedente abstratamente idôneo à produção do efeito danoso.

A teoria da causalidade direta ou imediata é menos radical do que as anteriores. No Brasil, foi desenvolvida pelo Professor Agostinho Alvim, em sua obra "Da inexecução das obrigações e suas conseqüências". Para esta teoria, causa seria apenas o antecedente fático que, ligado por um vínculo de necessariedade ao resultado danoso, determinasse este último como conseqüência sua, direta e imediata.

Juristas brasileiros, dentre eles Cavalieri Filho, apontam a teoria da causalidade adequada como a acolhida pelo Código Civil pátrio. Outros, como Carlos Roberto Oliveira e Pablo Stolze, dissentem, entendendo que o Código Civil brasileiro acolheu a teoria da causalidade direta ou imediata. Pablo Stolze Gagliano[52] fundamenta a sua posição no art. 403 do Código Civil de 2002, que corresponde ao art. 1.060 do Código revogado, ao que dispor:

"Art. 403. Ainda que a inexecução resulte de dolo do devedor, as perdas e danos só incluem os prejuízos

---

52. Pablo Stolze Gagliano, op. cit., pág. 104.

efetivos e os lucros cessantes por efeito dela direto e imediato, sem prejuízo do disposto na lei processual".

Já Carlos Roberto Gonçalves[53], mais contundente ainda, assevera:

"Das várias teorias sobre o nexo causal, o nosso Código adotou, indiscutivelmente, a do dano direto e imediato, como está expresso no art. 403; e das várias escolas que explicam o dano direto e imediato, a mais autorizada é a que se reporta à conseqüência necessária".

---

53. Carlos Roberto Gonçalves. Responsabilidade civil, Saraiva, 2003, pág. 524.

Capítulo VIII

EXCLUDENTES DA RESPONSABILIDADE CIVIL

1. Introdução. 2. Excludentes da responsabilidade civil. 2.1. Estado de necessidade. 2.2. Legítima defesa. 2.3. Exercício regular de um direito reconhecido e estrito cumprimento do dever legal. 2.4. Caso fortuito e de força maior. 2.5. Culpa exclusiva da vítima. 2. 6. Fato de terceiro. 3. Cláusula de não indenizar: pressupostos de validade. 4. Culpa concorrente. 5. Jurisprudência do STJ sobre a matéria.

1. Introdução. Comete ato ilícito aquele que, por ação ou omissão voluntária, negligência ou imprudência, violar direito e causar dano a outrem, ainda que exclusivamente moral (art. 186 do Código Civil). Também comete ato ilícito o titular de um direito que, ao exercê-lo, excede manifestamente os limites impostos pelo seu fim econômico ou social, pela boa-fé ou pelos bons costumes (art. 187). Assim, o agente que abusar do seu direito, deliberadamente, causando prejuízo a outrem, fica obrigado a reparar o dano.

2. Excludentes da responsabilidade civil. São causas que excluem a responsabilidade civil: a) o estado de necessidade; b) a legítima defesa; c) o exercício regular de um direito e o estrito cumprimento do dever legal; d) o caso fortuito e a força maior; e) a culpa exclusiva da vítima; f) o fato de terceiro.

2.1. Estado de necessidade. Na terminologia jurídica, pode a expressão ser tomada em sentidos diferentes: estado de penúria, estado de miserabilidade, em que se encontra a pessoa, por não possuir recursos próprios para a própria mantença, alimentação ou satisfação das menores coisas de que precisa para viver como ente humano. Mas pode ser tida em outro sentido, significando o estado de constrangimento, em que se vê a pessoa, de modo a levá-la a fazer o que não era para fazer ou não fazer o que era de seu dever[54]. O estado de necessidade, imposto por circunstâncias exteriores, dá autoridade para que possa a pessoa determinar a prática de certo ato, o que não se autorizaria fora ele.

No sentido penal ou do direito civil, o estado de necessidade é também revelador de uma necessidade urgente. Constitui-se perigo atual e iminente, em virtude do qual não pode a pessoa fugir à prática do mal, ou do fato criminoso, pois que com ela evita o sacrifício de

---

54. De Plácido e Silva. Vocabulário jurídico, vol. II, 11ª ed., pág. 209.

direito seu ou alheio, que não lhe era razoável sacrificar. Será constituído, pois, em frente do perigo atual que não foi provocado pela pessoa e o dever de evitar o sacrifício do direito, mesmo pela prática de fato defeso. Quando evidenciado, é excludente da sanção legal.

O ato praticado em estado de necessidade será legítimo, desde que as circunstâncias o tornarem absolutamente necessário, não excedendo os limites do indispensável para a remoção do perigo. Ou seja, a destruição ou deterioração de coisa alheia ordinariamente constitui ato ilícito, porque a ninguém é dado fazê-lo. Todavia, a lei, excepcionalmente, entende ser lícito o procedimento de quem deteriora ou destrói coisa alheia, se o faz para evitar mal maior, contanto que as circunstâncias tornem o ato absolutamente necessário e não exceda os limites do indispensável para a remoção do perigo. É o caso, por exemplo, da destruição do prédio alheio, vizinho ao incendiado, para evitar que o fogo se propague pelo resto do quarteirão.

Convém ressaltar que o Código Civil, embora declare que o ato praticado em estado de necessidade não é ilícito (art. 188, II), nem por isso libera quem o pratica de reparar o prejuízo que causou. Realmente, o art. 929 estabelece que, se o dono da coisa destruída ou deteriorada não for culpado do perigo, terá direito de ser indenizado. O dispositivo subseqüente impõe ao autor do dano a obrigação de repará-lo, apenas reservando-lhe ação regressiva contra o terceiro, por culpa de quem ocorreu o perigo. Desse modo, o herói que, para salvar vidas humanas, destrói um prédio ou um automóvel alheio pratica um ato nobilíssimo. Não obstante, deve indenizar o prejuízo causado ao dono do bem destruído.

Invocando, aqui, a lição de João Luiz Alves[55], ao comentar os arts. 1.519 e 1.520 do Código Civil de 1916, diríamos, da mesma forma, que a posição do art. 929 do Código de 2002 contradiz o art. 188, II. Este último dispõe que não constitui ato ilícito "a deterioração ou destruição da coisa alheia, ou a lesão a pessoa, a fim de remover perigo iminente", dentro dos limites indispensáveis à sua remoção. Portanto, quem age assim pratica ato lícito. Ora, como assevera o referido autor, "o ato lícito, no sistema geral do Código, não gera direito à indenização, a qual só promana, ou da inexecução de obrigação ou de delito e quase-delito. Logo, a remoção de perigo iminente, como ato lícito, não pode obrigar a quem o executa a indenizar o dano".

É certo que a vítima teve um bem de sua propriedade destruído, mas isso ocorreu para que fosse evitado um mal maior. O legislador preferiu sacrificar o herói, solução que traz desestímulo à prática de heroísmo.

2.2. Legítima defesa. Na linguagem do direito, em sentido amplo, assim se entende toda ação de repulsa levada a efeito pela pessoa ao ataque injusto a seu corpo ou a sem bem. Decorre do princípio, já em voga no Direito Romano, de que, embora não possa a pessoa fazer justiça por suas próprias mãos, lhe é assegurado o direito de defender-se, mesmo com a violência, seja em relação a seu corpo ou a seus bens, contra os injustos ataques que a estes sejam dirigidos, contanto que esta defesa não ultrapasse seus justos limites[56].

---

55. João Luiz Alves. Código Civil anotado, Rio de Janeiro, 1917.
56. De Plácido e Silva, op. cit., vol. III, pág. 59.

Na terminologia do Direito Penal e do Direito Civil, manifesta-se, igualmente, a repulsa da força pela força, diante do perigo apresentado pela injusta agressão, atual ou iminente, quando outro meio não se apresenta para evitar o perigo ou a ofensa que dela possa resultar. Nos termos do art. 188, I, do Código Civil, evidenciada a legítima defesa, dá-se a exclusão da criminalidade ou da ilicitude.

2.3. Exercício regular de um direito reconhecido e estrito cumprimento do dever legal. Assim se entende o uso e o gozo de um direito, consoante prescrições legais. Entende-se por exercício do direito aquele que se faz com o próprio direito: para este não há lesão ao direito alheio, uma vez que se expressa como exercício regular do direito. *"Neminem laedit qui suo urc utitur"* (Não prejudica outrem aquele que usa de seu direito). "Do princípio jurídico, em que se funda o exercício do direito, nasce, também o direito de agir; este e o exercício assemelham-se tão estreitamente que, por vezes, se confundem"[57].Nos termos do art. 188, I, do Código Civil, o agente que age no exercício regular de um direito reconhecido ou no estrito cumprimento de um dever legal não pratica ato ilícito.

2.4. Caso fortuito e de força maior. No parágrafo único do art. 1.058, o Código Civil de 1916 apresentava um conceito único de caso fortuito e força maior:

---

57. De Plácido e Silva, op. cit., vol. II, pág. 245.

"O caso fortuito, ou de força maior, verifica-se no fato necessário, cujos efeitos não era possível evitar ou impedir."

O Código Civil de 2002 reproduz a referida norma, ao estabelecer, no parágrafo único do art. 393: "O caso fortuito ou de força maior verifica-se no fato necessário, cujos efeitos não era possível evitar ou impedir".

Caso fortuito ou de força maior, em síntese, é o ato alheio à vontade das partes contratantes ou do agente causador do dano. Arnoldo Medeiros da Fonseca[58] destaca dois elementos no caso fortuito ou de força maior: a) ausência de culpa; b) inevitabilidade do evento. Assim, havendo culpa do agente, ou sendo o fato resistível, não há como se falar em caso fortuito ou de força maior. Acrescenta ainda o renomado autor[59] que o critério a ser adotado para medir a inevitabilidade do evento não é puramente abstrato, ou seja, tendo em vista um homem médio. Devem-se considerar também os elementos exteriores ao obrigado e ao seu raio de atividades econômicas, não desprezando a possível conduta de outros indivíduos, em condições objetivas análogas.

A imprevisibilidade não é elemento necessário do caso fortuito. É que, embora previsível o fato, muitas vezes a vítima não pode evitar a sua ocorrência, nem lhe resistir os efeitos. Como diz Sílvio Rodrigues[60], a impre-

---

58. Arnoldo M. da Fonseca. Caso fortuito e teoria da imprevisão,1943, nºs 68 e 81.
59. Ibidem, nº 103.
60. Sílvio Rodrigues, op. cit., vol. II, 22ª Saraiva, 1994, págs. 284/285.

visibilidade pode intensificar o elemento irresistibilidade, pois, se o devedor não podia prever o acontecimento, mais difícil seria resistir aos efeitos.

Do ponto de vista pragmático, não há diferença entre caso fortuito e força maior, considerando o conceito único fornecido pelo Código Civil. Afirma Arnoldo Wald que são "sinônimos perfeitos'. No entanto, doutrinariamente, os termos são distintos. Assinala Maria Helena Diniz[61] que, na força maior, conhece-se o motivo ou a causa que dá origem ao acontecimento. Trata-se de um fato da natureza, como, por exemplo, um raio que provoca um incêndio, inundação que danifica produtos ou intercepta as vias de comunicação, impedindo a entrega da mercadoria prometida, ou um terremoto que ocasiona grandes prejuízos etc. "Já no caso fortuito, o acidente que acarreta o dano advém de causa desconhecida, como o cabo elétrico aéreo que se rompe e cai sobre fios telefônicos, causando incêndio, explosão de caldeira de usina, e provocando morte".

No campo da responsabilidade civil, o caso fortuito e a força maior atuam como excludente da responsabilidade, porque impedem a formação de relação de causalidade. Por exemplo: o fio de alta tensão que despenca em virtude de forte temporal e mata um transeunte. Não se pode responsabilizar ninguém, pois o fato foi causado por um fenômeno da natureza (força maior). Da mesma forma, o veículo que é danificado por árvore que caiu em decorrência de um vendaval. Nesses casos, o município

---

61. Maria Helena Diniz. Curso de Direito Civil Brasileiro — Teoria geral das obrigações, vol. II, 16ª ed., Saraiva, págs. 346/347.

não é responsável pelo dano. A situação toma contornos diferentes quando o fio de alta tensão rompeu-se por falta de manutenção pela empresa concessionária do serviço de distribuição de energia elétrica, ou a árvore caiu por inércia do poder público responsável que, sabendo da fragilidade em que se encontrava o vegetal, não tomou providências no sentido de remover o perigo.

Dentre outros casos, o STJ não considera caso fortuito ou de força maior os seguintes:

"Não configura caso fortuito ou de força maior, para efeito de isenção de responsabilidade civil, a ação de terceiro que furta, do interior do próprio banco, talonário de cheques emitido em favor de cliente do estabelecimento. Ressarcimento devido às autoras, pela reparação dos danos morais por elas sofridos pela circulação de cheques falsos em seus nomes, gerando constrangimentos sociais, como a devolução indevida de cheques regularmente emitidos pelas correntistas e injustificadamente devolvidos. IV. Recurso especial não conhecido"[62].

"I. Problema técnico. Fato previsível. Dano moral. Cabimento. Argumentação inovadora. Após o advento do Código de Defesa do Consumidor, as hipóteses de indenização por atraso de vôo não se restringem àquelas descritas na Convenção de Varsóvia, o que afasta a limitação tarifada. II. A ocorrência de proble-

---

62. STJ. REsp 750418 / RS (Recurso Especial 2005/0079958-3) .Relator: Ministro Aldir Passarinho Júnior. Quarta Turma. Fonte: DJ 16/10/2006, pág. 378.

ma técnico é fato previsível, não caracterizando hipótese de caso fortuito ou de força maior"[63].

Caracteriza, entretanto, caso fortuito ou de força maior o roubo de mercadorias enquanto eram transportadas, quando consignado que a empresa agira com as cautelas exigíveis, dentre as quais não inserida a contratação de serviço de segurança durante o transporte rodoviário, reconhecendo-se, pois, a causa excludente da responsabilidade civil[64].

2.5. Culpa exclusiva da vítima. Há culpa exclusiva, quando o evento danoso foi desencadeado pela própria vítima. A atuação exclusiva desta afasta por completo a responsabilidade do agente, por faltar justamente a relação de causalidade. No caso, a culpa pelo ocorrido foi da própria vítima; o agente foi um mero instrumento do fato.

2.6. Fato de terceiro. Terceiro, segundo Aguiar Dias[65], é "qualquer pessoa além da vítima ou do responsável". É preciso, contudo, que esse terceiro não seja uma pessoa por quem o agente deva responder (filho

---

63. STJ. AgRg no Ag 442487/RJ; Agravo regimental no agravo de instrumento 2002/0030055-2. Relator: Ministro Humberto Gomes de Barros. Terceira Turma. Fonte: DJ 09/10/2006, pág. 284.
64. STJ. AgRg nos EREsp 604679/SP; Agravo regimental nos embargos de divergência no Recurso Especial 2006/0017910-6. Relator: Ministro Jorge Scartezzini. Segunda Seção. Fonte: DJ 26/06/2006 pág. 113.
65. Aguiar Dias, op.cit., n.º 218.

menor, tutelado, curatelado, preposto etc). Nesta hipótese, não há lugar para exclusão de responsabilidade. A propósito, vale ressaltar que, segundo opinião dominante, o fato de terceiro figura ao lado do caso fortuito e da força maior. Todavia, conforme o citado autor, "só exonera quando realmente constitui causa estranha ao devedor, isto é, quando elimina, totalmente, a relação de causalidade entre o dano e o desempenho do contrato"[66]. É necessário, portanto, para configurar-se a excludente, que não haja nenhuma relação entre o terceiro causador do dano e o indigitado responsável.

Hipótese interessante, que tem suscitado controvérsia na doutrina e nos tribunais, é a do passageiro de transporte coletivo, atingido por disparo feito no interior de viatura por um terceiro. Há quem afirme não haver responsabilidade do transportador, tendo em vista o fato de terceiro, imprevisível e inevitável, que impossibilitou o cumprimento do contrato (deixar o passageiro incólume no seu local de destino). Outros questionam esta posição, afirmando que, nas hipóteses de transportes coletivos, o fato de terceiro não é excludente de responsabilidade civil, nos termos do Decreto nº 2.681, de 7 de dezembro de 1912. O próprio STF decidiu sobre a matéria:

"A responsabilidade das empresas de serviço público por acidente com passageiro decorre de culpa presumida, não se podendo nela entrever qualquer causa liberatória, especialmente culpa de terceiro"[67].

---

66. Ibidem.
67. STF, RT 437/240.

No mesmo sentido, dispõe a Súmula 187 do STF:

"*A responsabilidade contratual do transportador, pelo acidente com passageiro, não é ilidida por culpa de terceiro, contra a qual tenha ação regressiva.*"

Essa posição parece atenuada no STJ, conforme reiteradas decisões da 4.ª Turma:

"I — A presunção de culpa da transportadora comporta desconstituição mediante prova da ocorrência de força maior, decorrente de roubo, indemonstrada a desatenção da ré quanto às cautelas e precauções normais ao cumprimento do contrato de transporte. II — Na lição de Clóvis, caso fortuito é 'o acidente produzido por força física ininteligente, em condições que não podiam ser previstas pelas partes', enquanto a força maior é 'o fato de terceiro, que criou, para a inexecução da obrigação, um obstáculo, que a boa vontade do devedor não pode vencer', com a observação de que o traço que os caracteriza não é a imprevisibilidade, mas a inevitabilidade"[68].

Sílvio Rodrigues[69] anota que a aplicação da Súmula 187 circunscreve-se apenas ao campo do contrato de transporte e, para incidir, é mister que o indigitado responsável tenha ação regressiva contra o terceiro, autor direto do dano.

---

68. STJ. REsp 264589/RJ (Recurso Especial 2000.002816-6). Relator: Min. Sálvio de Figueiredo Teixeira. Fonte DJU de 18/12/2000.
69. Sílvio Rodrigues, op. cit., pág. 190.

Observe-se, contudo, que o fato de terceiro, para excluir a responsabilidade do agente, deve influir decisivamente na relação de causalidade, constituindo-se, por si só, o elemento causador do resultado. Assim, se houver qualquer participação do indigitado responsável, o fato de terceiro será irrelevante. Considere-se, por exemplo, a situação do proprietário da empresa de transporte coletivo que deixa entrar no ônibus pessoa portando arma de fogo e venha essa a deflagrar o seu revólver contra um passageiro. Sem dúvida alguma essa empresa não pode se eximir de responder pelo dano, tenha ou não ação regressiva contra o autor direto do dano.

A matéria, recentemente, foi objeto de novos pronunciamentos do STJ. O Ministro Carlos Alberto Menezes, em magistral voto proferido pelo no REsp nº 469.867-SP (2002/0124120-7), a meu sentir, pôs fim à controvérsia:

"I. Ação de responsabilidade civil. Empresa de transporte coletivo. Fato de terceiro. Pensão. Dano moral. Precedentes da Corte. 1. Cuida o caso de saber se a culpa do terceiro motorista do caminhão, que empurrou o carro para baixo do ônibus e fez com que este atropelasse os pedestres, causando-lhes morte e ferimentos severos, exclui o dever de indenizar da empresa transportadora. O princípio geral é o de que o fato culposo de terceiro, nessas circunstâncias, vincula-se ao risco da empresa de transporte, que, como prestadora de serviço público, responde pelo dano em decorrência, exatamente, do risco da sua atividade, preservado o direito de regresso. Tal não ocorreria se o caso fosse, realmente, fato doloso de terceiro.

A jurisprudência tem admitido claramente que, mesmo ausente a ilicitude, a responsabilidade existe, ao fundamento de que o fato de terceiro que exonera a responsabilidade é aquele que com o transporte não guarde conexidade. Se o acidente ocorre enquanto trafegava o ônibus, provocado por outros veículos, não se pode dizer que ocorreu fato de terceiro estranho ou sem conexidade com o transporte. E, sendo assim, o fato de terceiro não exclui o nexo causal, obrigando-se a prestadora de serviço público a ressarcir as vítimas, preservado o seu direito de regresso contra o terceiro causador do acidente. É uma orientação firme e benfazeja baseada no dever de segurança vinculado ao risco da atividade, que a moderna responsabilidade civil, dos tempos do novo milênio, deve consolidar".

Voto:

(...) Não há, portanto, qualquer controvérsia sobre a mecânica do acidente. O ônibus foi, de fato, atingido pelo Chevete, que, por sua vez, foi atingido por um caminhão e causou os danos enquanto trafegava. A descrição sugere que o dano ocorreu em razão de fato de terceiro. Trata-se, no caso, de empresa de transporte coletivo, prestadora de serviço público, o que põe a situação no plano da responsabilidade objetiva. Como se sabe, pode haver responsabilidade sem culpa, no caso da responsabilidade objetiva, mas não há responsabilidade sem nexo causal. São as chamadas excludentes de responsabilidade, isto é, "casos de impossibilidade superveniente do cumprimento da obrigação, não imputáveis ao devedor ou agente. Essa impossibilidade, de acordo com a doutrina tradicional, ocorre nas hipóteses de caso fortuito, força maior, fato exclusivo da vítima ou de terceiro" (Carlos Alberto Menezes Direito e Sérgio Cavalieri, Comentários ao Código Civil, Forense, Vol. XIII, 2004, pág. 86). O fato de terceiro, portanto, é uma excludente de responsabilidade, porque, sendo causa estranha ao aparente responsável, afasta a relação de causalidade, sendo a conduta de terceiro a causa adequada do evento. Ocorre que se deve examinar se o fato de terceiro, em caso de responsabilidade do transportador, exclui o dever de indenizar, ou seja, no caso, se a culpa do motorista do caminhão, que empurrou o carro para baixo do ônibus e fez com que este atropelasse os pedestres, causando-lhes morte e ferimentos severos, exclui o dever de indenizar da empresa transportadora. Já se sabe que a resposta é negativa quando se trate de responsabilidade contratual da empresa de ônibus, ou seja, se o passageiro sofre o dano, tal como consolidado na Súmula nº 187 do Supremo Tribunal Federal.

O que se deve indagar neste feito é se esse princípio aplica-se igualmente quando as vítimas não são passageiras, mas, sim, pedestres. E, na minha compreensão, a resposta é positiva. O princípio geral é o de que o fato culposo de terceiro, nessas circunstâncias, vincula-se ao risco da empresa de transporte que, como prestadora de serviço público, responde pelo dano em decorrência, exatamente, do risco inerente a sua atividade, preservado o direito de regresso. Tal não ocorreria se fosse fato doloso de terceiro. A jurisprudência tem admitido, claramente, que, mesmo ausente a ilicitude, a responsabilidade existe, ao fundamento de que o fato de terceiro que exonera a responsabilidade é aquele que com o transporte não guarde conexidade, não ocorrendo o mesmo quando intervenha fato totalmente estranho (REsp n° 13.351/RJ, Relator o Ministro Eduardo Ribeiro, DJ de 24/2/92; REsp n° 127.747/CE, Relator o Ministro Barros Monteiro, DJ de 25/10/99), assentando, também, que o causador direto do dano responde pela reparação, ficando com ação regressiva contra o terceiro que deu causa à manobra determinante do dano (REsp n° 298.809/RJ, de minha relatoria, DJ de 27/5/02), não afastada a responsabilidade nem em estado de necessidade (REsp n° 12.840/RJ, Relator o Ministro Sálvio de Figueiredo Teixeira, DJ de 28/3/94). Se o acidente ocorre enquanto trafegava o ônibus, provocado por outros veículos, não se pode dizer que ocorreu fato de terceiro estranho ou sem conexidade com o transporte. E, sendo assim, o fato de terceiro não exclui o nexo causal, obrigando-se a prestadora de serviço público a ressarcir as vítimas, preservado o seu direito de regresso contra o terceiro causador do acidente. Note-se que não se trata de fazer a diferença entre o fato de terceiro e o estado de necessidade, ou seja, o primeiro excludente e o segundo não. O que se afirma é que a causa excludente de responsabilidade, fato de terceiro, no caso da responsabilidade objetiva da empresa de transporte coletivo, somente existiria se com o transporte não guardasse conexidade. O que não ocorre, na minha avaliação, quando a ocorrência é provocada por acidente de trânsito. Basta que se tenha presente para tal conclusão que os precedentes que informam a Súmula nº 187 do Supremo Tribunal Federal mencionam choques com outros veículos, ou seja, não há exclusão da responsabilidade em razão de ter sido o dano provocado por culpa de terceiro, diferente, portanto, daquelas situações em que a exclusão existe, como, por exemplo, em casos de assalto a mão armada, quando há presença de fato estranho ao transporte. O que se afirma neste feito é que a exclusão do nexo causal, que não há quando se trate de passageiro, objeto da referida Súmula que considerou a mansa e pacífica jurisprudência sobre o tema, também não há quando as vítimas são pedestres. A empresa responde de igual maneira e de igual maneira tem ação de regresso. De fato, em todas as situações relativas a fato de terceiro que guarde conexidade com o transporte, não se exclui a responsabilidade, mas, apenas, assegura-se o direito de regresso.Não se cuida, portanto, ao meu juízo, de distinguir entre aqueles casos em que o motorista é obrigado a fazer uma manobra em função de outro para evitar o choque, o que poderia configurar o estado de necessidade, e aqueles em que o motorista não teve qualquer ato volitivo, ou seja, foi pura e simplesmente arremessado, e esse fato provocou o acidente sem que ele tivesse qualquer atuação. No primeiro caso, não se excluiria a responsabilidade, enquanto que, no segundo caso, sim. Entendo que não, porque em se tratando da responsabilidade das empresas transportadoras, responsabilidade objetiva, a jurisprudência das Cortes superiores foi construída no sentido de somente reconhecer o fato de terceiro como excludente de responsabilidade se e quando não guardasse conexidade com o transporte. E, como se sabe, acidente de trânsito não é estranho ao transporte. Em tal circunstância, repito, tratando-se de empresa de transporte coletivo, a diferença de situações não abala a conclusão em favor do dever de indenizar com a garantia do direito de regresso. É uma orientação firme e benfazeja, baseada no dever de segurança vinculado ao risco da atividade, que a moderna responsabilidade civil, dos tempos do novo milênio, deve consolidar. É por isso que 'quem se dispõe a exercer alguma atividade perigosa terá que fazê-lo com segurança, de modo a não causar dano a ninguém, sob pena de ter que por ele responder independentemente de culpa' (Comentários ao Código Civil, cit. págs. 153/154). Veja-se que já o Código Civil de 2002, no parágrafo único do art. 927, criou uma cláusula geral de responsabilidade objetiva ao mencionar a obrigação de reparar o dano independentemente de culpa. Adotou-se a teoria do risco criado, defendida por Caio Mário, o que significa reconhecer a obrigação de reparar o dano quando a atividade normalmente desenvolvida implicar, por sua natureza, risco para os direitos de outrem (Responsabilidade Civil, Forense, pág. 284). Traz o especial precedente de que foi Relator o Ministro Sálvio de Figueiredo Teixeira (REsp nº 54.444/SP, DJ de 21/11/94). Há ainda outros na mesma direção: REsp nº 12.293/PR, Relator o Ministro Nilson Naves, DJ de 27/4/92; REsp nº 14.952/PR, Relator o Ministro

Dias Trindade, DJ de 16/12/91; REsp nº 81.631/SP, Relator o Ministro Ruy Rosado de Aguiar, DJ de 17/6/96. Mas, em todos esses casos, não se cuidava de empresa de transporte coletivo, subordinada ao regime da responsabilidade objetiva e ao critério jurisprudencial de que o fato de terceiro que exonera a responsabilidade é aquele que com o transporte não guarde conexidade. Com isso, descarto o dissídio".

Seguem outros julgados do mesmo Tribunal:

Recurso especial. Ação indenizatória. Acidente de trânsito envolvendo ônibus em passagem de nível. Previsibilidade. Fato de terceiro não reconhecido. I - Na linha da jurisprudência deste Tribunal, o fato de terceiro que exclui a responsabilidade do transportador é aquele imprevisto e inevitável, que nenhuma relação guarda com a atividade inerente à transportadora.

Responsabilidade civil. Transporte de passageiros. Arremesso de objeto para o interior do veículo. Lesão em passageiro. Fato de terceiro excludente de responsabilidade. Precedentes. I – A presunção de culpa da transportadora pode ser ilidida pela prova de ocorrência de fato de terceiro, comprovadas a atenção e cautela a que está obrigada no cumprimento do contrato de transporte a empresa. II – O arremesso de objeto, de fora para dentro do veículo, não guarda conexidade com a atividade normal do transportador. Sendo ato de terceiro, exclui a responsabilidade do transportador pelo dano causado ao passageiro. Precedentes.

Como se verifica, o fato de terceiro que exonera a responsabilidade é aquele que não guarda conexidade com a atividade desenvolvida pelo indigitado responsável pelo dano. Assim, o fato inteiramente estranho ao transporte em si, como é o assalto ocorrido no interior de coletivo, constitui causa excludente da responsabilidade da empresa transportadora. Existindo a conexidade, o fato de terceiro não funciona como excludente da responsabilidade civil. Nesse sentido, considera-se dentro da margem de previsibilidade e risco o acidente provocado por abalroamento entre ônibus e vagão em passagem de nível.

3. *Cláusula de não indenizar: pressupostos de validade.* Trata-se de outra excludente de responsabilidade civil, aplicável nas relações contratuais. Por ela, uma das partes pode estipular, com a aquiescência da outra, que, ocorrendo inexecução total ou parcial do contrato, não responderá por perdas e danos. No caso, o risco é transferido para a vítima, que suportará o prejuízo, caso ocorra o inadimplemento da obrigação.

É muito grande o debate que se trava sobre a legalidade dessa cláusula. Entende uma corrente que ela deve ser proibida ou mitigada, pois contraria o interesse social admitir-se estipulação pela qual um dos contratantes se exime do dever de reparar o prejuízo derivado de sua própria inadimplência. É comportamento imoral.

Os argumentos que embasam a impugnação são fortíssssimos: a) no contrato de adesão, o contratante, economicamente mais fraco, fica impedido da proteção que a lei lhe confere, de pleitear reparação do dano; b) nas demais relações contratuais, fomenta a negligência e a imprudência do contratante, pois, não respondendo pela sua inadimplência, não tem interesse em respeitar a obrigação assumida.

Os que a defendem afirmam que a cláusula de não indenizar é uma conseqüência do princípio da autonomia da vontade, segundo o qual, sendo as partes capazes, e não sendo ilícito seu objeto, podem ajustar o que bem lhes aprouver. Ademais, seria legal e conveniente ao interesse social, visto que, diminuindo os riscos, barateiam os custos do contrato.

Os tribunais têm posição intermediária: a) permitem a cláusula sem restrição em alguns contratos; b) negam-na noutros; c) admitem-na com restrições em alguns tipos de contratos.

O STF editou a Súmula 161, nestes termos: "Em contrato de transporte, é inoperante a cláusula de não indenizar". Também não se pode cogitar da cláusula de não indenizar nas relações jurídicas de consumo, uma vez que, nesta hipótese, impõe-se, necessariamente, a reparação integral dos prejuízos sofridos. São cláusulas abusivas (art. 51, I, do CDC).

Para que seja pactuada a cláusula de não indenizar, é preciso que haja: a) bilateralidade do consentimento; b) ausência de dolo ou de falta grave (isto é, prevista a cláusula, mas se o inadimplemento do contrato deveu-se a ato deliberado da parte ou de falta grave inescusável, não terá valia a disposição contratual, pois seria uma imoralidade premiar quem agiu de má-fé); c) vantagem paralela em favor do outro contratante. É que, para haver equilíbrio na relação obrigacional, é preciso que haja uma compensação em benefício de quem assumiu o risco de prejuízo.

Exemplos típicos de invalidade de cláusula de não indenizar: a) avisos de empresas que exploram estacionamento de veículos de que não se responsabilizam por furto ou roubo do automóvel ou objetos nele guardados; b) comunicação dos hoteleiros de que não se responsabilizam pelos furtos das bagagens das pessoas hospedadas em seu hotel etc.

4. Culpa concorrente. Muitas vezes, participam do ato o agente e a vítima, ambos agindo culposamente. Neste caso, tem-se a figura da culpa concorrente, que não exclui a responsabilidade, apenas a atenua, propiciando o parcelamento do prejuízo entre os dois concorrentes. Ressalte-se que, apesar de opiniões em contrário, essa divisão nem sempre pode ser feita meio a meio. Deve-se levar em consideração o grau de culpa de cada um. É o que ensina Aguiar Dias[70]:

"A culpa da vítima, quando concorre para a produção do dano, influi na indenização, contribuindo para a repartição proporcional dos prejuízos".

5. Jurisprudência do STJ sobre a matéria.

"Civil. Responsabilidade civil. Condomínio. O condomínio só responde por furtos ocorridos nas suas áreas comuns se isso estiver expressamente previsto na respectiva convenção. Embargos de divergência não conhecidos".[71]

---

70. Aguiar Dias, op. cit., vol. II, n.º 221.
71. STJ. EREsp 268669/SP; Embargos de divergência no Recurso

"Condomínio. Furto de veículo. Cláusula de não indenizar. 1. Estabelecendo a convenção cláusula de não indenizar, não há como impor a responsabilidade do condomínio, ainda que exista esquema de segurança e vigilância, que não desqualifica a força da regra livremente pactuada pelos condôminos. 2. Recurso especial conhecido e provido"[72].

"Civil. Ação ordinária. Responsabilidade civil. Indenização. Furto de veículo em garagem de edifício. Convenção de condomínio. Existência de cláusula de responsabilidade. I. A doutrina e a jurisprudência do STJ firmaram entendimento no sentido de que, inexistindo cláusula expressa na convenção relativa ao de guarda e vigilância, não responde o condomínio por eventuais furtos ocorridos na garagem do prédio"[73].

"Contrato de transporte marítimo. Cláusula limitativa de responsabilidade. É inoperante, tanto quanto a cláusula de não indenizar. Precedentes da 3ª Turma

---

Especial 2001/0162676-0. Relator: Ministro Ari Pargendler. Segunda Seção. Fonte: DJ 26/04/2006, pág. 198.
72. STJ. REsp 168346 / SP (Recurso Especial 1998/0020650-7). Relator: Ministro Waldemar Zveiter. Relator p/ Acórdão: Ministro Carlos Alberto Menezes Direito. Terceira Turma. Fonte: DJ 06/09/1999, pág. 80.
73. STJ. REsp 72557 / SP (Recurso Especial 1995/0042573-4). Relator: Ministro Waldemar Zveiter. Terceira Turma. Fonte: DJ 02.09.1996, pág. 31075.

do STJ — REsp's 1.933, 2.310, 9.787, 13.656 e 16.034. Recurso especial não conhecido"[74].

Responsabilidade contratual. Furto de veículo do estacionamento de restaurante. Dever de guarda. O dever de guarda decorre da entrega do veículo pelo cliente ao preposto do estabelecimento, donde a responsabilidade pela indenização se o manobrista passa as chaves a outrem que não o proprietário, pouco importando se ocorreu roubo, ou se simplesmente o empregado foi enganado pelo autor da subtração. Invalidade de cláusula de não indenizar, impressa no tíquete comprobatório do depósito. Recurso especial conhecido pelo dissídio pretoriano, mas ao qual se nega provimento"[75].

---

[74]. STJ. REsp 32578 / RJ (Recurso Especial 1993/0005220-9). Relator: Ministro Nilson Naves. Terceira Turma. Fonte: DJ 31/05/1993, pág. 10663.
[75]. STJ. REsp 8754 / SP (Recurso Especial 1991/0003759-1). Relator: Ministro Athos Carneiro. Quarta Turma. /Fonte: DJ 20/05/1991, pág. 6537.

Capítulo IX

RESPONSABILIDADE OBJETIVA

1. Introdução. 2. Noções preliminares. 3. Responsabilidade objetiva e o Código Civil de 2002. 4. Atividade de risco.

1. Introdução. Vimos, no capítulo II, que o Código Civil de 1916, no art. 159, consagrou a regra geral da responsabilidade civil, baseando-se na teoria da culpa. Ou seja, o agente causador do dano só era obrigado a pagar o prejuízo sofrido pela vítima, se tivesse agido com culpa ou com dolo. Embora tenha sido essa a sua posição, no entanto, não descartou a aplicação da teoria objetiva, ou responsabilidade sem culpa, porquanto, em alguns artigos, como veremos adiante, impunha a responsabilidade do agente, independentemente de culpa ou dolo.

Orlando Gomes[76], em comentários ao Código Civil revogado, assinala:

---

[76] Orlando Gomes. Obrigações, 8ª ed., Forense, pág. 344.

"O direito pátrio baseia na culpa a responsabilidade delitual. Nenhuma dúvida se pode ter, com a leitura do art. 159 do Cód. Civil de que aceitou a teoria subjetivista. Contudo, alguns escritores sustentam que, em certas disposições, acolheu a doutrina objetiva, como se verá adiante. O fato de ter sido consagrado o princípio da responsabilidade baseada na culpa não significa que, em nosso direito positivo, inexistam regras consagradoras da responsabilidade fundada no risco. Leis especiais, como dentre outras a de acidente de trabalho, adotaram a concepção objetiva'".

2. Noções preliminares. O atual Código Civil adotou a mesma posição do Código Civil revogado, ao dispor, no art. 186: "Aquele que, por ação ou omissão voluntária, negligência ou imprudência, violar direito e causar dano a outrem, ainda que exclusivamente moral, comete ato ilícito". No art. 927, estabelece: "Aquele que, por ato ilícito (arts. 186 e 187), causar dano a outrem, é obrigado a repará-lo".

Todavia, no parágrafo único do art. 927, afastando-se da orientação da lei revogada, consagrou expressamente, em duas vertentes, a teoria objetiva: a) nos casos especificados em lei (responsabilidade objetiva propriamente dita; b) quando a atividade normalmente desenvolvida pelo autor do dano implicar, por sua natureza, risco para os direitos de outrem. No primeiro caso, cabe à lei definir os casos que comportam a aplicação da responsabilidade objetiva; no segundo, compete ao juiz dizer, diante do caso concreto, se a atividade desenvolvida pelo agente era ou não de risco.

A responsabilidade objetiva tem o seu fundamento na teoria do risco e é imposta por lei, sem necessidade de apelo à presunção. O seu emprego permite o ressarcimento do dano, independentemente da apuração da culpa do agente. Basta que haja o nexo de causalidade entre a ação ou a omissão e o resultado. Surgiu em decorrência do desenvolvimento tecnológico ocorrido no mundo, com novas práticas ou uso de máquinas capazes de pôr as pessoas em risco constante.

Convém anotar que, na vigência do Código Civil de 1916, alguns dos seus artigos consagravam casos de responsabilidade objetiva: a) a responsabilidade civil do dono do animal (art. 1.527); b) a responsabilidade civil do dono do prédio em ruína (art. 1.528); c) a responsabilidade civil do dono da casa de onde caem coisas (art. 1.529); d) a responsabilidade civil por ato praticado em estado de necessidade (arts. 1.519 e 1.520); e) a responsabilidade civil do credor que demanda sobre dívida antes do vencimento ou já paga (arts. 1.530 e 1.531); f) a responsabilidade civil do hoteleiro, pelo furto de valores praticado por empregados contra hóspedes.

Outros tantos casos estão previstos em leis esparsas e na jurisprudência: a) a responsabilidade civil das estradas de ferro (Decreto n. 2.681, de 1912), hoje extensiva a todos os transportes coletivos, como ônibus, táxi, metrô, navios etc; b) a responsabilidade civil decorrente de acidente do trabalho (Lei nº 8.213/91); c) a responsabilidade civil das pessoas jurídicas de direito público e das de direito privado prestadoras de serviços públicos, pelos danos que seus agentes, nessa qualidade, causarem a terceiros, assegurado o direito de regresso contra o responsável, nos casos de dolo ou culpa (CF/88, art. 37, §

6.º); d) a responsabilidade civil das empresas de energia elétrica, de explosivos e de construção de edifícios de grande porte, dentre outras hipóteses; e) a responsabilidade civil do banco que paga cheque falsificado (Súmula 28 do STF).

Ressalte-se que, no caso de cheque falso, o banco só tem responsabilidade quando a falsificação for grosseira. Demais disso, existe entendimento na doutrina consumeirista, sobretudo dos autores do Anteprojeto do Código de Defesa do Consumidor, que colide com a segunda parte da Súmula 28 do STF (quando ressalva a culpa exclusiva da vítima ou concorrente do correntista), eis que apenas a culpa exclusiva da vítima interferiria na indenização. Mas não foi esse o entendimento esposado pelo STJ, no REsp 807.132-RS, em que, se houver culpa concorrente, a indenização deve ser reduzida.

Sílvio Rodrigues[77] adverte que a jurisprudência brasileira não precisa recorrer à experiência estrangeira, pois a solução pretoriana por ela dada aos conflitos judiciais resultantes de acidentes com passageiros de veículos resolveu, de maneira adequada, o problema em causa, ao se inspirar no Decreto nº 2.681, de 7 de dezembro de 1912, que regula a responsabilidade civil das estradas de ferro.

3. Responsabilidade objetiva e o Código Civil de 2002.

Além das hipóteses registradas no item anterior (cujos artigos terão nova numeração referente ao Código Civil atual), incluem-se ainda os casos de responsabilidade por fato de terceiro, previstos nos incisos I a V do art.

---

77. Sílvio Rodrigues, op. cit., pág. 108.

932, por força do art. 933 do mesmo Código. Em capítulos próprios, analisaremos as diversas hipóteses de responsabilidade objetiva derivada da lei.

4. Atividade de risco. Outro tipo de responsabilidade objetiva é aquela originada de atividade de risco. Registram os dicionários da língua portuguesa que risco é perigo, é situação em que há probabilidades mais ou menos previsíveis de perigo. Portanto, toda atividade humana que exponha alguém a perigo, ainda que exercida normalmente, é atividade de risco. No mundo de hoje, a introdução de máquinas e de aparatos perigosos gerou uma situação de perigo ou de possibilidade de perigo para o homem. É o que ocorre com as estradas de ferro e a exploração de minas; o uso de energia elétrica, solar e nuclear; o uso de telefonia e de telegrafia por fios condutores, ou telefonia celular; o uso de veículos terrestres, aéreos ou marítimos; fábricas para a produção de bens de consumo etc.

Historicamente, nos primórdios do Direito Romano, a responsabilidade era objetiva, embora sem se fundar no risco, como é hoje concebida. Tinha um conteúdo de vingança. Mais tarde, abandonando-se essa idéia, desenvolveu-se a teoria da culpa. Hoje, volta-se ao objetivismo, mas desvinculado da vindita. O avanço da tecnologia levou à criação de mecanismo de proteção à pessoa, ante a fragilidade da teoria da culpa, notadamente, na parte referente ao encargo imposto à vítima de provar a culpa do autor do dano. A esse respeito, afirma Carlos Alberto Bittar[78]:

---

78. Carlos Alberto Bittar. Responsabilidade Civil, teoria e prática, 2ª ed., vol. IV, págs. 24/25.

"Podem também surgir fatos derivados de relação obrigacional, ou contratual, que se submetem às regras gerais da lei e dos ajustes e a normas particulares referentes a cada atividade (assim, a navegação aérea; a realizada por estrada de ferro; por mar; a exploração de minas e outras), como as relativas a contratos especiais, a seguros, a limites, a exclusão de responsabilidade quanto a certos eventos e assim por diante".

Com a teoria do risco, basta que a pessoa exerça uma atividade que possa criar risco de dano para terceiros. Se, em conseqüência dessa atividade, alguém vem a sofrer um dano, surge a obrigação de reparar, ainda que sua conduta seja isenta de culpa. Portanto, o comportamento, culposo ou doloso, do agente não tem significação. O que importa é o nexo de causalidade entre a ação ou omissão e o resultado. Quer dizer, se o fato decorreu, objetivamente, da ação, imputa-se a responsabilidade ao autor, ainda que este não tenha agido culposamente.

Nesse passo, como assinalam alguns autores, a responsabilidade civil desloca-se da noção de culpa para a idéia de risco, encarada como "risco-proveito". Este se funda no princípio segundo o qual é reparável o dano causado a outrem em conseqüência de uma atividade realizada em benefício do responsável (*ubi emolunientuni, ibi onus*).

Capítulo X

AGENTES CAUSADORES DO DANO

1. Introdução. 2. Responsabilidade civil do incapaz. 3. Responsabilidade civil do menor.

1. Introdução. Os ilícitos civis podem ser praticados por pessoa física ou por pessoa jurídica. Podem ser causados por fato ou omissão do próprio agente, por fato ou omissão de outra pessoa por quem se responde e por coisa de que se tem guarda. No primeiro caso, importa saber se os amentais e os menores são civilmente responsáveis ou não pelos prejuízos que causam a terceiros. Predomina a idéia de que o agente causador do dano somente pode ser considerado responsável se tiver discernimento necessário para avaliar o seu ato, ou seja, se é capaz de compreender o caráter delituoso do fato.

2. Responsabilidade civil do incapaz. Na abordagem deste tema, é necessário que se estabeleça a relação entre culpa e imputabilidade. Sempre se entendeu que, para o agente causador do dano ser considerado responsável por sua reparação, mister se faz possa ele discernir entre as várias condutas possíveis. É o magistério de Savatier[79], para quem a responsabilidade só emergirá se o agente teve a possibilidade de conhecer o dever violado, bem como a de observá-lo, e mesmo assim não o fez. A concepção clássica é a de que, não sendo o incapaz imputável, não é responsável. O louco não tem vontade lúcida e, por isso, não se pode atribuir-lhe comportamento culposo. Dessa forma, o ato praticado pelo amental, causando prejuízo a outrem, equipara-se à força maior ou ao caso fortuito. Afirma Sílvio Rodrigues[80], a respeito, que a vítima fica, no caso, irressarcida, da mesma maneira que o ficaria se seu dano proviesse do acaso.

O Código Civil de 1916 silenciava a respeito. Clóvis Beviláqua entendia que o amental devia ser responsabilizado, porque o art. 159 do referido diploma não fazia nenhuma distinção. Acabou prevalecendo, entretanto, a opinião de Alvino Lima[81]:

"Quando no art. 159 (correspondente ao art. 186 do Código atual) se fala em ação ou omissão voluntária, ou quando se refere à negligência ou imprudência, está clara e implicitamente exigido o uso da razão, da vontade esclarecida. Há, aí, positivamente, a exigên-

---

79. Savatier. Traité de la responsabilité civile, Tomo I, 1939, nº 161.
80. Sílvio Rodrigues. Direito Civil — Responsabilidade civil, vol. IV, 13ª ed., pág. 25
81. Alvino Lima. Da culpa, pág. 181.

cia de que na origem do ato ilícito esteja a vontade esclarecida do agente".

Orozimbo Nonato, citado por Aguiar Dias[82], tinha o mesmo pensamento de Alvino Lima. Assinalava que o estudo do sistema da responsabilidade no Código Civil mostra que não há, no caso, exceção ao princípio da culpa provada. E afirmava: "Em face dos fundamentos psicológicos e moras da responsabilidade, o dano praticado pelo amental, que não possa ser satisfeito pelo investido no dever de vigilância, é irreparável. A atividade da pessoa privada de discernimento é uma força cega, comparável às forças naturais, assimilável ao caso fortuito, e, assim, a ninguém vincula se, porventura, não ocorre infração do dever de vigilância".

O ilustre paraibano, Desembargador Mário Moacyr Porto[83], pregava uma rigorosa revisão da matéria. Para ele "o exame ou avaliação das condições físicas e psíquicas do autor do dano — idade, educação, temperamento etc. — vale para informar ou identificar as razões determinantes do seu comportamento anormal, mas não para subtrair da vítima inocente o direito de obter uma reparação dos prejuízos sofridos em seus interesses juridicamente protegidos". Acostados aos doutrinadores, de quem era grande estudioso, acrescentou que a conduta do agente deverá ser apreciada in *abstracto*, em face das circunstâncias externas, objetivas, em conformidade com a sua individualidade interna, subjetiva. " Se um

---

82. Aguiar Dias, op, cit., nº 158.
83. Mário Moacyr Porto. Da responsabilidade civil e outros estudos. Revista dos Tribunais, 1966, pág. 439.

dano é objetivamente ilícito, é ressarcível, pouco importando que o seu agente seja inimputável. A culpa, nunca é demais repetir, é uma noção social, pois o objetivo não é descobrir um culpado, mas assegurar a reparação de um prejuízo".

A matéria, dadas as suas controversas, passou a preocupar muitos juristas. Surgiu então uma nova posição: em casos excepcionais e de *lege ferenda*, deve o juiz, por eqüidade, determinar que o patrimônio do amental responda pelo dano por ele causado a terceiro. Tal orientação resultou no art. 928 do Código Civil de 2002 que dispõe:

"Art. 928. O incapaz responde pelos prejuízos que causar, se as pessoas por ele responsáveis não tiverem obrigação de fazê-lo ou não dispuserem de meios suficientes.
Parágrafo único. A indenização prevista neste artigo, que deverá ser eqüitativa, não terá lugar se privar do necessário o incapaz ou as pessoas que dele dependem".

O amental, hoje, portanto, é civilmente responsável pelos prejuízos que causar a outrem, se as pessoas por ele responsáveis não tiverem obrigação de fazê-lo ou não dispuserem de meios suficientes. Mas a "indenização não terá lugar se ela privar do necessário o incapaz ou as pessoas que dele dependem", segundo a regra contida na segunda parte do parágrafo único do art. 928. Significa dizer que, em hipótese tal, a vítima ficará irressarcida, conquanto que se mantenha incólume o agente causador do dano ou as pessoas que dele dependem, solução que não parece justa.

Ainda acerca do tema, Carlos Roberto Gonçalves[84] assevera que hoje, pela teoria da culpa anterior, muitos amentais podem ser civilmente responsabilizados. Isto ocorre não em virtude de uma culpa atual, mas remota, motivada, *verbi gratia*, pelo uso de drogas e de tóxicos, que os atuais insanos mentais teriam podido, então, prever que os arrastaria para o estado de alienação em que viriam a se encontrar mais tarde, por ocasião da prática de determinados atos danosos, no futuro. Citando Leonardo A. Colombo[85], afirma:

"Se se chegar à conclusão de que o estado de insanidade mental, transitório ou permanente, do autor de um dano a ele próprio se possa atribuir, sua responsabilidade por tal dano estaria, desde logo, juridicamente firmada, acontecendo o mesmo com aqueles que voluntariamente se embriagam".

3. Responsabilidade civil do menor. Acerca da responsabilidade civil do menor, o Código Civil de 1916 tinha regras próprias. O art. 155 estabelecia que o menor, entre 16 (dezesseis) e 21 (vinte e um) anos, não podia, para se eximir de uma obrigação, invocar a sua idade, se dolosamente a ocultou, inquirido pela outra parte, ou se, no ato de se obrigar, espontaneamente se declarou maior. Já o art. 156 dispunha: "O menor, entre 16 (dezesseis) e 21 (vinte e um) anos, equipara-se ao maior quanto às obrigações resultantes de atos ilícitos,

---

84. Carlos Roberto Gonçalves. Comentários ao Código Civil, Saraiva, vol. XI, pág. 395.
85. Leonardo A. Colombo. Culpa aquiliano, n° 65.

em que for culpado". Ou seja, o menor púbere era também responsável, embora não excluisse a responsabilidade solidária do pai. Neste caso, a ação de indenização deveria ser dirigida contra o menor, citando-se também o seu representante legal. Este entendimento foi acolhido pelo STJ:

"Embora o art. 156 do Código Civil equipare o menor púbere ao maior, para os efeitos de responder pelas obrigações decorrentes de atos ilícitos, os pais respondem solidariamente pelo dano, detendo legitimidade passiva para a ação por meio da qual se postula indenização"[86].

No mesmo sentido, decidiu a Segunda Câmara Cível do TJPB:

"Se o veículo causador do dano estava sendo conduzido por menor púbere que vivia sob as condições econômicas dos pais, há responsabilidade solidária destes na reparação do evento danoso"[87].

Cuidando-se, todavia, de menor de dezesseis anos, o mesmo Código estabelecia que a responsabilidade civil era inteiramente do pai. Orlando Gomes[88] opõe-se a essa

---

86. STJ. REsp 13403/RJ (Recurso Especial 1991/0015813-5). Relator Min. Sálvio de Figueiredo Teixeira.
87. TJPB. Apelação Cível n º 2004.000313-1, Comarca da Capital. Relator: Desembargador Antônio Elias de Queiroga.
88. Orlando Gomes. Obrigações, 12ª ed., pág. 292.

posição do Código. Entende que, se a responsabilidade do pai pressupõe a prática de ato ilícito pelo filho, isto é, ação ou omissão voluntária, negligência ou imprudência, é lógico que não há responsabilidade paterna enquanto o filho não tiver capacidade de discernimento. Um menor de quatro anos não sabe o que faz. Se a outrem causa dano, não se pode dizer que agiu culposamente; se não há culpa, ato ilícito não praticou; se não cometeu ato ilícito, o pai não responde pela reparação do dano, porque a responsabilidade indireta supõe a ilicitude do ato de quem causa o prejuízo. Todavia, essa não era a opinião de outros doutrinadores.

Aguiar Dias[89] assevera que a culpa dos pais é direta, consistente esta na omissão do dever de vigilância. Diz o renomado autor que o menor, não tendo adquirido ainda a noção do bem e do mal com suficiente exatidão, carecerá daquela energia volitiva necessária à caracterização da culpa, razão por que deve a responsabilidade recair sobre os pais. Para Savatier[90], é precisamente esse estado de coisas (desenvolvimento incompleto da inteligência e da vontade) que, longe de poder desculpar os pais, lhes impõe a vigilância, de onde a lei terá, por sua conta, uma presunção de periculosidade.

A responsabilidade civil dos pais vincula-se ao poder familiar. Por isso mesmo, a falta de discernimento faz impor maiores cuidados e rigor na vigilância dos infantes, não se podendo olvidar a sábia afirmação dos defensores

---

89. Aguiar Dias, op cit., n° 188.
90. Savatier, op. cit., pág. 323.

da teoria objetiva de que é muito mais racional e menos complicado entender que a responsabilidade dos pais pelos danos causados por seus filhos menores se funda no risco. O Código Civil de 2002 não contém regra semelhante à do art. 156 do Código Civil revogado. O art. 928 refere-se, apenas, a incapaz, de forma genérica, abrangendo tanto os loucos como os menores de 18 anos de idade, estabelecendo "que responde pelos prejuízos que causar, se as pessoas por ele responsáveis não tiverem obrigação de fazê-lo ou não dispuserem de meios suficientes". Criou-se, assim, uma responsabilidade civil mitigada e subsidiária. Mais exato seria dizer, como afirma Aguiar Dias, que o patrimônio do incapaz constitui garantia da reparação do dano por ele causado e que por essa obrigação responde solidariamente aquele a quem incumbe a sua guarda.

Capítulo XI

RESPONSABILIDADE CIVIL POR FATO DE TERCEIRO

1. Introdução. 2. Visão da matéria pelo Código Civil de 2002. 3. Responsabilidade civil dos pais. 4. Dano causado por menor de vinte e um anos de idade. 5. Legitimidade dos pais para pleitear indenização por danos morais perpetrados contra filho já falecido. 6. Responsabilidade civil dos tutores. 7. Responsabilidade civil dos curadores. 8. Responsabilidade civil dos patrões ou comitentes. 9. Pressupostos da responsabilidade civil dos patrões. 10. Responsabilidade dos donos de hotéis. 11. Responsabilidade civil dos que gratuitamente houverem participado nos produtos do crime, até a concorrente quantia. 12. Responsabilidade civil dos educadores. 13. Ação regressiva.

1. Introdução. No capítulo anterior, tratamos da responsabilidade civil causada por fato ou omissão do próprio agente. Trataremos agora da responsabilidade civil causada por fato ou omissão de terceiro por quem se responde e por coisa de que se tem guarda. O art. 1.521 do Código Civil de 1916 dispunha:

"Art. 1.521. São também responsáveis pela reparação civil:
I — os pais, pelos filhos menores que estiverem sob seu poder e em sua companhia;
II — o tutor e o curador, pelos pupilos e curatelados, que se acharem nas mesmas condições;
III — o patrão, amo ou comitente, por seus empregados, serviçais e prepostos, no exercício do trabalho que lhes competir, ou por ocasião dele (art. 1.522);
IV — os donos de hotéis, hospedarias, casas ou estabelecimentos, onde se albergue por dinheiro, mesmo para fins de educação, pelos seus hóspedes, moradores e educandos;
V — os que gratuitamente houverem participado nos produtos do crime, até a concorrente quantia".

No art. 1.523, o Código Civil expressava como subjetiva a natureza da responsabilidade por fato de terceiro, ao dispor: "Excetuadas as do art. 1.521, V, só serão responsáveis as pessoas enumeradas nesse e no art. 1.522, provando-se que elas concorreram para o dano por culpa, ou negligência de sua parte." Apenas na hipótese dos que "gratuitamente houverem participado nos produtos do crime, até a concorrente quantia"(inciso V), a responsabilidade era objetiva.

Assim quis o nosso legislador, embora conhecesse o sistema do Código Civil francês, que adotou a responsabilidade sem culpa; ou o sistema do Código Civil alemão, que consagrava uma responsabilidade civil presumida. Preferiu, todavia, a corrente mais conservadora, ou seja, a de condicionar a responsabilidade do pai ou do patrão à prova de sua culpa. Dificilmente seria possível ressarcir-se a vítima de dano praticado por menor, ou empregado, tendo em vista as dificuldades que se apresentavam para provar a culpa do pai, tutor ou patrão. Em comentário à matéria, ensinava Sílvio Rodrigues[91]:

"Se se determinar que o pai ou patrão só são compelidos a reparar o dano quando for provada a sua culpa, na maioria dos casos, a vítima não conseguirá produzir tal prova. Ser-lhe-á extremamente difícil demonstrar que houve por parte do patrão, por exemplo, negligência ou imprudência na escolha, culpa *in eligendo*, ou na vigilância, culpa *in vigilando*, de seu empregado que causou o prejuízo".

A culpa do pai, tutor ou curador era culpa *in vigilando*, ou seja, de vigilância, de cuidados, de atenção, de orientação, de educação. Assim, se o filho menor, utilizando o veículo do pai, causava prejuízo a outrem, o seu genitor só responderia civilmente se fosse culpado pela má formação do filho. Já a culpa do patrão tanto podia ser *in vigilando* como *in eligendo*, esta última conceituada como culpa de escolha, de eleição. Se o empregado, por exemplo, causasse, no exercício de seu trabalho, um dano a um terceiro, o seu patrão só responderia se fosse considerado culpado pela má escolha que fez do seu empregado, ou por não tê-lo orientado suficientemente no seu mister.

Como se observa, em matéria de prova, era muito difícil a situação da vítima, ante os obstáculos que sur-

---

91. Sílvio Rodrigues, op. cit.,pág. 64.

giam. Era pouca valia o fato de ter a lei criado uma responsabilidade solidária. Na prática, a vítima não se sentia encorajada a promover a ação tanto contra o agente direto do dano — o menor ou o empregado — como contra o pai ou patrão.

2. Visão da matéria pelo Código Civil de 2002. O art. 932 do Código de 2002 dispõe:

"Art. 932. São também responsáveis pela reparação civil:
I — os pais, pelos filhos menores que estiverem sob sua autoridade e em sua companhia;
II — o tutor e o curador, pelos pupilos e curatelados, que se acharem nas mesmas condições;
III — o empregador ou comitente, por seus empregados, serviçais e prepostos, no exercício do trabalho que lhes competir, ou em razão dele;
IV — os donos de hotéis, hospedarias, casas ou estabelecimentos onde se albergue por dinheiro, mesmo para fins de educação, pelos seus hóspedes, moradores e educandos;
V — os que gratuitamente houverem participado nos produtos do crime, até a concorrente quantia".

Nesse enunciado, não existe diferença alguma em relação ao art. 1.521 do Código Civil de 1916. A inovação está no art. 933, que criou uma regra de responsabilidade objetiva para todas as hipóteses do art. 932:

"Art. 933. As pessoas indicadas nos incisos I a V do artigo antecedente, ainda que não haja culpa de sua parte, responderão pelos atos praticados pelos terceiros ali referidos".

3. Responsabilidade civil dos pais. Como vimos, no Código Civil de 1916, a responsabilidade civil dos pais pelos atos praticados pelos filhos menores era subjetiva. A matéria, no entanto, sofreu mutações, no tempo. O Código de Menores de 1927 revogou o art. 1.523 do Código Civil de 1916, criando uma presunção de culpa dos genitores pelos atos ilícitos perpetrados por seus filhos menores. Nos termos do art. 1.521, os pais só eram responsáveis pelos atos dos filhos menores que estivessem em seu poder e em sua companhia, provando-se que haviam eles concorrido para o dano por culpa própria (art. 1.523).

O Código menorista de 1927 eliminou o requisito de estar o menor sob o poder e em companhia do pai e inverteu o ônus da prova de culpa. Assim, ao invés de ter a vítima que fazer a prova da culpa *in vigilando* do pai, caberia a este, em virtude da presunção, provar a sua não-culpa. Dispunha, com efeito, o art. 68, § 4°, daquele diploma legal (Decreto n° 17.943-A, de 12-16-1927):

"São responsáveis pela reparação civil do dano causado pelo menor os pais ou a pessoa a quem incumbia legalmente a sua vigilância, **salvo se provar que não houve de sua parte culpa ou negligência**" (grifamos).

O Código de Menores de 1927 foi revogado pelo Código de Menores de 1979 (Lei n° 6.697/79). A revogação, todavia, não revigorou o art. 1.523 do Código

Civil, considerando que, pelo art. 2°, § 3°, da Lei de Introdução ao Código Civil, a lei revogada não se restaura pelo fato de ter a lei revogadora perdido a sua vigência, tendo em vista que o instituto da repristinação não tem aplicação no nosso direito.

Posteriormente, foi editado o Estatuto da Criança e do Adolescente (Lei n° 8.069, de 13 de julho de 1990), que, em seu art. 267, revogou expressamente a Lei n° 6.697, de 10 de outubro de 1979. Pelos seus regramentos, desapareceram os espaços para se admitir responsabilidade subjetiva dos pais, nos moldes do revogado art. 1.523 do Código Civil, ou presunção de culpa, como previa o Código de Menores de 1927, também revogado. O art. 116 do ECA deixou transparecer que a responsabilidade civil dos genitores era objetiva: "Em se tratando de ato infracional com reflexos patrimoniais, a autoridade poderá determinar, se for o caso, que o adolescente restitua a coisa, promova o ressarcimento do dano, ou, por outra forma, compense o prejuízo da vítima".

Com o Código Civil de 2002, foi eliminado o elemento "culpa" no comportamento dos pais, entendendo-se que o dano deve ser sempre reparado (art. 933). Se o agente direto, no caso o menor, não pode fazê-lo, deve seu pai ou responsável ser compelido a pagar a indenização.

4. Dano causado por menor de vinte e um anos de idade. O Código Civil de 1916, no art. 156, dispunha que o menor, entre 16 e 21 anos, equiparava-se ao maior quanto às obrigações resultantes de atos ilícitos, em que for culpado. O art. 180 do Código Civil atual reproduz a norma do Código Civil anterior, dispondo: "O menor, entre dezesseis e dezoito anos, não pode, para eximir-se de uma obrigação, invocar a sua idade se dolosamente a ocultou quando inquirido pela outra parte, ou se, no ato de obrigar-se, declarou-se maior".

Significa que o menor é também responsável, embora não exclua a responsabilidade solidária do pai. Neste caso, a ação de indenização deve ser dirigida contra o menor, citando-se também o seu representante legal. Cuidando-se, todavia, de menor de dezesseis anos, a responsabilidade civil é inteiramente do pai, observando-se, contudo, a regra do art.180.

5. *Legitimidade dos pais para pleitear indenização por danos morais perpetrados contra filho já falecido.*
Essa questão é muito interessante e foi enfrentada pelo STJ em decisão de grande profundidade relatada pelo insigne Ministro José Delgado, assim ementada:

"Processual civil. Direito civil. Indenização. Danos morais. Herdeiros. Legitimidade. 1. Os pais estão legitimados, por terem interesse jurídico, para acionarem o Estado na busca de indenização por danos morais, sofridos por seu filho, em razão de atos administrativos praticados por agentes públicos que deram publicidade ao fato de a vítima ser portadora do vírus HIV. 2. Os autores, no caso, são herdeiros da vítima, pelo que exigem indenização pela dor (dano moral) sofrida, em vida, pelo filho já falecido, em virtude de publicação de edital, pelos agentes do Estado réu, referente à sua condição de portador do vírus HIV. 3. O direito que, na situação analisada, poderia ser reconhecido ao falecido, transmite-se, induvidosamente, aos seus pais. 4. A regra, em nossa ordem jurídica, impõe a transmissibilidade dos direitos não personalíssimos, salvo expressão legal. 5. O direito de ação por dano moral é de natureza patrimonial e, como tal, transmite-se aos sucessores da vítima (RSTJ, vol. 71/183). 6. A perda de pessoa querida pode provocar duas espécies de dano: o material e o moral. 7. 'O herdeiro não sucede no sofrimento da vítima. Não seria razoável admitir-se que o sofrimento do ofendido se prolongasse ou se estendesse ao herdeiro e este, fazendo sua a dor do morto, demandasse o responsável, a fim de ser indenizado da dor alheia. Mas é irrecusável que o herdeiro sucede no direito de ação que o morto, quando ainda vivo, tinha contra o autor do dano. Se o sofrimento é algo entranhadamente pessoal, o direito de ação de indenização do dano moral é de natureza patrimonial e, como tal, transmite-se aos sucessores' (Leon Mazeaud, em magistério publicado no Recueil Critique Dalloz, 1943, pág. 46, citado por Mário Moacyr Porto, conforme referido no acórdão recorrido). 8. Recurso improvido".[92]

Do voto do Ministro Delgado extrai-se o seguinte:

"A controvérsia denunciada na peça recursal busca definir se o direito de indenização por dano moral pode ser transmitido, em face de morte da vítima,

---

92. STJ. REsp 324886/PR (Recurso Especial 2001/0066584-3). Relator Ministro José Delgado. Primeira Turma. Fonte: DJU 03/09/2001, pág.00159.

aos seus sucessores. O caso concreto em análise está descrito às fls. 24/25 do modo seguinte: Os autores, na condição de sucessores universais de seu filho S. B, falecido em 2 de abril de 1994 (Autos nº 130194, de arrolamento sumário — fls. 11/27), promovem a presente ação indenizatória pretendendo a condenação do Estado do Paraná ao ressarcimento do dano moral que teria resultado da atuação dos servidores estaduais, Dr. J. R. M., médico e Sra. M. C. G. J. inspetora de saneamento. Referidos servidores estaduais assinaram, divulgaram e promoveram a distribuição de Edital, comunicando suspeita de caso de AIDS no Município de Morretes, e mencionando o nome do falecido S. B, motivo pelo qual foram punidos em Inquérito Administrativo/Processo Administrativo Disciplinar nº 1.304.841 (fls. 281291) instaurado pela Secretaria de Estado da Saúde.

Como a divulgação pública da suspeita de HIV atribuída ao falecido pelos agentes do Estado violou o seu direito à intimidade, à vida privada e à imagem, acarretando-lhe constrangimento de toda ordem, com fundamento nos arts. 76, 159, 1.518 e 1.526, do Código Civil, 52 inc. X, e 37, § 6º, da Constituição Federal, 282 e 330, inc. 1, do Código de Processo Civil, requerem o julgamento antecipado da lide e a condenação do Estado do Paraná ao ressarcimento do dano moral, no valor equivalente a 10.000 salários mínimos, mais o pagamento dos ônus de sucumbência.
Adoto, no aspecto jurídico enfrentado, o posicionamento do acórdão recorrido.

Tenho convicção formada na linha do exposto às fls. 48150:
O dano pode ser material ou moral. É material quando causa ou ofende interesse econômico. É moral quando se refere a bens de ordem puramente moral, como a honra, a liberdade, a profissão, o respeito aos mortos. O art. 1.553 prevê que o dano moral reparável, dano patrimonial ou moral, são remetidos ao arbitramento. O pedido inicial serve apenas de balizamento, não de ordenamento.
Em seu Curso de Direito Civil Brasileiro (p. 83), a jurista Maria Helena Diniz enumera as características inerentes aos direitos da personalidade: 'São absolutos, intransmissíveis, indisponíveis, irrenunciáveis, ilimitados, imprescritíveis, impenhoráveis e inexpropriáveis'. Mais adiante (p. 84), os define: São direitos subjetivos da pessoa de defender o que lhe é próprio, ou seja, a sua integridade fisica (vida, alimentos, próprio corpo vivo ou morto, corpo alheio vivo ou morto, partes separadas do corpo vivo ou morto); a sua integridade intelectual (liberdade de pensamento, autoria científica, artístíca e literária) e sua integridade moral (honra, recato, segredo pessoal, profissional e doméstico, imagem, identidade pessoal, familiar e social)'.
A seguir, a fórmula de que são intransmissíveis (cuja tese insiste a r. sentença) pela via hereditária também o seriam o direito autoral, o científico, as obras artísticas e literárias etc.
A legislação arrolada pelo Estado do Paraná, ou seja, o art. 1.526 do Código Civil não se contrapõe aos artigos supracitados. Na reparação do dano moral,

devem considerar-se lesados, além da própria vítima, porque atingida nos seus bens jurídicos, posto que não materiais (honra, nome, conceito social), também lesados os autores-genitores, pois estavam ligados afetivamente ao ofendido. Inclusive a vítima era, juntamente com seu pai, um dos esteios da família. O depoimento da vítima S., de fls. 43, atesta que (...) tinha residência e domicílio junto com seus genitores.

Afirma o jurista Rui Stoco, em Responsabilidade Civil e sua Interpretação Jurisprudencial, 5ª edição, Revista dos Tribunais, pág. 95: Na hipótese de morte de parente, a ação pode ser proposta pelos pais ou pelos filhos da vítima. A pretensão deve ser isolada ou separada de toda postulação relativa ao dano material'. Esclarece Caio Mário que independentemente, ou conjuntamente com a vítima, reconhece-se legitimidade para a causa os parentes, segundo o grau de afeição real ou presumida: ascendentes, descendentes, cônjuge' (op. cit., p. 331).

Os autores somente estão dando continuidade a um pleito já iniciado pela via administrativa pela vítima S., conforme atesta o processo administrativo anexado (fls. 28 e segs.) aos autos. A par da luta contra a doença que acabou por consumir-lhe a vida, a vítima tentou, quando havia forças, lutar também para fazer valer seus direitos de cidadão. O jurista Rui Stoco, na obra citada, p. 103, esclarece quanto à possibilidade dos herdeiros da vítima no que tange à transmissibilidade da ação de indenização: Não há princípio algum que se oponha à transmissibilidade da ação visando à reparação de danos, ou do direito à indenização'.

A ação de indenização se transmite como qualquer outra ação ou direito aos sucessores da vítima. Cabe observar que, se a ação tiver por objeto os bens do falecido, no caso a honra e sua imagem, os seus familiares herdeiros e convivas sob o mesmo teto sob sua dependência e influência são diretamente lesados, porque o dano atinge aquilo que lhes caberia por sucessão e, então, agem por direito próprio. E ainda, se é a pessoa mesma da vítima que é atingida, então ser-lhe-á reconhecido o direito de intentar a ação como seus representantes e continuadores de sua pessoa.
Reconhecido o direito à indenização, o favorecido tem em seu poder um título. Transferindo-o a um terceiro, este, na qualidade de cessionário, procederá *nomine suo*. A Constituição Federal de 1988 consagrou, expressamente, no art. 5º, inc. X, a reparação do dano moral em relação às ofensas aos direitos da personalidade. A par do dano moral, a violação dos direitos da personalidade, como ocorreu no caso de S., pode igualmente acarretar prejuízo de ordem material. Foi nessa direção, sem dúvida, que se fixou a *mens legislatoris*, já que o dispositivo constitucional acima invocado fala expressamente em indenização pelo dano material ou moral decorrente de sua violação'.
A indenização por ato ilícito funda-se no prejuízo. Esse prejuízo pode ser material ou moral, e este, desde que projete reflexos econômicos ou possa ser aferido ou quantificado sob esse particular aspecto. Isso quer dizer que tanto a vítima S. quanto os seus beneficiários, seus pais, têm direito de ação e direito

de indenização ainda que tão-só do prejuízo que o ato ilícito lhes tenha causado. O dano moral decorrente de violação de direito de personalidade (saúde, honra etc.) pode ser objeto de indenização, conforme previsão constitucional, assumindo caráter patrimonial, desde que seja auferido pelo arbitramento que a lei processual determina e, conseqüentemente, pode ser objeto de sucessão. Considero, de igual forma, coerente com os princípios regedores do nosso ordenamento jurídico, a fundamentação e conclusão que estão às fls. 90/94: Para a decisão agravada (fls. 3701383-TJ) os pais de S. B. — que não era esposo e muito menos pai, o que, certamente, se deve debitar a equívoco do agravante — (fl. 392-TJ, primeiro parágrafo), reúnem legitimidade para promoverem a ação indenitária; para o agravante, não'.

Todavia, como Relator e pedindo vênia, continuo sustentando essa legitimidade e a adequação do direito material perseguido pelos pais da vítima à norma do art. 557, § 1°, a, do Código de Processo Civil. E são desnecessárias maiores pesquisas para se confirmar esse raciocínio, na medida em que a Súmula n° 37 do Colendo Superior Tribunal de Justiça (Tribunal Superior, obviamente), sem a menor ressalva, estabelece que são cumuláveis as indenizações por dano material e dano moral oriundos do mesmo fato', é dizer, tanto o prejuízo material, isoladamente, quanto o moral ou ambos.

De sorte que o direito que se poderia reconhecer em favor de Sérgio Barbosa, induvidosamente, se transmite aos seus pais. Onde, portanto, em qualquer texto de lei a vedação desse direito dos pais da vítima de postularem o recebimento do que possa vir a ser devido ao filho? Daí, a precisa e judiciosa ponderação do digno Promotor de Justiça, Doutor Clayton Maranhão (fl. 358-TJ, linhas 42 e 43) no sentido de que a regra em nosso ordenamento jurídico é a transmissibílidade de todo e qualquer direito, salvo expressa vedação legal'. A transinissibilidade, por conseguinte, como preleciona o Professor Egas Moniz de Aragão, constitui a regra, a que a intransmissibilidade abre exceção, que só tem lugar, portanto, nos casos expressos, como assinala o texto: intransmissível por disposição legal' (in Comentários ao Código de Processo Civil, vol. 11, 72ª ed., Rio de Janeiro, Forense, 1991). Aliás, a decisão agravada, depois de reconhecer o direito dos pais da vítima (fl. 373-TJ), reportou-se ao parecer de fls. 3551364-TJ, do Ministério Público, e, evidentemente, que, ao mencionar aquelas razões, incorporou-as aos fundamentos que placitam a tese da transmissibilidade do direito à indenização aos promoventes da ação indenizatória.

Entretanto, o recorrente enxergou ausência de fundamentação na decisão hostilizada! Na ementa do Acórdão proferido no Recurso Especial nº 11.735-01 PR, ficou enunciado que o direito de ação por dano moral é de natureza patrimonial e, como tal, transmite-se aos sucessores da vítima' (RSTJ, vol. 71/183). Lê-se, no corpo do sobredito Aresto, relatado pelo eminente Ministro Antônio de Pádua Ribeiro, que os pais, via de regra, sofrem perda de caráter não-patrimonial com a morte do filho'. Já decidiu a Corte Magna, com invocação de excerto de voto do então

Ministro José de Aguiar Dias, que a perda da pessoa querida pode conduzir a duas espécies de dano: o material, que é a perda daquele apoio de contribuições, que se calcula, tendo em vista aquela contribuição trazida pelos elementos da família ao grupo familiar, e o dano moral, que é a simples repercussão afetiva' (in Revista Trimestral de Jurisprudência, vol. 42, p. 219), assentando, por isso, na ementa do acórdão, especificamente com referência aos danos morais, que o dano decorrente da morte de uma pessoa, ligada a outra por vínculo de sangue é presumido' (RTJ 42/217).

E, mais à frente, faz-se referência a artigo do Professor Mário Moacyr Porto quando se expressa que 'em face do que dispõe a Constituição Federal (art. 5º, X), não cabe mais discutir a ressarcibilidade do dano moral'. Bons autores não admitem, porém, a transmissão, por direito hereditário, do dano moral ou de afeição. Assim é que Wilson Melo e Silva, em sua excelente monografia O dano moral e sua reparação, ensina: Não existe, pois, o *jus hereditario* relativamente aos danos morais, tal como acontece com os danos materiais. A personalidade morre com o indivíduo, arrastando atrás de si todo o seu patrimônio. Só os bens materiais sobrevivem ao seu titular' (p. 469)".

E, continuando no seu voto, assinala o relator:
"Todavia, comentando a monografia de Wilson de Melo e Silva, referida pelo Professor Mário Moacyr Porto, sustenta o ilustre Relator a sua dúvida sobre a juridicidade da lição transcrita. E, então, passa a demonstrar o seu convencimento sobre a transmissibilidade do direito da vítima aos seus sucessores, afir-

mando que o sofrimento, em si, é intransmissível. A dor não é bem que componha o patrimônio transmissível do *de cujus*. Mas me parece de todo em todo transmissível, por direito hereditário, o direito de ação que a vítima, ainda viva, tinha contra o seu ofensor. Tal direito é de natureza patrimonial. Leon Mazeaud, em magistério publicado no Recueil Critique, Dalloz, 1943, p. 46, esclarece: 'O herdeiro não sucede no sofrimento da vítima. Não seria razoável admitir-se que o sofrimento do ofendido se prolongasse ou se estendesse ao herdeiro e este, fazendo sua a dor do morto, demandasse o responsável, a fim de ser indenizado da dor alheia. Mas é irrecusável que o herdeiro sucede no direito de ação que o morto, quando ainda vivo, tinha contra o autor do dano. Se o sofrimento é algo entranhadamente pessoal, o direito de ação de indenização do dano moral é de natureza patrimonial e, como tal, transmite-se aos sucessores'. Doutrina e jurisprudência dos Tribunais franceses homologam a exegese acima exposta (Filippe Le Torneau, op. cit., nº 227, pp. 82 e 83) e no mesmo sentido a doutrina dominante entre nós (Aguiar Dias, op. e vol. cits., nº 251, p. 506). Por fim, atenda-se o disposto nos arts. 1.526 e 928 do CC. Finalmente — prossegue — assiste ao cônjuge, herdeiros e parentes próximos da vítima promover, *jure proprio*, ação penal e de indenização civil contra os que tenham irrogado à memória de pessoa da família fatos caluniosos ou injuriosos (CF, art. 5º, X; CC, art. 1.547; CP, art. 138, § 2º; CPP, art. 31). *Injuria facta cadaveri dicendum est heredi facta'*. E arremata, servindo-se de figura de efeito preciso — uma ação, no plano civil,

para reparar um dano por ricochete' (Rev. cit., pp. 183/188).
Sobre o tema, ainda, é oportuno rememorar o que escreveu João Casilo, isto é, que, nos países da *common law*, o *pretium doloris* é identificado como *pain and suffering*, que pode ser tanto da vítima, se entre o ato danoso e a morte houve lapso de tempo, como de entes queridos que são atingidos também pelo evento funesto. Entretanto, a justificativa não termina aí. Não é apenas o *pretium doloris* identificado pela dor da ausência do ente querido que fere, que lesa o direito daqueles que permanecem. Há ainda o direito à companhia e apoio psicológico do cônjuge; há ainda a satisfação de ver um filho crescer, desenvolver-se e amparar os pais, amparo este aqui entendido apenas do ângulo psicológico, para não ser confundido com futuros ganhos. Há ainda os filhos que ficam privados da companhia, do exemplo, dos ensinamentos que os pais dão. O vazio deixado pela morte de alguém não é identificável pela ausência de uma só qualidade; mas pela falta de um verdadeiro mosaico que ofende a sensibilidade humana'.
E esclarece que os aplicadores do Código Civil de Puerto Rico demonstram, com uma regra geral, nos moldes do art. 159 do Código Civil brasileiro, que o simples texto legal, lá como aqui, da maneira como está redigido e muito semelhantemente — é suficiente para permitir que todo e qualquer dano seja indenizado' (in Dano à Pessoa e sua Indenização, Editora Revista dos Tribunais, São Paulo, 1987, pp. 117/118)' (cf —Paraná Judiciário, vol. 29/126).

Mário Moacyr Porto, antes mencionado, numa comparação entre o trivial ou de reduzida significância e o valor de inquestionável relevância, se expressa declarando-se partidário, inclusive da indenização do dano moral puro. Não posso conceber — diz ele — é que o amassamento da porta de um automóvel seja indenizado, e que a imensa dor causada pelo falecimento de um ente querido não encontre forma adequada de ressarcimento. É claro que o problema surgido é o de encontrar um parâmetro pecuniário para compensar a dor moral; mas injustiça será deixar essa dor moral sem nenhuma forma de compensação, ainda que compensação tão imperfeita como aquela realizada em dinheiro"

6. *Responsabilidade civil dos tutores.* O tutor tem, em virtude da lei (Código Civil de 2002, art. 1.728), a obrigação de cuidar do menor que lhe foi confiado, exercendo sobre ele autoridade idêntica à do poder familiar. Cumpre-lhe, portanto, tê-lo sob sua guarda e vigilância, prover às suas necessidades, dirigir-lhe a educação etc.

Para efeito de responsabilidade civil, o tutor é equiparado ao pai, pelo mesmo fundamento em que se baseia a responsabilidade deste. Vale ressaltar que a expressão "sob seu poder e em sua companhia" não significa tão-somente a proximidade do menor, a sua presença contínua junto ao pai ou tutor. Mais do que isso, determina qualquer circunstância de fato, em que se precise o dever de vigilância, a obrigação de velar[93].

---

93. Carvalho Santos, op. cit., pág. 225.

7. *Responsabilidade civil dos curadores.* O curador responde igualmente pelo curatelado, nas mesmas condições do tutor. E ainda que não esteja o curatelado na companhia do curador, se a ausência ou fuga puder ser atribuída a defeito de vigilância, a responsabilidade não pode sofrer discussões, pois é sempre objetiva (art. 933).

8. *Responsabilidade civil dos patrões ou comitentes.* Para definir a culpa do patrão, amo ou comitente pelos atos praticados pelos seus empregados, serviçais e prepostos, coube à jurisprudência criar a presunção de culpa, mediante uma interpretação elástica da lei, atendendo, sobretudo, o interesse social. Esta nova tendência surgiu em todos os tribunais brasileiros e terminou gerando a Súmula nº 341 do Supremo Tribunal Federal, nestes termos: "É presumida a culpa do patrão ou comitente pelo ato culposo do empregado ou preposto".

Nada mais salutar, pois a vítima de danos causados por empregados ou prepostos, muitas vezes, ficava irressarcida, em virtude das dificuldades intransponíveis com que se defrontava para demonstrar em juízo a culpa *in eligendo* ou *in vigilando* do patrão. É que, além dos obstáculos normais neste tipo de prova, o lesado tinha ainda que enfrentar outra grande barreira: conseguir que companheiros de labor do operário, autor do dano, servissem como testemunhas do fato, pois em regra o ilícito era praticado no local de trabalho do agente lesante.

A responsabilidade civil preconizada no verbete é tipicamente presumida. Não se coaduna com o espírito do art. 933 do Código Civil de 2002. Por isso está a merecer revogação. Tem-se reconhecido, aliás, que se deve examinar com mais rigor a responsabilidade civil do preponente do que a responsabilidade civil dos pais, porque estes não tiram nenhum proveito da atividade dos filhos menores, ao contrário do patrão que utiliza os seus empregados para fins lucrativos.

9. *Pressupostos da responsabilidade civil dos patrões.* Para que os patrões ou comitentes respondam pelos atos praticados pelos seus empregados ou prepostos, exigem-se os seguintes requisitos: a) culpa do empregado; b) relação de dependência entre o empregado e o patrão, amo ou comitente; c) que o ato danoso seja praticado no exercício da atividade laboral. Todos esses requisitos são essenciais. O primeiro porque, sem que haja culpa do empregado, não haveria relação de causalidade. O segundo porque é preciso que a atividade de risco tenha se estabelecido para poder surgir o dever de indenizar. E o terceiro porque a exigência vem da própria lei (art. 932, III).

10. *Responsabilidade dos donos de hotéis.* A doutrina e a jurisprudência sempre admitiram, como de natureza objetiva, a responsabilidade civil dos donos de hotéis, hospedarias, casas ou estabelecimentos onde se albergasse por dinheiro, mesmo para efeito de educação, pelos atos praticados pelos seus hóspedes, moradores ou educandos. O art. 933 do Código Civil de 2002 consagrou a mesma posição, ao assentar que responderão pelos atos praticados pelos terceiros ali referidos, ainda que não haja culpa de sua parte.

A responsabilidade civil dessa classe pode apresentar-se de duas formas: perante os hóspedes e perante terceiros, por fato dos hóspedes. O inciso IV do art. 932

cuida apenas da segunda hipótese e exige que a hospedagem seja paga. Segundo Pontes de Miranda[94], pelo "ato ilícito do hóspede gratuito, porém, não responde o hospedeiro, a menos que de tal maneira íntimo do hospedeiro ou de sua família que se possa enquadrar entre as pessoas da casa, por quem deve ordinariamente responder".

11. Responsabilidade civil dos que gratuitamente houverem participado nos produtos do crime, até a concorrente quantia. O art. 1.523 do Código Civil de 1916 excluía, expressamente, da alçada da responsabilidade subjetiva a hipótese do inciso V: "os que gratuitamente houverem participado nos produtos do crime, até a concorrente quantia". O Código Civil de 2002, no art. 933, estabelece a responsabilidade civil sem culpa para as cinco hipóteses do art. 932.

12. Responsabilidade civil dos educadores. A posição do Código Civil Brasileiro, tanto o de 1916 como o de 2002, é diversa da preconizada pelo Código de Napoleão. A lei francesa determina que os instrutotores e os artesãos são responsáveis pelo dano causado por seus alunos e aprendizes durante o tempo em que estiverem sob sua vigilância. A lei brasileira adota uma solução tímida, pois, no art. 932, faz apenas uma referência indireta aos educandos, dizendo que os donos de estabelecimentos onde se albergue por dinheiro, mesmo para fins de educação, são responsáveis pela reparação civil dos danos causados pelos seus educandos.

---

94. Pontes de Miranda, op. cit., n° 269.

Deixa transparecer a norma que a responsabilidade alcança somente os diretores de internato por atos praticados por estudantes ali internados, que causem danos a terceiros. Além disso, o Código misturou estabelecimentos de educação com hotéis e hospedarias, quando a matéria deveria ser tratada à parte, como é feito nos Códigos francês e italiano, onde se consagra a responsabilidade dos professores e educadores pelos seus alunos.

O fundamento dessa responsabilidade, como ensina Carvalho Santos,[95] é o mesmo da dos pais ou tutores. Entende-se que, tomando o encargo de educar o menor, o professor ou diretor de estabelecimento de ensino obrigou-se àquela vigilância que incumbe a todos aqueles a quem cabe a guarda do menor, seja pai, tutor, mestre de ofício ou professor. O ato ilícito do menor faz presumir defeito no exercício da guarda do autor do dano. No caso do menor interno ou semi-interno em colégio, a responsabilidade dos pais cessa, pela delegação de vigilância por eles confiada à direção do estabelecimento.

Anotam Aubry et Rau[96] que as circunstâncias poderiam, entretanto, mudar a feição dessa responsabilidade, no caso, por exemplo, de dano praticado pouco tempo depois de haver sido o menor posto no estabelecimento de instrução, podendo ser atribuído à má educação que teria recebido na casa paterna. A culpa, no caso, não se encontra no momento; está no passado e não no presente.

Há outro aspecto que chama a atenção do intérprete. O Código Civil refere-se a estabelecimento onde se alber-

---

95. Carvalho Santos. Código Civil Brasileiro Brasileiro Interpretado, 7ª ed., Freitas Bastos, vol. XX, pág. 240.
96. Apud Pontes de Miranda, op. cit., nº 193.

gue por dinheiro, para fins de educação. Expressando-se assim, terminou criando uma questão embaraçosa, porque pode parecer que não há responsabilidade quando seja gratuita a educação proporcionada no estabelecimento, quer seja escola pública, ou não. Tal fato seria um contrasenso, porquanto se sabe que o fundamento da responsabilidade reside na obrigação de vigiar e guardar o menor.

Por derradeiro, a responsabilidade dos estabelecimentos de ensino é objetiva, conforme a regra do art. 933. Somente pode ser excluída se ficar provado que o aluno agiu em legítima defesa, estado de necessidade ou no estrito cumprimento de um dever legal, porque faltaria a relação de causalidade.

13. Ação regressiva. O art. 934 dispõe: "Aquele que ressarcir o dano causado por outrem pode reaver o que houver pago daquele por quem pagou, salvo se o causador do dano for descendente seu, absoluta ou relativamente incapaz". A norma reproduz o art. 1.524 do Código Civil de 1916. Clóvis Beviláqua[97] ensina que o direito regressivo de quem teve de ressarcir o dano causado por outrem é de justiça manifesta, é uma conseqüência natural da responsabilidade indireta. Não há ação regressiva, todavia, quando o causador do dano for descendente de quem pagou, salvo se não se tratar de pessoa absoluta ou relativamente incapaz, quando haverá a possibilidade de manejo da ação. Sobre essa matéria, tem inteira aplicação a lição do inolvidável Desembargador Mário Moacyr Porto[98]:

---

97. Clóvis Beviláqua. Comentários ao Código Civil, vol. V, pág. 305.
98. Mário Moacyr Porto. Temas de Responsabilidade Civil, RT/1989, pág. 20.

"Segundo os comentadores mais seguidos do art. 1.524, a exceção feita aos descendentes resultaria de considerações morais, solidariedade familiar etc. Mas nos parece que, independentemente das razões invocadas, os pais jamais poderão reaver do seu filho incapaz o que houverem pago aparentemente por ele, pela simples e decisiva razão de que o pai não paga pelo filho incapaz. Solve, ao contrário, dívida própria. Aliás, o art. 936 do Projeto de reforma do Código Civil de 1975 reproduz o art. 1.524, com um acréscimo: exceto se o causador do dano for descendente seu, absoluta ou relativamente incapaz, acréscimo que, pelas razões expostas, carece de utilidade".

Não quer isso dizer, todavia, que existe ação regressiva em todos os demais casos. Cuidando-se de atos praticados por menores de 16 anos de idade, no regime de tutela, ou por loucos de todo gênero, a obrigação recai sobre os seus representantes legais (tutores ou curadores). Nestes casos, não há que se falar em ação regressiva, pois os representantes pagaram dívida própria e não dívida de seus representados inimputáveis. O mesmo não ocorre quando o menor, autor do dano, é relativamente incapaz. Nesta hipótese, segundo ainda a lição de Mário Moacyr Porto[99], o tutor que houver pagado a totalidade do prejuízo tem o direito de exigir do seu pupilo a quota que lhe couber, desde que considerado, por decisão judicial, devedor solidário.

---

99. Ibidem.

Os patrões, por sua vez, podem efetuar o desconto no salário dos seus empregados, em caso de dano causado por eles, desde que tenha ocorrido dolo. Todavia, não é consensual essa orientação. A propósito, o STJ assentou:

"Responsabilidade civil. Empregado. O artigo 462, § 2.º, da CLT veda o desconto, nos salários do empregado, de importância correspondente à indenização por danos, quando não decorra de dolo ou isso não for convencionado. Não exclui, entretanto, a responsabilidade por danos causados culposamente"[100].

No seu voto, o Ministro Eduardo Ribeiro apresenta a seguinte fundamentação:

"A pretensão da denunciante foi tida como inadmissível, em primeiro e segundo graus, por entender-se que, nos termos do disposto no art. 462, § 2.º, da Consolidação das Leis do Trabalho, o empregado só poderia ser responsabilizado em caso de dolo. Não me parece correta a conclusão, malgrado encontre amparo na doutrina (Russomano, M. V., Comentários à CLT. Forense,12.ª ed., p. 482). A norma invocada cuida de desconto em salários e não da responsabilidade do empregado por danos que cause ao empregador. Veda seja efetuada dedução, visando a ressarci-lo, salvo em caso de dolo, ou se essa possibilidade for acordada.

---

[100]. STJ, REsp 3.718-SP (Recurso Especial 1990/0005924-0). Relator: Ministro Eduardo Ribeiro. Fonte: DJU de 10/12/.90, pág. 00201.

O dispositivo, além de não excluir a responsabilidade por culpa, eis que disso não trata, permite a conclusão contrária.

Com efeito, se unicamente na hipótese de dolo seria responsável o empregado, não haveria motivo para admitir-se o desconto, quando pactuado. Se responsabilidade só existe quando doloso o procedimento e, verificando-se este, já sendo possível o abatimento, não restaria lugar para prever-se fosse aquele admissível, se convencionado. Incide o disposto no art. 1.524 do Código Civil e, negando-se aplicá-lo, o acórdão o contrariou.

Conheço do recurso e dou-lhe provimento para, admitindo em tese a denunciação, com o fundamento invocado, determinar seja julgada".

Capítulo XII

RESPONSABILIDADE CIVIL E CRIMINAL

1. Noções preliminares. 2. Posição do STJ e do STF sobre a matéria.

1. Noções preliminares. O art. 935 do Código Civil dispõe que a responsabilidade civil é independente da criminal, não se podendo questionar mais sobre a existência do fato, ou sobre quem seja o seu autor, quando estas questões se acharem decididas no juízo criminal. Outros regramentos sobre essa temática inserem-se no Código de Processo Penal, podendo-se destacar os seguintes artigos:

Art. 65. "Faz coisa julgada no cível a sentença penal que reconhecer ter sido o ato praticado em estado de necessidade, em legítima defesa, em estrito cumprimento de dever legal ou no exercício regular de direito."

Neste aspecto, harmoniza-se com o art. 188 do Código

Civil, que proclama não constituírem atos ilícitos os praticados em legítima defesa ou no exercício regular de um direito reconhecido, bem como a deterioração ou destruição da coisa alheia, ou a lesão a pessoa, a fim de remover perigo iminente.

Art.66. "Não obstante a sentença absolutória no juízo criminal, a ação civil poderá ser proposta quando não tiver sido, categoricamente, reconhecida a inexistência material do fato".

Art.67. "Não impedirão igualmente a propositura da ação civil: I-o despacho de arquivamento do inquérito ou das peças de informação; II-a decisão que julgar extinta a punibilidade; III-a sentença absolutória que decidir que o fato imputado não constitui crime".

2. Posição do STJ e do STF sobre a matéria.

"I — Sentença criminal que, em face da insuficiência de prova da culpabilidade do réu, o absolve sem negar a autoria e a materialidade do fato, não implica a extinção da ação de indenização por ato ilícito, ajuizada contra a preponente do motorista absolvido. II — A absolvição no crime, por ausência de culpa, não veda a *actio civilis ex delicto*. III — O que o art. 1.525 do Código Civil obsta é que se debata, no juízo cível, para efeito de responsabilidade civil, a existência do fato e a sua autoria, quando tais questões tiverem sido decididas no juízo criminal"[101].

---

101. STJ, REsp 257827/SP (Recurso Especial 2000/0043082-0). Relator: Ministro Sálvio de Figeiredo Teixeira. Fonte: DJ 23.10.2000, pág. 00144.

1. As jurisdições cível e criminal intercomunicam-se. A segunda repercute de modo absoluto na primeira quando reconhece o fato ou a autoria. Neste caso, a sentença condenatória criminal constitui título executório no cível. 2. O art. 1.525 do Código Civil impede que se debata no juízo cível, para efeito de responsabilidade civil, a ocorrência do fato e a sua autoria quando tais questões tiverem sido decididas no juízo criminal. 3. O próprio CPC confere executoriedade à sentença penal condenatória transitada em julgado (art. 548, II). Assim, não se poderia, coerentemente, obrigar a vítima a aforar a ação civil dentro dos cinco anos do fato criminoso. Remanesce o ilícito civil. 4. A jurisprudência do Superior Tribunal de Justiça é uníssona no sentido de que o termo inicial para a propositura da ação indenizatória, em face de ilícito penal que está sendo objeto de processo criminal, é do trânsito em julgado da sentença condenatória, ou, no caso, se, reconhecidos a autoria e o fato no juízo criminal, da suspensão do processo. 5. Precedentes da 1ª, 2ª e 4ª Turmas desta Corte Superior. 6. Recurso provido. Baixa dos autos ao douto Juízo de origem (1ª Vara da Fazenda Pública e de Registros Públicos de Campo Grande — MS), para que, afastada a prefacial da prescrição, aprecie as demais questões da demanda[102].

No mesmo sentido é a Súmula 18 do STF:

---

102. STJ. REsp 302165/MS (Recurso Especial 2001/0010217-4). Relator: Ministro José Delgado. Fonte: DJ 18/06/2001, pág. 00117.

"Pela falta residual, não compreendida na absolvição pelo juízo criminal, é admissível a punição administrativa do servidor público".

Ou seja, o funcionário público acusado da prática de crime, ainda que absolvido, está sujeito a ser apenado administrativamente. Como se vê, em princípio, não é vedada a discussão, na jurisdição civil ou administrativa, de matéria já decidida na área criminal, ou vice-versa, conquanto — repita-se — não haja sido negado, no juízo criminal, o fato ou a sua autoria.

Capítulo XIII

RESPONSABILIDADE CIVIL PELO FATO DA COISA E DO ANIMAL

1. Introdução. 2. Natureza da responsabilidade. 3. Responsabilidade civil pelos danos causados por animal. 4. Responsabilidade civil pela ruína de edifício ou construção. 5. Responsabilidade resultante de coisas líquidas e sólidas. 5. 1. Natureza da responsabilidade. 5. 2. Excludentes.

1. Introdução. A teoria da responsabilidade na guarda de coisa inanimada envolve tanto os danos causados pela pessoa, como os danos causados pela própria coisa que se acha em poder da pessoa. Advém do direito francês, mais precisamente, do art. 1.384 do Código de Napoleão, que dispunha: "A responsabilidade decorre não somente de fato próprio do agente, mas ainda de fatos de pessoas por quem se deve responder, ou das coisas que estão sob a nossa guarda".

No direito brasileiro, segundo registra a doutrina, não existe nenhum dispositivo que estabeleça a responsabilidade de alguém pelo simples fato de ser o dono do objeto ou coisa que provoque dano. Contudo, baseados na jurisprudência francesa e, ainda, na analogia, em face dos arts. 936 e 937do Código Civil pátrio, nossos doutrinadores passaram a defender a aplicação da aludida teoria no Brasil, dentre eles, Aguiar Dias, Alvino Lima, Wilson Melo da Silva e Agostinho Alvim.

Aguiar Dias[103], em comentário ao Código Civil de 1916, afirmava ser ilógico responsabilizar-se o proprietário do animal (art. 1.527) ou o dono do imóvel (arts. 1.528 e 1.529) e não responsabilizar-se, em medida igual, o proprietário das demais coisas inanimadas. E arrematava: "Se o Código Civil francês admitiu a solução, nenhuma dúvida pode existir de que ela tem cabimento também em nosso direito, que se inspirou naquele, no tocante à definição e fundamentação da responsabilidade civil".

Os casos mais comuns entre nós são o da guarda de animais ou máquinas e do proprietário de prédio pelo prejuízo causado a terceiro, por ruína. Saliente-se que, no acidente causado por condutor, que não seja empregado, preposto ou parente do dono do veículo ou da coisa, não se pode invocar o art. 932, III, do Código Civil, nem a Súmula 341 do STF. Assim, a responsabilidade civil deve ser atribuída ao dono do veículo ou da coisa, independentemente de aferição de culpa deste.

2. Natureza da responsabilidade. Na vigência do Código Civil anterior, predominava o entendimento de que

---

103. Aguiar Dias, op. cit., nº 164.

a culpa, no caso de responsabilidade pelo fato da coisa, era presumida. Alvino Lima[104] apregoava que a presunção era *juris et de jure*, fundada irretorquivelmente na teoria do risco. Essa concepção representava um notável avanço quando comparada com o sistema tradicional do Código Civil, calcado que era na culpa do agente. Na jurisprudência, todavia, a aceitação dessa idéia ocorreu com certa timidez, conforme registra Sílvio Rodrigues[105], alegando que, num país em que o seguro de responsabilidade civil se encontra bem pouco difundido, é audaz e possivelmente injusto abrir-se rasgadamente as portas da reparação civil. Segundo ele, tal passo representa apenas a transferência da desgraça de um (a vítima) para a cabeça de outro (o agente causador do dano), que não raro não tem culpa maior pelo advento do acidente. No Código Civil de 2002, a responsabilidade é objetiva, não se exigindo, portanto, da vítima que prove a culpa do agente.

3. *Responsabilidade civil pelos danos causados por animal.* O art. 936 do novo Código Civil estabelece que o dono ou detentor do animal ressarcirá o dano por este causado, se não provar culpa da vítima ou força maior. Cuida-se de responsabilidade civil presumida, ou seja, o dono ou o detentor do animal deverá provar que o fato ocorreu em virtude de culpa da vítima, ou de força maior. Pouco importa que o animal seja doméstico ou não. A obrigação de quem possui animal é guardá-lo de maneira que não possa ofender a outrem. Se vem a cau-

---

104. Alvino Lima, op. cit., n° 26.
105. Sílvio Rodrigues, op. cit., pág. 106.

sar prejuízo a outrem, presume-se que a vigilância foi descurada. A presunção subsiste, ainda quando o animal tenha fugido, pois, se o fez, foi porque houve negligência na sua guarda. Na doutrina dominante, há unanimidade em que a palavra "animal" envolve todos os que fazem objeto de um direito de propriedade, vivam ou não em estado de liberdade, como cavalo, boi, cão, gato, porcos, coelhos, cabritos, abelhas, pombos etc. Também se aplica aos animais ferozes capturados para recreio ou para deles se tirar proveito, como os veados, javalis, ursos, leões etc.[106].

A responsabilidade civil pelos danos causados pelos animais compreende qualquer espécie de prejuízo, sejam causados às plantações, aos outros animais, às pessoas, inclusive àquelas a quem o proprietário entregou-os para guardar, salvo se as advertiu dos riscos. A respeito da matéria, ensina Carvalho Santos[107]:

"Se um animal, guardado ou não, haja pastado em lugar sobre que não tenha direito o proprietário dele, ou em tempo em que não seja permitido o pasto, será o seu dono obrigado à indenização; se o mesmo animal, além do pasto abusivo, haja praticado algum dano, por exemplo, quebrando árvores ou rompendo cercas, pisando semeaduras, revolvendo terreno, o proprietário será, da mesma forma, obrigado a ressarcir também estes danos; se um cão bravo ou hidrófobo, solto ou mal guardado, morde a alguém, será

---

106. Carvalho Santos. Código Civil Brasileiro Interpretado, vol. XX, 7ª ed., Livraria Freitas Bastos, págs. 321/322.
107. Ibidem.

responsável pelo dano o proprietário, ou pessoa que o detenha, pois devia conservá-lo preso e afastado da possibilidade de ofender: o mesmo ocorre se um boi, que tenha o defeito de dar chifradas, fere a alguém, por não estar bem vigiado, ou por não ser dado o aviso de que seria perigoso aproximar-se dele; ainda a mesma responsabilidade cabe ao proprietário do cavalo ou burro que dê coices ou morda.

O art. 936 do Código Civil refere-se a dono ou detentor. Dono é o proprietário. Detentor é o usufrutuário, o usuário, o comodatário, bem como qualquer outra pessoa a quem o dono tenha confiado o animal para qualquer fim: ferrar, amansar, curar ou engordar. Como já dissemos, no direito moderno não se distingue se são domésticos ou não os animais causadores do dano, como faziam os romanos. Apesar disso, Giorgi[108] cita dois casos bem interessantes:

"Em um dia de outubro de 1839, um tal Beraud se ocupava em recolher o mel de algumas colmeias, que havia posto em um jardim contíguo à via pública, quando, por esta, inconsciente do perigo, se encaminha um tal Legrand, em companhia de um filho de treze anos, ambos em carruagem. O cavalo que a puxava, ao chegar ao ponto da estrada em que vagavam as abelhas expelidas da colmeia, viu-se assaltado e picado por todos os lados. Impaciente, empreende fuga desordenada, na qual perde a vida o filho de Legrand".

---

108. Giorgi, Teoria delle obbligazione, vol. 6, pág. 326.

"Em 1863, enquanto um colono se ocupava em arar o campo de uns chamados Dalbos, um grande número de abelhas, provenientes de uma colmeia posta em um campo contíguo e pertencente a um outro proprietário, se atira sobre ele e sobre o cavalo que arrastava o arado. Esgrimindo contra elas, como melhor podia, trata o infeliz colono de defender ainda o cavalo. Mas o ataque das abelhas se renova com tanto furor que o cavalo se impina, e, desesperado, corre a atirar-se no canal de um moinho, onde se afoga".

A defesa, nos dois casos, invocou a distinção da doutrina romana, produzindo hábeis argumentos que lograram eco em uma sentença do Tribunal de Arbusson, mas que acabaram por ser repelidas, sancionando-se com duas condenações a obrigação de reparar o dano.

4. *Responsabilidade civil pela ruína de edifício ou construção*. O art. 937 do Código Civil dispõe: "O dono de edifício ou construção responde pelos danos que resultarem de sua ruína, se esta provier de falta de reparos, cuja necessidade fosse manifesta". A regra padece da mesma imperfeição do art. 1.528 do Código Civil de 1916. É que traz a idéia de responsabilidade subjetiva, em face de conter a expressão: "se esta provier da falta de reparos". Dá a entender, portanto, que a vítima tem de provar, também, que o dono do edifício não realizou os consertos necessários. Mas, segundo Aguiar Dias[109], a manifesta falta de reparos decorre do simples fato de ter

---

109. Aguiar Dias, op. cit., nº 176.

havido a ruína: "tanto necessitava de reparos que caiu". No mesmo sentido é o magistério de Clóvis Beviláqua[110]:

"Mas o proprietário não se poderá escusar, alegando que ignorava o mau estado do edifício, ou que a culpa não lhe cabe, e sim ao construtor ou inquilino do prédio ou zelador da construção. Se a construção desaba, total ou parcialmente, por falta de reparo, cuja necessidade fosse manifesta, pelo dano causado a outrem, responde o dono".

Esse tipo de responsabilidade civil, contudo, comporta excludentes: a) caso fortuito ou de força maior; b) culpa da vítima; c) a ruína ocorreu, por falta de reparo, cuja necessidade não fosse manifesta. Qualquer dessas causas afasta a responsabilidade do dono do edifício, sendo a última a mais difícil de ser provada, pois, se o prédio caiu, é porque necessitava de reparos.

5. Responsabilidade resultante de coisas líquidas e sólidas. O artigo 1.529 do Código Civil de 1916 tratava da reparação do dano causado pelo lançamento de coisas, matérias líquidas ou corpos duros de uma casa à rua: "Aquele que habitar uma casa, ou parte dela, responde pelo dano proveniente das coisas que dela caírem ou forem lançadas em lugar indevido". O art. 938 do Código Civil atual reproduz quase por inteiro a norma anterior, ao estabelecer: "Aquele que habitar prédio, ou parte dele, responde pelo dano proveniente das coisas que

---

110. Clóvis Beviláqua. Código Civil, vol. V, pág. 238.

dele caírem ou forem lançadas em lugar indevido". A diferença está apenas no termo "prédio"ao invés de "casa".

No direito romano, a *actio de effusis et dejectis* foi o procedimento com que se habilitava o lesado em conseqüência da projeção de corpos duros ou matérias líquidas dos edifícios para o exterior. Tal ação substituiu a *legis aquiliae* pela circunstância de ser difícil, na maioria dos casos, a prova de quem fora o autor do dano. Com a ação de *effusis et dejectis*, procedia-se contra o habitante da casa e, sendo vários os moradores, respondiam *in solidum* com recurso contra o culpado. A indenização consistia no dobro do prejuízo sofrido pela vítima. Mas, se causasse a morte de homem livre, a pena era de cinqüenta escudos de ouro.

No direito francês, inexistia, sobre a matéria, dispositivo expresso. Aplicava-se, então, no caso, a presunção de responsabilidade do guarda da coisa. O art. 1.529 do Código Civil brasileiro é considerado como exemplo típico de presunção de responsabilidade da guarda da coisa inanimada em nosso direito.

5.1. Natureza da responsabilidade. Trata-se de responsabilidade puramente objetiva e funda-se em exigência geral de segurança. Não importa que as coisas tenham caído acidentalmente ou tenham sido lançadas para o exterior propositadamente, nem exonera o morador da prova de que a coisa foi atirada por outrem. Impende à vítima provar, tão-só, a relação de causalidade entre o dano e o evento.

Tratando-se de edifício de apartamentos, se não for possível identificar-se de qual deles caiu o objeto que causou prejuízo a terceiro, ter-se-á responsabilidade solidária de todos os proprietários de apartamentos da ala respectiva. Há, contudo, uma decisão do STJ, reconhecendo a responsabilidade objetiva do condomínio quanto não se puder identificar o ponto exato de onde partiu a conduta lesiva[111]. No caso, todavia, de condomínio de blocos, não sendo possível o lançamento de um deles, o respectivo bloco não responderá. O mesmo entendimento se aplica para os casos em que o lançamento não puder ter ocorrido da parte lateral ou frontal do apartamento[112].

5. 2. Excludentes. Ilide-se a responsabilidade da *actio de dejectis,* provando-se: a) a ausência de prejuízo; b) a inexistência de relação de causalidade entre a queda do objeto e o dano; c) o lançamento do objeto em local adequado (depósito de lixo); d) a culpa exclusiva da vítima.

---

111. JSTJ, 2/281.
112. RT 530/213

Capítulo XIV

RESPONSABILIDADE CIVIL POR DÍVIDA VINCENDA OU JÁ PAGA

1. *Introdução.* 2. *Posição dos tribunais.*

1. Introdução. A matéria acha-se disciplinada nos arts. 939, 940 e 941 do Código Civil:

"Art. 939. O credor que demandar o devedor antes de vencida a dívida, fora dos casos em que a lei o permita, ficará obrigado a esperar o tempo que faltava para o vencimento, a descontar os juros correspondentes, embora estipulados, e a pagar as custas em dobro".

"Art. 940. Aquele que demandar por dívida já paga, no todo ou em parte, sem ressalvar as quantias recebidas ou pedir mais do que for devido, ficará obrigado a pagar ao devedor, no primeiro caso, o dobro do que houver cobrado e, no segundo, o equivalente do que dele exigir, salvo se houver prescrição".

"Art. 941. As penas previstas nos arts. 939 e 940 não se aplicarão quando o autor desistir da ação antes de contestada a lide, salvo ao réu o direito de haver indenização por algum prejuízo que prove ter sofrido".

O Código Civil não trouxe inovação nesse aspecto. Limitou-se a repetir as normas contidas nos artigos 1.530, 1.531 e 1.532 do Código Civil de 1916. A cobrança antes do vencimento constitui ato ilícito e implica, segundo dispõe o art. 939, obrigação do credor de esperar o tempo que faltava para o vencimento, descontar os juros correspondentes e pagar em dobro as custas processuais.

A cobrança de dívida já paga, ou de importância maior do que a devida, é punida com maior rigor. O art. 940 determina que, no primeiro caso, o credor deverá devolver ao devedor o dobro do que dele cobrou, isto é, perde o montante do crédito e mais outro tanto. E, no caso de haver pedido mais do que lhe era devido, deverá devolver o equivalente ao que dele exigir, salvo se houver prescrição.

2. Posição dos tribunais. Os tribunais brasileiros, ao interpretarem os arts. 1.530 e 1.531 do Código Civil de 1916, correspondentes aos arts. 939 e 940 do Código Civil atual, exigiam prova de dolo ou malícia do credor para aplicar essa pena. O Supremo Tribunal Federal, na Súmula 159, estabeleceu: "A cobrança excessiva, mas de boa-fé, não dá lugar às sanções do art. 1.531". O art.

1.531 do Código Civil de 1916 (art. 940 do Código Civil de 2002) quis atingir aquele que pedir mais do que for devido.

Como observa Clóvis Beviláqua[113], é outra pena civil imposta ao que tenta extorquir o alheio, sob color de cobrar dívidas. Washington de Barros Monteiro[114], analisando esse dispositivo, assinala que, sem prova de má-fé da parte do credor, que faz a cobrança excessiva, não se comina a referida penalidade. A pena é tão grande e tão desproporcionada que só mesmo diante de prova inconcussa e irrefragável de dolo deve ser aplicada.

O art. 941 do novo Código Civil reproduz a regra do art. 1.532 do Código Civil de 1916, que afastava a aplicação dos dispositivos anteriores quando o autor desistisse da ação antes de contestada a lide. O novo diploma ressalva, porém, ao réu o direito de haver indenização por algum prejuízo que prove ter sofrido.

Saliente-se que não se confunde a pena estabelecida no art. 940 do Código Civil com as sanções por dolo processual previstas nos arts. 16 a 18 do Código de Processo Civil. Embora todas resultem de dolo com que se houve a parte no processo, no primeiro caso, a obrigação é imposta pelo direito material e as últimas resultam do direito processual.

Como ensina Carlos Roberto Gonçalves[115], trata-se de responsabilidade civil do demandante por dívida já

---

113. Clóvis Beviláqua. Comentários, vol. V, pág. 240.
114. Washington de Barros Monteiro. Curso de Direito Civil, vol. V, pág. 432.
115. Carlos Roberto Gonçalves. Comentários ao Código Civil, vol. XI, pág. 514.

solvida, punindo o ato ilícito da cobrança excessiva. Essa responsabilidade civil decorre de infração de norma de direito privado e tem por objetivo garantir o direito do lesado à segurança, protegendo-o contra exigências descabidas, como também servir de meio de reparação do dano, prefixando o seu montante e exonerando o lesado do ônus de provar a ocorrência da lesão.

Por essa razão, o STJ decidiu que a pena prevista no art. 940 do Código Civil não pode ser pedida por simples contestação, mas por meio de ação autônoma ou pela via reconvencional[116]. Já no caso de litigância de má-fé, as perdas e danos podem ser requeridas na própria ação em que aquela se verificou[117], havendo até doutrina e jurisprudência que admitem a sua imposição de ofício pelo juiz.

---

116. RJTJSP, n° 106/136.
117. RTJ, n° 110/127.

Capítulo XV

RESPONSABILIDADE CIVIL DOS PRESTADORES DE SERVIÇOS

1. Introdução 2. Natureza da responsabilidade civil. 3. Do ônus da prova. 4. Dos bancos e seus prepostos. 5. Dos postos de combustíveis.

1. Introdução. O art. 14 do Código de Defesa do Consumidor dispõe: "O fornecedor de serviços responde, independentemente da existência de culpa, pela reparação dos danos causados aos consumidores por defeitos relativos à prestação dos serviços, bem como por informações insuficientes ou inadequadas sobre sua fruição e riscos". No § 1º, estabelece que o serviço é defeituoso "quando não fornece a segurança que o consumidor dele pode esperar, levando-se em consideração as circunstâncias relevantes, entre as quais: I — o modo de seu fornecimento; II — o resultado e os riscos que razoavelmente dele se esperam; III — a época em que foi fornecido". De acordo com § 3º, o fornecedor de serviços só não será responsabilizado quando provar: "I — que, tendo prestado o serviço, o defeito inexiste; II — a culpa exclusiva do consumidor ou de terceiro". Tratando-se, no entanto, de consumidor intermediário, a Segunda Seção do STJ, ao julgar o REsp nº 541.867/BA, perfilhou a orientação doutrinária finalista ou subjetiva. Assim, de regra, o consumidor intermediário, por adquirir produto ou usufruir de serviço com o fim de, direta ou indiretamente, dinamizar ou instrumentalizar seu próprio negócio lucrativo, não se enquadra na definição constante no art. 2º do CDC.

2. *Natureza da responsabilidade civil*. A responsabilidade civil dos prestadores de serviços, como exsurge do Código de Defesa do Consumidor, é tipicamente de natureza objetiva. No rol do § 3º do art. 14, sequer constam o caso fortuito e a força maior, como causas de exclusão da culpa. A não ser que se dê à expressão "terceiro" um sentido amplo, para alcançar também as referidas causas, considerando que a doutrina e a jurisprudência comparam o fato de terceiro ao caso fortuito e à força maior. Mesmo assim, vem sendo admitida a sua argüição, sob o fundamento de que o fato inevitável rompe o nexo de causalidade, especialmente quando não guarda nenhuma relação com a atividade do fornecedor, não se podendo, destarte, falar em defeito do produto ou do serviço. Nesse sentido, decidiu a Quarta Turma do STJ:

"O fato de o art. 14, § 3º, do Código de Defesa do Consumidor não se referir ao caso fortuito e à força maior, ao arrolar as causas de isenção de responsabilidade do fornecedor de serviços, não significa que, no sistema por ele instituído, não possam ser invocadas[118]."

Também não se admite cláusula de não indenizar. É que a reparação derivada do fato do produto ou serviço não pode ser excluída contratualmente. O art. 51, I, do CDC considera abusiva a cláusula contratual que impossibilitar, exonerar ou atenuar a responsabilidade civil do fornecedor por vícios de qualquer natureza, sendo, portanto, nula.

3. Do ônus da prova. O ônus da prova cabe ao lesante, como acontece em todos os casos de responsabilidade objetiva; ao lesado incumbe, apenas, provar o dano e a relação causal entre o produto ou o serviço e o resultado. Mesmo nessas duas hipóteses, permite o art. 6º, VIII, do CDC que o juiz pode inverter o ônus da prova quando "for verossímil a alegação" ou quando o consumidor for "hipossuficiente", sempre de acordo com "as regras ordinárias de experiência".

4. Dos bancos e seus prepostos. Os bancos, como prestadores de serviços, estão submetidos às regras do CDC. Por qualquer deslize que pratiquem, poderão responder civilmente. O STJ, em vários julgados, consagra essa posição:

---

[118]. STJ. REsp 120.647-SP. Relator: Min. Eduardo Ribeiro. Quarta Turma. Fonte: DJU, 15/05/2000.

"Os bancos, como prestadores de serviços especialmente contemplados no art. 3º, § 2º, estão submetidos às disposições do Código de Defesa do Consumidor "[119].

"Os bancos, como prestadores de serviços especialmente contemplados no art. 3.º, § 2.º, estão submetidos às disposições do Código de Defesa do Consumidor. A circunstância de o usuário dispor do bem recebido através de operação bancária, transferindo-o a terceiro, em pagamento de outros bens ou serviços, não o descaracteriza como consumidor final dos serviços prestados pelo Banco"[120].

Saliente-se que, na responsabilidade civil dos bancos, inclui-se a informação falsa, dada a cliente, sobre a idoneidade financeira da pessoa com quem aquele vem a negociar.

Convém anotar que a controvérsia que existia a respeito da aplicação do Código de Defesa do Consumidor às instituições financeiras foi resolvida pelo STF, ao julgar a Ação Direta de Inconstitucionalidade nº 2591/ DF.

"Código de Defesa do Consumidor. Art. 5º, XXXII, da CF/88. Art. 170, V, da CF/88. Instituições financeiras. Sujeição delas ao Código de Defesa do Consu-

---

[119]. STJ. REsp 175795 (Recurso Especial 1998/0039197-5). Fonte: DJ: 10/05/1999.
[120]. STJ. REsp 57974/RS (Recurso Especial 1994/0038615-0). Fonte: DJ: 29.05.95.

midor, excluídas de sua abrangência a definição do custo das operações ativas e a remuneração das operações passivas praticadas na exploração de intermediação de dinheiro na economia (art. art. 3º, § 2º, do CDC). Moeda e taxa de juros. Dever-poder do Banco Central do Brasil. Sujeição ao Código Civil. 1. As instituições financeiras estão, todas elas, alcançadas pela incidência das normas veiculadas pelo Código de Defesa do Consumidor. 2. "Consumidor", para os efeitos do Código de Defesa do Consumidor, é toda pessoa física ou jurídica que utiliza, como destinatário final, atividade bancária, financeira e de crédito. 3. O preceito veiculado pelo art. 3º, § 2º, do Código de Defesa do Consumidor deve ser interpretado em coerência com a Constituição, o que importa em que o custo das operações ativas e a remuneração das operações passivas praticadas por instituições financeiras na exploração da intermediação de dinheiro na economia estejam excluídas da sua abrangência. 4. Ao Conselho Monetário Nacional incumbe a fixação, desde a perspectiva macroeconômica, da taxa base de juros praticável no mercado financeiro. 5. O Banco Central do Brasil está vinculado pelo dever-poder de fiscalizar as instituições financeiras, em especial na estipulação contratual das taxas de juros por elas praticadas no desempenho da intermediação de dinheiro na economia. 6. Ação direta julgada improcedente, afastando-se a exegese que submete às normas do Código de Defesa do Consumidor (Lei n. 8.078/90) a definição do custo das operações ativas e da remuneração das operações passivas praticadas por instituições financeiras no desempenho da intermediação de dinheiro na economia, sem prejuízo do controle, pelo Banco Central do Brasil, e do controle e revisão, pelo Poder Judiciário, nos termos do disposto no Código Civil, em cada caso, de eventual abusividade, onerosidade excessiva ou outras distorções na composição contratual da taxa de juros. Art. 192 da CF/88. Norma-objetivo. Exigência de lei complementar exclusivamente para a regulamentação do sistema financeiro. 7. O preceito veiculado pelo art. 192 da Constituição do Brasil consubstancia norma-objetivo que estabelece os fins a serem perseguidos pelo sistema financeiro nacional, a promoção do desenvolvimento equilibrado do País e a realização dos interesses da coletividade. 8. A exigência de lei complementar veiculada pelo art. 192 da Constituição abrange exclusivamente a regulamentação da estrutura do sistema financeiro. Conselho Monetário Nacional. Art. 4º, VIII, da Lei nº. 4.595/64. Capacidade normativa atinente à constituição, funcionamento e fiscalização das instituições financeiras. Ilegalidade de resoluções que excedem essa matéria. 9. O Conselho Monetário Nacional é titular de capacidade normativa — a chamada capacidade normativa de conjuntura — no exercício da qual lhe incumbe regular, além da constituição e fiscalização, o funcionamento das instituições financeiras, isto é, o desempenho de suas atividades no plano do sistema financeiro. 10. Tudo o quanto exceda esse desempenho não pode ser objeto de regulação por ato normativo produzido pelo Conselho Monetário Nacional. 11. A produção de atos normativos pelo Conselho Monetário Nacional, quando não respeitem ao funcionamento das instituições financeiras, é abusiva, consubstanciando afronta à legalidade"[121].

A seguir, serão transcritos outros julgados sobre a responsabilidade civil dos bancos:

"Banco. Negligência. Protesto. Duplicata sem causa. Trata-se de ação declaratória de inexistência de relação jurídica cumulada com pedido indenizatório contra uma empresa e o Banco Real S/A (hoje sucedido pelo Banco ABN AMRO S/A) ora recorrente, apontados na inicial como responsáveis solidários pela emissão, cobrança e protesto de títulos indevidamente sacados contra a empresa recorrida. Note-se que o Banco Real S/A figura como "cobrador" do Banco Boa Vista S/A por força de convênio firmado entre eles e se obrigou a proceder às cobranças dos títulos encaminhados, bem como às ordens de protesto emitidas pelo banco contratante (Banco Boa Vista). Segundo o aresto estadual, o Banco Real S/A foi advertido previamente sobre a irregularidade da duplicata e nada fez, dando continuidade à cobrança. Por isso, assinala o Min. Relator, ainda que se tratasse de mero endosso-mandato, o que não é, também atrairia sua responsabilidade pela negligência comprovada nos autos. Explica ainda o Min. Relator que, como mandatário do Banco Boa Vista S/A, o Banco Real S/A tornou-se co-responsável por suas ações e, por conse-

---

121. STF. ADI nº 2591/ DF. Relator: Min. Carlos Velloso. Relator p/Acórdão: Ministro Eros Grau. Julgamento: 07/06/2006. Tribunal Pleno. Fonte: DJU 29/09/2006, pág. 0031.

guinte, o Banco ABN AMRO S/A, que o sucedeu. A relação entre esses bancos não é de endosso-mandato clássico, mas a de procurador mediante convênio entre bancos, o que é uma situação diversa e, nessas condições, terá o banco ora recorrente ação regressiva contra o Banco Boa Vista S/A (ou seu sucessor). Entretanto, é co-responsável (Banco Real S/A) pelo ato ilícito que à ordem do Banco Boa Vista veio a praticar protesto de duplicata sem causa. Quanto à indenização, reconheceu que os danos materiais não poderiam ser arbitrados aleatoriamente, pois, se reconhecido na fase cognitiva da ação, seu quantum deve ser remetido à liquidação. No caso, o acórdão foi omisso quanto à identificação dos danos materiais, não os descreveu nem se baseou em laudo algum. Por esse motivo, excluiram-se da condenação os danos materiais e, conseqüentemente, houve redução do montante arbitrado, uma vez que permaneceram somente os danos morais. Com esse entendimento, a Turma deu parcial provimento ao recurso"[122].

5. *Dos postos de combustíveis.* A responsabilidade civil desses prestadores de serviços pode ser vista de dois ângulos: a) quando têm a guarda de veículos para fins de lavagem, lubrificação e outros serviços; b) quando os veículos são deixados no pátio do posto para fins de pernoite ou de permanência temporária. No primeiro caso, o posto responde pelos prejuízos que forem causa-

---

122. STJ. . Relator: Min. Aldir Passarinho Junior. Data do julgamento: 14/11/2006. Fonte: Site do STJ.

dos, inclusive pelos atos de seus empregados e prepostos, que venham a se utilizar dos veículos e a causar danos a terceiros.

No segundo caso, abrem-se duas vertentes: se houve concordância do estabelecimento pela guarda, a responsabilidade é indiscutível; não havendo essa assunção, sendo os veículos deixados ali por mera cortesia, o estabelecimento não se responsabiliza pelos danos porventura ocorridos. Neste último caso, inexistindo o dever de guarda e vigilância, inexiste também a obrigação de indenizar, na hipótese de ocorrência de furto ou de dano ao veículo causado por terceiro.

O STJ considerou diferente a situação dos postos de combustíveis, em relação a outros estabelecimentos, no tocante aos assaltos a mão armada, afirmando que a inevitabilidade "é de considerar-se dentro de certa relatividade. O acontecimento pode ter-se como inevitável, tendo-se em conta o que normalmente seria possível exigir-se. E não é que, nos postos de lavagem, se mantenha segurança armada. Cumpre distinguir as diversas situações. Assim, por exemplo, tratando-se de cofres mantidos por um banco, é de presumir-se sejam tomadas especiais providências, visando à segurança, pois a garanti-la se destinam seus serviços"[123].

---

[123]. STJ. RSTJ nº 132/313.

Capítulo XVI

RESPONSABILIDADE CIVIL DO MÉDICO

1. Introdução 2. Pressuposto da responsabilidade civil do médico. 3. Natureza da responsabilidade civil do médico. 4. Obrigação de meio e obrigação de resultado. 4. 1. Obrigação de meio. 4. 2. Obrigação de resultado. 5. Cirurgias plásticas estéticas. 6. Cirurgias plásticas reparadoras. 7. Responsabilidade dos anestesistas. 8. Responsabilidade dos cirurgiões-dentistas. 9. Responsabilidade dos hospitais. 10. Entidades privadas de seguro e de assistência médica. 11. Aplicação do Código de Defesa do Consumidor. 12. Indenização.

1. Introdução. Durante muitos séculos, a função do médico esteve revestida de caráter religioso e mágico. Atribuíam-se aos desígnios de Deus a saúde e a morte. Nesse contexto, era impossível responsabilizar-se o médico, que apenas participava de um ritual, talvez útil, mas dependente exclusivamente da vontade divina. No final do século XIX e primórdios do século XX, o médico passou a ser visto como um profissional cujo título lhe garantia a onisciência. E assim passou a ser médico da família, amigo e conselheiro, figura de uma relação social que não admitia dúvida sobre a qualidade de seus serviços e, menos ainda, a litigância sobre eles. O ato médico se resumia na relação entre uma confiança (a do cliente) e uma consciência (a do médico)[124].

As circunstâncias hoje estão mudadas. Assinala o Professor Genival Velloso, em artigo antológico sobre a matéria, "que o médico de família morreu. Deu lugar ao técnico altamente especializado, que trabalha de forma fria e impessoal, voltado quase que exclusivamente para esses meios extraordinários que a tecnologia do momento pode oferecer. Surge o médico de plantão, ou de turno. Esse médico foi obrigado a trocar uma deontologia clássica e universal por um sistema de normas compatíveis com a realidade vigente, nem sempre ajustável a sua consciência e determinação". Já Ruy Rosado[125], com muita precisão, afirma:

"As relações sociais massificaram-se, distanciando o médico do seu paciente. A própria denominação dos sujeitos da relação foi alterada, passando para usuário e prestador de serviços, tudo visto sob a ótica de uma sociedade de consumo, cada vez mais consciente de seus direitos, reais ou fictícios, e mais exigente quanto aos resultados.
As expectativas do doente não só por isso se ampliaram: a seguridade social estendeu o uso dos serviços

---

124. Ruy Rosado. Direito e Medicina, pág. 135.
125. Op. cit., pág. 136.

médicos. E o doente, que também é um segurado, confunde facilmente o direito à seguridade com o direito à cura; se esta não ocorre, logo suspeita de um erro médico. Acrescente-se a isso a disposição da mídia de transformar em escândalo o infortúnio, e facilmente encontraremos a explicação para o incremento do número de reclamações judiciais versando sobre o nosso tema, ações facilitadas porque não dependem da quebra de uma relação de respeito e afeto que existia com o médico de família, pois muitas vezes, hoje, o reclamante não teve relação com o médico, ou a teve muito superficial".

É dentro desse contexto que poderemos analisar a responsabilidade civil do médico. No Código Civil de 1916, a matéria era disciplinada no art. 1.545: "Os médicos, cirurgiões, farmacêuticos, parteiras e dentistas são obrigados a satisfazer o dano, sempre que da imprudência, negligência ou imperícia, em atos profissionais, resultar morte, inabilitação de servir, ou ferimento". O atual Código Civil disciplina a matéria no art. 951: "O disposto nos arts. 948, 949 e 950 aplica-se ainda no caso de indenização devida por aquele que, no exercício de atividade profissional, por negligência, imprudência ou imperícia, causar a morte do paciente, agravar-lhe o mal, causar-lhe lesão, ou inabilitá-lo para o trabalho. Já o Código de Defesa do Consumidor, no § 4º do art. 14, estabelece: "A responsabilidade pessoal dos profissionais liberais será apurada mediante a verificação de culpa".

2. *Pressuposto da responsabilidade civil do médico.* A responsabilidade civil do médico tem como pressuposto

específico o ato praticado com a violação de um dever médico, imposto pela lei, pelos costumes ou pelo contrato, e que causa dano patrimonial ou extrapatrimonial a outrem. Lembra Ruy Rosado[126] que, além do mais, os médicos têm os deveres de informação, de obtenção de consentimento, de cuidado, de guardar sigilo, de não abusar do poder, de não abandonar o paciente, de garantir a sua substituição por profissional habilitado etc. (Código de Ética, art. 61). O médico que viola qualquer desses deveres pratica uma ação que surge como pressuposto da sua responsabilidade civil. A este dever soma-se a culpa, nas modalidades de imprudência (agir com descuido), negligência (deixar de adotar as providências recomendadas) e imperícia (descumprimento de regra técnica de profissão).

3. Natureza da responsabilidade civil do médico. A responsabilidade civil do médico, quanto ao fato gerador, é de natureza contratual ou extracontratual. É contratual, quando derivada de um contrato estabelecido livremente entre paciente e profissional. Na maioria das vezes, esse contrato dá-se de forma tácita, compreendendo as relações restritas ao âmbito da medicina privada, isto é, ao profissional que é livremente escolhido, contratado e pago pelo cliente. O Professor Reynaldo Andrade da Silveira[127], discorrendo sobre a matéria, assinala:

---

126. Apud Sálvio de Figueiredo Teixeira, Direito e Medicina, 2000, pág. 144.
127. Reynaldo Andrade da Silveira. RT, vol. 674, pág. 60.

"Impõe-se situar a responsabilidade civil do médico, como do tipo de responsabilidade contratual. Muito já se discutiu na doutrina, com reflexos na jurisprudência dos tribunais, sobre a responsabilidade do profissional da medicina. Seria contratual ou extracontratual. Hoje não mais pairam dúvidas a respeito dessa responsabilidade. A despeito desse entendimento, que se rigorosamente aplicado levaria à conclusão de que haveria inexecução de uma obrigação, se o médico não obtivesse a cura do seu paciente, ou se os recursos empregados não satisfizessem, decorrendo daí o dever de indenizar todas as vezes que o doente não ficasse curado, posicionou-se contrariamente a tal entender Aguiar Dias, em clássica obra, respaldado na doutrina francesa. No sentir do insigne civilista pátrio, posto admita que a responsabilidade médica seja contratual, mesmo assim não tem, ao contrário do que poderia parecer, o resultado de presumir a culpa. Com efeito, a responsabilidade contratual pode ou não ser presumida, e no caso do médico não o é. Assim se tem entendido porque, por via de regra, o médico no desempenho de suas funções não tem comprometido um determinado resultado, mas apenas exige-se-lhe que se conduza de certa forma. No caso do médico, especificamente, não há o compromisso de curar, mas tão-somente o de proceder de acordo com as regras e os métodos da profissão. Resta desse entendimento que, para o paciente, a vantagem é limitada para obter indenizações médicas, pois, ao contratar com este, o paciente não obtém o compromisso de, ao final do tratamento/cirurgia, ficar curado do mal que lhe aflige. E se não o fica, não pode vir a imputar ao médico a pecha de inadimplente. Dessa forma, a obrigação médica é de meio e não de resultado, o que difere basicamente, sua responsabilidade dos demais contratos, mesmo que pertença no modelo jurídico a esta espécie".

A responsabilidade do médico é extracontratual, quando não derivada de contrato. Nesse caso, só pode ser-lhe imputado a título de culpa, repousando, portanto, na regra, na responsabilidade subjetiva. Assim, o médico somente responde pelos danos causados ao lesado se ficar provado que agiu com culpa nas modalidades de imprudência (agir com descuido), negligência (deixar de adotar as providências recomendadas) e imperícia (descumprimento de regra técnica de profissão)[128].

A responsabilidade extracontratual ocorre ainda em situações como estas: a) quando o médico assiste transeunte em via pública, ou socorre um vizinho acometido de mal súbito; b) quando, na emergência, pratica intervenção em favor de incapaz por idade ou doença mental; c) quando atende, como médico servidor público, em instituição obrigada a receber os segurados dos institutos de saúde pública, e também como médico contratado pela empresa para prestar assistência a seus empregados. O atendimento é obrigatório, nesses últimos casos, pressupondo uma relação primária de Direito Administrativo, de Direito Civil ou de Direito do Trabalho entre o médico e a empresa ou o hospital público, e uma outra entre o empregado e a empresa, ou entre o segurado e a

---

128. Ruy Rosado, op.cit., pág. 138.

instituição de seguridade, mas não há contrato entre o médico e o paciente.

4. Obrigação de meio e obrigação de resultado. A doutrina, na análise dos tipos de contratos, costuma dividi-los em contratos de meios e contratos de resultado. Essa classificação tem relevantes efeitos no plano material e, sobretudo, no plano processual, em que opera uma total mudança no ônus da prova[129]. O enquadramento do contrato numa das duas espécies referidas tem influência sobre a definição do objeto do negócio jurídico, isto é, a configuração da prestação devida e, conseqüentemente, sobre a conceituação do inadimplemento[130].

4. 1. Obrigação de meio. Em regra, a responsabilidade civil do médico é de meio. Ocorre quando não se compromete a curar o doente, mas a proceder de acordo com as regras e os métodos da sua profissão. Nesse caso, não se pode falar em inexecução de uma obrigação, se o médico não obtém a cura do doente, ou se os recursos empregados não satisfizerem. Tem-se, destarte, que a concepção contratual da responsabilidade médica, para o cliente, é limitada. Assim, pelo simples fato de não obter a cura do doente, não significa dizer que o médico foi inadimplente. Cuida-se, evidentemente, de uma obrigação de meio e não de resultado. Conforme a lição de Aguiar Dias[131], o objeto do contrato médico não é a cura,

---

129. Savatier. Traité de la responsabilité civile en droit français. Paris, 1939, tomo I, pág. 146.
130. Humberto Deodoro Jr. Direito e Medicina, pág. 115.
131. Aguiar Dias, op. cit., n°.115.

obrigação de resultado, mas a prestação de cuidados conscienciosos, atentos e, salvo circunstâncias excepcionais, de acordo com as aquisições da ciência.

Nessa linha de entendimento, os médicos serão civilmente responsabilizados somente quando ficar provada qualquer modalidade de culpa: imprudência, negligência ou imperícia, ou dolo. Essa afirmação encontra apoio no Código de Defesa do Consumidor, ao estabelecer, no § 4º do art. 14, que a responsabilidade pessoal dos profissionais liberais será apurada mediante a verificação de culpa. No entanto, o juiz pode determinar a inversão do ônus da prova, se considerar plausíveis as alegações do consumidor ou quando este for hipossuficiente (art. 6.º, VIII).

Acrescente-se que essa posição pode levar à impunidade, ante os riscos que são criados no relacionamento do médico com o paciente, e as dificuldades de as vítimas enfrentarem o laudo pericial — peça fundamental — elaborado por profissionais do mesmo ramo. Essa dificuldade foi reconhecida pelo TJSP:

> "É sempre difícil apurar-se no pretório responsabilidade médico-hospitalar, porque a prova fica na dependência dos relatórios de enfermagem e das anotações e prescrições médicas, bem como de laudos de peritos médicos que podem estar inconscientemente dominados pelo *esprit de corps*. Resta pouca margem de prova aos testemunhos leigos, de regra incompetentes ou impressionados"[132].

---

132. RT, 523/68.

4. 2. Obrigação de resultado. Na obrigação de resultado, o médico se compromete a alcançar um determinado fim, cuja não execução importa em descumprimento do contrato. Nesse tipo de obrigação, a responsabilidade é objetiva, independendo, portanto, de culpa. Basta ao lesado demonstrar a existência do contrato e a não obtenção do resultado prometido.

5. *Cirurgias plásticas estéticas.* A responsabilidade de resultado alcança os cirurgiões plásticos, quando realizam cirurgias estéticas, comprometendo-se a alcançar um determinado resultado. Nesse caso, considera-se que o paciente não estava acometido de doença quando procurou o cirurgião. Desejava apenas a correção de defeitos estéticos. Visava, pois, a um resultado que, se não for alcançado, lhe dará direito a pleitear uma reparação. Assinale-se que nenhum paciente se submeteria a uma intervenção estética se imaginasse que dela sairia em condições piores. Daí proclamar-se, como preceito geral, que a obrigação do cirurgião plástico é uma obrigação de resultado.

Arrighi de Casanova[133] afirma que, "não sendo a operação de fim estético imposta por necessidade inelutável, não seria lícita em relação ao respeito de que se reveste a pessoa humana, senão se o cirurgião a justifica, assegurando seu sucesso, o que equivale a deixar a seu cargo uma obrigação de resultado". Assim, se ao invés do resultado esperado, resultam lesões que causam dano

---

133. Arrighi de Casanova. La responsabilité et le droit commum de la responsabilité civile, 1946, pág. 65.

estético e, ao mesmo tempo, físico, sem que se possa atribuir tais danos a uma conduta culposa do paciente, por eles responde o médico, pelo fato de não ter atingido o resultado que antes proclamara. Cuida-se, por conseguinte, de responsabilidade civil de natureza objetiva. Da jurisprudência do STJ, colhem-se os seguintes julgados:

"O profissional que se propõe a realizar cirurgia, visando a melhorar a aparência física do paciente, assume o compromisso de que, no mínimo, não lhe resultarão danos estéticos, cabendo ao cirurgião a avaliação dos riscos. Responderá por tais danos, salvo culpa do paciente ou a intervenção de fator imprevisível, o que lhe cabe prova"[134].

"Contratada a realização da cirurgia estética embelezadora, o cirurgião assume obrigação de resultado (responsabilidade contratual ou objetiva), devendo indenizar pelo não cumprimento da mesma, decorrente de eventual deformidade ou de alguma irregularidade. Cabível a inversão do ônus da prova. Recurso conhecido e provido"[135].

"Agravo regimental. Responsabilidade médica. Obrigação de meio. Reexame fático-probatório. Súmula

---

134. STJ. AgRgAg. nº 37.060-RS. Relator: Minstro Eduardo Ribeiro. Fonte: DJU 06/02/1995.
135. STJ. REsp 81101/PR (Recurso Especial 1995/0063170). Fonte: DJU 31/05/1999. REsp 10536/RJ (Recurso Especial 1991/0008177-9). Fonte: DJU 19/08/91, pág. 10993.

07/STJ. Incidência. 1. Segundo doutrina dominante, a relação entre médico e paciente é contratual e encerra, de modo geral, (salvo cirurgias plásticas embelezadoras), obrigação de meio e não de resultado. Precedente. 2. Afastada pelo acórdão recorrido a responsabilidade civil do médico diante da ausência de culpa e comprovada a predisposição do paciente ao descolamento da retina — fato ocasionador da cegueira — por ser portador de altamiopia, a pretensão de modificação do julgado esbarra, inevitavelmente, no óbice da súmula 07/STJ. 3. Agravo regimental improvido"[136] (grifamos).

No mesmo diapasão, é a decisão oriunda do 2° Grupo de Câmaras Cíveis do TJRJ (in ADV n°42.124):

"Na cirurgia estética, ao contrário da reparadora, quando o médico está lidando com paciente saudável que, apenas, deseja melhorar sua aparência e com isso se sentir psiquicamente melhor. havendo uma obrigação de resultado, dela não se excluem os princípios da culpa. Inalcançado o resultado satisfatório, disso decorrerá a presunção de culpa contra o médico, competindo-lhe então ilidi-la com inversão do ônus da prova".

6. *Cirurgias plásticas reparadoras.* A gravidade do caso pode exigir uma cirurgia plástica reparadora. Neste

---

[136]. STJ. AgRg no REsp 256174/DF; Agravo regimental no Recurso Especial 2000/0039468. Relator: Ministro Fernando Gonçalves. Quarta Turma. Data do julgamento: 04/11/2004. Fonte: DJU 22/11/2004, pág. 345.

caso, o médico não pode garantir o resultado, ou seja, embelezar o paciente ou, ao menos, deixá-lo como antes.

Assim, se preponderantemente a cirurgia for reparadora e dela resultar que o ato cirúrgico realizou-se dentro dos padrões técnicos exigidos, não há suporte à indenização pretendida pelo paciente. O médico, portanto, só será responsabilizado civilmente se, de forma culposa, agravar os defeitos ou criar outras deformações. Em suma, se o embelezamento não for atingido, não responde o médico; mas, se alcançado resultado oposto com o tratamento, e a imagem da pessoa, do ponto de vista estético, vem a piorar, o resultado será considerado, havendo, nesse caso, também culpa profissional.

7. *Responsabilidade dos anestesistas*. Cresceu bastante a importância da figura do anestesista nas salas de cirurgias e até nos períodos pré e pós-operatório. Essa importância é tão grande que não pode mais se debitar responsabilidade somente ao chefe da equipe, que se presumia culpado pelo que acontecesse de mau, mas ao próprio profissional encarregado de executar a tarefa. Nessa hipótese, a solução, dependendo do caso concreto, seria adotar-se a responsabilidade solidária.

Um aspecto, todavia, é indiscutível: a responsabilidade autônoma do anestesista no pré e no pós-operatório. Como assinala Carlos Roberto Gonçalves[137], a divergência remanesce apenas no caso do anestesista dentro da sala de operação e sob o comando do cirurgião. Nesse

---

137. Carlos Roberto Gonçalves. *Comentários ao Código Civil*, vol. XI, pág, 206.

caso, a responsabilidade pode ser dividida entre os dois: cirurgião e anestesista. Sobre a matéria, decidiu o STJ:

> "A escolha do médico anestesista pelo cirurgião-chefe atribui a este a responsabilidade solidária pela culpa *in eligendo*, quando comprovado o erro médico pela imperícia daquele, pois, ao médico-chefe é a quem se presume a responsabilidade, em princípio, pelos danos ocorridos em cirurgia, eis que no comando dos trabalhos e sob suas ordens é que se executam os atos necessários ao bom desempenho da intervenção"[138].

Solução diversa ocorre se a escolha do anestesista for opção do paciente. Induvidosamente, sua seria a responsabilidade exclusiva. Acerca dos erros do anestesista, ensina Guilherme Chaves Sant'ana[139]:

> "Podem ser de diagnóstico (avaliar o risco anestésico, a resistência do paciente), terapêutico (medicação pré-anestésica ineficaz, omissões durante a aplicação) e técnica (uso de substância inadequada, oxigenação insuficiente, etc.). Sustenta-se que ele assume uma obrigação de resultado, desde que tenha tido oportunidade de avaliar o paciente antes da intervenção e concluir pela existência de condições para a anestesia, assumindo a obrigação de anestesiá-lo e de

---

138. STJ. REsp 53104/RJ (Recurso Especial 1994/0026022-9). Relator: Ministro Waldemar Zveiter. Terceira Turma. Data do julgamento: 04/03/1997. Fonte DJ 16.06.1997 pág. 27359.
139. Guilherme Chaves Sant'ana. Responsabilidade civil dos médicos anestesistas, pág. 133.

recuperá-lo. Parece, todavia, que a álea a que estão submetidos o anestesista e seu paciente não é diferente das demais situações enfrentadas pela medicina, razão pela qual não deixa de ser uma obrigação de meio, ainda que se imponham ao profissional alguns cuidados especiais, na preparação do paciente, na escolha do anestésico, etc. Dele se exige acompanhamento permanente, não podendo afastar-se da cabeceira do paciente durante o ato cirúrgico, até a sua recuperação".

8. *Responsabilidade dos cirurgiões-dentistas*. Em regra, a responsabilidade civil do cirurgião-dentista é de resultado. Assevera Guimarães Menegale[140] que "à patologia das infecções dentárias corresponde etiologia específica e seus processos são mais regulares e restritos, sem embargo das relações que podem determinar com desordens patológicas gerais; conseqüentemente, a sintomatologia, a diagnose e a terapêutica são muito mais definidas e é mais fácil para o profissional comprometer-se a curar".
Sobre a matéria, selecionamos alguns julgados do TJMG:

"Civil. Apelação. Ação de indenização por dano material e moral. Serviço odontológico. Implante e reconstituição das arcadas. Obrigação não exclusivamente de resultado. Dano moral e estético. Ocorrência. Dano material. Inocorrência. Nexo causal com

---

140. Guimarães Menegale. Responsabilidade profissional do cirurgião-dentista, RF nº 8º, pág. 47.

serviço defeituoso ou com imperícia ou negligência do dentista contratado. Não comprovação. Indenização. Não cabimento. O dever de indenizar depende de três requisitos: o dano, a conduta culposa e o nexo causal entre os dois primeiros. Embora o cirurgiãodentista tenha obrigação de resultado, em caso de contrato para colocação de prótese dentária, a ocorrência de dano causado por fatores outros, não ocasionados por imperícia, negligência, erro ou falha no tratamento ou diagnóstico, não obriga o profissional a indenizar o paciente[141].

"Se o contrato de prestação de serviços odontológicos envolve serviços de contornos predominantemente estéticos, a obrigação nele expressa constitui obrigação de resultado, de forma a autorizar a procedência do pedido indenizatório, se ficar comprovado o insucesso do tratamento, restando patente a culpa do profissional, que deve arcar com a reparação civil pelos danos suportados pela vítima[142].

"Indenização. Prestação de serviço. Tratamento odonto-lógico. Obrigação de resultado. Imperícia. Prova. Valor. Fixação. Caracterizado o serviço dentário realizado como obrigação de resultado, ainda mais

---

[141]. TJMG. Processo n° 2.0000.00.510353-9/000(1). Relator: Márcia de Paoli Balbino. Data do acórdão: 08/09/2005, Fonte: DJ 14/10/2005.
[142]. TJMG. Processo n° 1.0024.03.998127-9/001(1). Relator: José Flávio de Almeida. Data do acórdão: 11/10/2006. Fonte: DJ 02/11/2006.

quando se evidencia problema estético, e comprovada a imperícia pelo Conselho Regional de Odontologia, resta plenamente evidenciada a responsabilidade do cirurgião-dentista, quebrando a relação de confiança para o refazimento do trabalho, a possibilitar que o novo tratamento seja feito por outro profissional, este escolhido pela autora, sem, contudo, agravar a situação do réu. A verba de ressarcimento, em casos tais, pode ser dada tendo em vista o pagamento do novo tratamento, além de despesas extras expendidas pela autora, sem que resulte em afronta ao postulado na inicial. O contrato de prestação de serviços odontológicos que envolva, exclusivamente, o aspecto e o serviço estético, tal como ocorre *in casu*, traz em si uma obrigação de resultados. Desta forma, se o tratamento a que a autora foi submetida apresentou-se esteticamente desfavorável, resta cristalina a culpa imputada ao dentista, que deve arcar com a reparação civil pelos danos suportados pela vítima"[143].

"A obrigação dos cirurgiões-dentistas é, em regra, de resultado. Entretanto, em se tratando de patologias bucais de maior complexidade, está-se diante de uma obrigação de meio. De qualquer forma, o dever de indenizar está condicionado à verificação dos requisitos inerentes à responsabilidade civil subjetiva, a saber: a conduta do ofensor, a culpa deste, o dano e o nexo de causalidade"[144].

---

143. TJMG. Processo nº 2.0000.00.395803-4/000(1). Relator: Antônio Sérvulo. Data do acórdão: 23/09/2003. Fonte: 08/11/2003.
144. TJMG. Processo nº 2.0000.00.508268-4/000(1). Relator: Elpidio Donizetti. Data do acórdão: 15/12/2005. Fonte: 25/02/2006.

Já o TJRS entende que a responsabilidade civil do cirurgião-dentista é de meio:

"Responsabilidade civil. Erro. Prova de culpa. Ausência. Ao paciente de atendimento odontológico cabe o ônus de comprovar que o cirurgião, pelo seu proceder ou pela técnica empregada, deu azo aos danos alegados na inicial, pois a odontologia é atividade de meio e não de resultado. Ausente esta prova, não há como se responsabilizar civilmente o profissional dessa área, que inclusive demonstrou que agiu de acordo com os procedimentos técnicos recomendados para o caso. Não se demonstrou que a internação hospitalar tenha decorrido da falta de diligência no trato com o paciente. Ausência de nexo causal".

9. *Responsabilidade dos hospitais.* Os hospitais estão sujeitos às regras do Código de Defesa do Consumidor. O seu art. 3º estabelece: "Fornecedor é toda pessoa física ou jurídica, pública ou privada, nacional ou estrangeira, bem como os entes despersonalizados, que desenvolvem atividade de produção, montagem, criação, construção, transformação, importação, exportação, distribuição ou comercialização de produtos ou prestação de serviços". O § 1º define produto como qualquer bem, móvel ou imóvel, material ou imaterial. E o § 2º conceitua serviço como qualquer atividade fornecida no mercado de consumo, mediante remuneração, inclusive as de natureza bancária, financeira, de crédito e securitária, salvo as decorrentes das relações de caráter trabalhista.

De outro lado, o art. 14, ao tratar da responsabilidade civil do prestador de serviços, dispõe que o fornecedor de serviços responde, independentemente da existência de culpa, pela reparação dos danos causados aos consumidores por defeitos relativos à prestação dos serviços, bem como por informações insuficientes ou inadequadas sobre sua fruição e riscos. O ilustre paraibano de Catolé do Rocha, Antônio Herman Vasconcelos Benjamin[145], Ministro do STJ, ensina:

"Por profissional liberal há que se entender o prestador de serviço solitário, que faz do seu conhecimento uma ferramenta de sobrevivência (...). A exceção aplica-se, por conseguinte, apenas ao próprio profissional liberal, não se estendendo às pessoas jurídicas que integre ou para as quais preste serviço. O Código é claro ao asseverar que só para a responsabilidade pessoal dos profissionais liberais é que se utiliza o sistema alicerçado em culpa. Logo, se o médico trabalhar para um hospital, responderá ele apenas por culpa, enquanto a responsabilidade civil do hospital será apurada objetivamente."

Nessa área, as situações mais comuns, registradas pela doutrina e pela jurisprudência, são as seguintes:

a) O hospital responde pelos atos médicos dos profissionais que o administram (diretores, supervisores etc.) e dos médicos que sejam seus empregados. Não responde quando o médico simplesmente utiliza as instalações do hospital para internação e tratamento dos seus pacientes.

---

[145]. Antônio Herman Vasconcelos Benjamin. Comentários ao Código de Defesa do Consumidor, págs. 79/80.

b) Em relação aos médicos que integram o quadro clínico da instituição, não sendo assalariados, é preciso distinguir: se o paciente procura o hospital e ali é atendido por integrante do corpo clínico, ainda que não empregado, responde o hospital pelo ato culposo do médico, em solidariedade com este; se o doente procura o médico e este o encaminha à baixa no hospital, o contrato é com o médico, e o hospital não responde pela culpa deste, embora seja do seu quadro, mas apenas pela má prestação dos serviços hospitalares que lhe são afetos. A responsabilidade pela ação do integrante do corpo clínico, não assalariado do hospital, explica-se porque a responsabilidade por ato de outro, prevista no art. 932, III, do Código Civil de 2002, abrange também aquelas situações em que não existe uma relação de emprego, bastando que a pessoa jurídica utilize serviços de outra através de uma relação que gere o estado de subordinação. É o caso do hospital, que, para seu funcionamento, necessita do serviço do médico, o qual, por sua vez, fica subordinado, como membro do corpo clínico, aos regulamentos da instituição.

c) O hospital responde pelo dano produzido pelos objetos (instrumentos, aparelhos) utilizados na prestação dos seus serviços.

d) Os hospitais públicos, da União, dos Estados, do Distrito Federal, dos Municípios, suas empresas públicas, autarquias e fundações, estão submetidos a um tratamento jurídico diverso, deslocadas suas relações para o âmbito do direito público, especificamente para o art. 37, § 6°, da Constituição da República.

Na responsabilidade pelos atos dos auxiliares e enfermeiros, é preciso fazer-se a distinção entre os danos cometidos por auxiliares que estão diretamente sob as ordens do cirurgião, ou os destacados especialmente para servi-lo, daqueles cometidos por funcionários do hospital. Ensina Teresa Âncora Lopes[146] que, "no primeiro caso, o cirurgião responderá. No segundo, a culpa deverá ser imputada ao hospital, a menos que a ordem tenha sido mal dada ou que tenha sido executada sob a fiscalização do médico-chefe, como, por exemplo, injeção aplicada diante do médico".

10. Entidades privadas de seguro e de assistência médica. A previdência social não atua de modo eficaz no âmbito da saúde. Esse fato tem levado grande número de pessoas a buscar proteção complementar na área da previdência privada.

As entidades privadas de assistência à saúde, através de planos de saúde, associam pessoas e mantêm hospitais ou credenciam outros para a prestação dos serviços a que estão obrigadas. Estabelece-se, assim, uma relação complexa e de risco. Quando o fato danoso emerge de serviços médicos ou hospitalares credenciados, há responsabilidade solidária. Diferentemente acontece quando os planos de saúde dão liberdade para a escolha de médicos e hospitais. Nesse caso, como os seguros-saúde apenas reembolsam as despesas efetuadas pelo paciente, não respondem pelos erros dos profissionais livremente selecionados e contratados pelo seu segurado.

O STJ reconheceu dano moral em favor de paciente acometido de tumor cerebral maligno, por haver a segu-

---

146. Teresa Âncora Lopes. Responsabilidascivil dos médicos, in Responsabilidade civil, págs. 316/318.

radora se recusado a custear as despesas de cirurgia de emergência que o extirpou, ao fundamento de que tal doença não fora informada na declaração de saúde quando da assinatura da proposta de seguro de assistência à saúde. O segurado só conseguiu o seu intento em juízo, mediante a concessão de antecipação de tutela para o pagamento dos custos médicos e hospitalares decorrentes da cirurgia e o reembolso do que foi despendido em tratamento quimioterápico. Em sede de recurso especial, pleiteou a indenização por danos morais negada pelo Tribunal *a quo*.

A Turma, então, ao reiterar os precedentes da jurisprudência do Superior Tribunal, deu provimento ao recurso, por entender que a recusa indevida à cobertura é, sim, causa de dano moral, pois agrava a situação de aflição psicológica e de angústia do segurado, já em estado de dor, abalo psicológico e saúde debilitada. Anotou-se não ser necessário demonstrar a existência de tal dano porque esse decorre dos próprios fatos que deram origem à propositura da ação (*in re ipsa*). Ao final, fixou o valor da indenização devida àquele título em cinquenta mil reais. Precedentes citados: REsp 657.717- RJ, DJ 12/12/2005; REsp 341.528-MA, DJ 9/5/2005, e REsp 402.457-RO, DJ 5/5/2003, Ag 661.853-SP, DJ 23/5/2005. , Rel. Min. Jorge Scartezzini, julgado em 21/11/2006.

11. Aplicação do Código de Defesa do Consumidor.
O Código de Defesa do Consumidor é aplicado à responsabilidade dos médicos por danos causados. Assim decidiu a Terceira Turma do Superior Tribunal de Justiça, por unanimidade, em vez de aplicar a legislação civil à

responsabilidade dos médicos, em ação de reparação dos danos causados a consumidores. No caso sob julgamento, um cirurgião plástico recorreu de decisão do Tribunal de Justiça do Estado de São Paulo, alegando a inaplicabilidade da legislação consumerista em ação de indenização, proposta contra ele, por um erro médico que causou deformidade física a paciente. Segundo o médico, a responsabilidade civil que recai sobre o profissional liberal, no caso o cirurgião, deve estar calcada no Código Civil.

Afirmou, ainda, que, se não fosse assim, o Código de Defesa do Consumidor não teria excluído a responsabilidade dos médicos em seu artigo 14, § 4º. Argumentou por fim que, não estando as atividades médicas, assim como as do advogado, submetidas ao Código de Defesa do Consumidor, fica evidente a inaplicabilidade do seu art. 27. Ao decidir, o relator, Ministro Castro Filho, destacou que, não obstante o médico tentar demonstrar que o novo Código Civil afastou a aplicação da legislação consumerista para os profissionais liberais, cumpre ressaltar que a Lei nº 8.078/90 (Código de Defesa do Consumidor) é lei especial, portanto não entra em conflito com as disposições regentes das relações civis, as quais apenas tratam da exigência da comprovação da culpa para a aferição da obrigação de indenizar.

E conclui o Ministro:

"É verdade que o fator culpa do profissional liberal é pressuposto à sua responsabilização, mas não o é para a definição da prescrição, em relação à qual existe regra especial aplicável a todos os casos de responsabilidade incluídos no artigo 14 do CDC. Dessa forma, o fato de exigir a comprovação da culpa para que se possa respon-

sabilizar o profissional liberal, como no caso do recorrente pela cirurgia estética, não é causa suficiente a afastar a regra de prescrição estabelecida no artigo 27 da legislação consumerista, que é especial em relação às normas contidas no Código Civil".
Em outro julgado, decidiu o STJ:

Processual civil. Recurso especial. Sociedade civil sem fins lucrativos de caráter beneficente e filantrópico. Prestação de serviços médicos, hospitalares, odontológicos e jurídicos a seus associados. Relação de consumo caracterizada. Possibilidade de aplicação do Código de Defesa do Consumidor. Para o fim de aplicação do Código de Defesa do Consumidor, o reconhecimento de uma pessoa física ou jurídica ou de um ente despersonalizado como fornecedor de serviços atende aos critérios puramente objetivos, sendo irrelevantes a sua natureza jurídica, a espécie dos serviços que prestam e até mesmo o fato de se tratar de uma sociedade civil, sem fins lucrativos, de caráter beneficente e filantrópico, bastando que desempenhem determinada atividade no mercado de consumo mediante remuneração. Recurso especial conhecido e provido[147].

12. *Indenização*. A reparação civil, em caso de cirurgia plástica, não difere muito das outras hipóteses. É

---

147. STJ. REsp 519310/SP (Recurso Especial 2003/0058088-5). Relatora: Ministra Nancy Andrighi. Terceira Turma. Data do julgamento: 20/04/2004. Fonte DJ 24.05.2004, pág. 262.

também ampla, incluindo todas as despesas efetuadas, inclusive verba para tratamentos e novas cirurgias, mais dano moral, este devido em decorrência do prejuízo estético sofrido.

Capítulo XVII

DOS ADVOGADOS

1. Introdução. 2. Natureza da responsabilidade. 3. Inviolabilidade profissional.

1. Introdução. A responsabilidade civil do advogado não difere muito da responsabilidade civil do médico e de outros profissionais liberais. O advogado está sujeito, igualmente, à regra do § 4º do art. 14 do Código de Defesa do Consumidor, que dispõe: "A responsabilidade pessoal dos profissionais liberais será apurada mediante a verificação de culpa".

2. Natureza da responsabilidade. A responsabilidade civil do advogado é contratual, pois atua em juízo através de contrato de mandato, salvo nos casos de assistência judiciária. No direito francês, a responsabilidade do advogado é puramente legal, visto que o exercício da advocacia é considerado um múnus público.

No mandato, o advogado contrai com o cliente uma obrigação de meio e não de resultado, porquanto não se obriga a sair vitorioso da contenda judicial. Cumpre-lhe representar o cliente em juízo, defendendo, da melhor forma possível, os interesses que lhe são confiados. Comportando-se dessa forma, não responde pelos prejuízos que porventura venha a causar ao cliente, mesmo que não tenha sucesso na causa. Nos seus comentários ao Código Civil, Carlos Roberto Gonçalves[148] ensina que o advogado é o primeiro juiz da causa. Por isso, a propositura de uma ação requer estudo prévio das possibilidades de êxito e eleição da via adequada. E enfatiza:

"É comum, hoje, em razão da afoiteza de alguns advogados, e do despreparo de outros, constatar-se o ajuizamento de ações inviáveis e impróprias, defeitos esses detectáveis *ictu oculi*, que não ultrapassam a fase do saneamento, quando são então trancadas. Amiúde percebe-se que a pretensão deduzida seria atendível. Mas, escolhida mal a ação, o autor, embora com o melhor direito, torna-se sucumbente. É fora de dúvida que o profissional incompetente deve ser responsabilizado, nesses casos, pelos prejuízos acarretados ao cliente".

Dentro desse contexto, sempre que agir de forma temerária, o advogado responde pelos danos causados ao seu cliente. Isso acontece geralmente quando, contrariando a doutrina ou a jurisprudência já consolidadas na

---

148. Carlos Roberto Gonçalves. Comentários ao Código Civil, Saraiva, vol. XI, pág. 212.

interpretação da lei que seria aplicável à causa, induz o seu constituinte a ingressar em juízo com ação, sabendo que não terá sucesso. A culpa, em casos assim, mostra-se evidente.

Aguiar Dias[149] aponta alguns exemplos de erros graves: a desatenção à jurisprudência corrente, o desconhecimento de texto expresso de lei de aplicação freqüente ou cabível no caso, a interpretação abertamente absurda, etc. Outra falta grave do advogado consiste na perda de prazos, pois, estando expressos na lei, não se admite que os ignore.

3. *Inviolabilidade profissional.* O § 2º do art. 7º do Estatuto da Ordem dos Advogados do Brasil (OAB) consagrou ao advogado imunidade profissional, dispondo que não constitui injúria, difamação ou desacato puníveis qualquer manifestação de sua parte, no exercício de sua atividade, em juízo ou fora dele, sem prejuízo das sanções disciplinares perante a OAB, pelos excessos que cometer.

O STF, na ADI nº 1.227, do Distrito Federal, suspendeu, em sede de medida cautelar, a eficácia da expressão "ou desacato", contida no art. 7º, § 2º, da Lei nº 8.906/94[150]. Em outros julgados, a mesma Corte decidiu:

---

149. Aguiar Dias, op.cit., nº 123.
150. STF. ADI-MC 1127/DF (Medida cautelar na ação direta de inconstitucionalidade. Relator: Min. Paulo Brossard. Tribunal Pleno. Data do julgamento: 06/10/1994. Fonte: DJU 29/06/2001, pág. 00032.

"Crime contra a honra: imunidade profissional do advogado: compreensão da ofensa a juiz, desde que tenha alguma pertinência à causa. 1. O artigo 7°, § 2°, da Lei 8.906/94 (Estatuto da Advocacia e da OAB) superou a jurisprudência formada sobre o art. 142 do Código Penal, que excluía do âmbito da imunidade profissional do advogado a injúria ou a difamação do juiz da causa. 2. Sob a lei nova, a imunidade do advogado se estende à eventual ofensa irrogada ao juiz, desde que pertinente à causa que defende. 3. O STF só deferiu a suspensão cautelar, no referido art. 7° § 2°, EAOAB, da extensão da imunidade à hipótese de desacato: nem um só voto entendeu plausível a argüição de inconstitucionalidade quanto à injúria ou à difamação. 4. A imunidade profissional cobre, assim, manifestação pela imprensa do Advogado- Geral da União, que teria utilizado expressão depreciativa a despacho judicial em causa contra ela movida"[151].

"Advogado: imunidade judiciária (CF, art. 133): não compreensão de atos relacionados a questões pessoais. A imunidade do advogado — além de condicionada aos "limites da lei", o que, obviamente, não dispensa o respeito ao núcleo essencial da garantia da *libertas conviciandi* — não alcança as relações do profissional com o seu próprio cliente"[152].

---

151. STF. Inquérito n°1674/PA. Relator: Min. Ilmar Galvão. Relator p/Acórdão: Min. Sepúlveda Pertence. Órgão julgador: Tribunal Pleno. Data do julgamento: 06/09/2001. Fonte: DJU 01-08-2003, pág. 00105.
152. STF. RE n° 387945/AC. Relator: Min. Sepúlveda Pertence. Ór-

O STJ, por seu turno, não reconhece imunidade absoluta ao advogado. Essa tem sido a tônica de várias decisões:

"Direito civil e processual civil. Indenização. Juiz de Direito. Parte em ação de alimentos. Advogado. Patrono da alimentante. Ofensas dirigidas pelo causídico à parte. Representação no Conselho da Magistratura. Dano moral caracterizado. Circunstâncias do caso concreto. Recurso especial parcialmente acolhido para reduzir o valor da indenização. I — Na linha da jurisprudência desta Corte, o advogado, assim como qualquer outro profissional, responde pelos danos que causar no exercício de sua profissão, não encontrando respaldo no ordenamento jurídico, inclusive no Estatuto da Advocacia, a responsabilidade da parte pelos excessos cometidos por seu patrono. II — Caracteriza dano moral a ofensa dirigida pelo advogado como patrono de uma das partes à parte contrária. III — A imunidade profissional garantida ao advogado pelo Estatuto da Advocacia não alberga os excessos cometidos pelo profissional em afronta à honra de qualquer das pessoas envolvidas no processo. IV — Não se referindo os excessos cometidos à posição funcional do magistrado, mas à sua condição de parte em ação de alimentos, que tramita em segredo de justiça, não tendo sido publicadas ofensas além dos estreitos limites do processo, nem no meio pro-

gão julgador: Primeira Turma. Data do julgamento: 14/02/2006. Fonte: DJU 10/3/006, pág. 00029.

fissional dos envolvidos, nem nas respectivas esferas sociais, tais circunstâncias devem ser sopesadas na espécie. V — A representação, por si só, perante o Conselho da Magistratura, não tem o condão de impingir ofensa à honra do juiz, principalmente se a própria decisão do Conselho, como no caso, excluiu de sua competência a apreciação do tema"[153].

---

153. STJ. REsp 357418/ RJ (Recurso Especial 2001/0132987-9). Relator: Ministro Sálvio de Figueiredo Teixeira. Órgão julgador: Quarta Turma. Data do julgamento: 04/02/2003. Fonte: DJU 10/03/2003. pág. 227.

Capítulo XVIII

RESPONSABILIDADE CIVIL DOS EMPREITEIROS E CONSTRUTORES

1. Introdução. 2. Do contrato de empreitada. 3. Das obrigações do empreiteiro. 4. Construções de edifícios e outras construções consideráveis. 5. Natureza da responsabilidade civil do empreiteiro e sua classificação. 6. Da rescisão do contrato de empreitada pelo dono da obra. 7. Do contrato de administração.

1. Introdução. Contrato de construção, segundo Hely Lopes Meirelles[154], é "todo ajuste para execução de obra certa e determinada, sob direção e responsabilidade do construtor, pessoa física ou jurídica legalmente habilitada a construir, que se incumbe dos trabalhos especificados no projeto, mediante as condições avençadas com o proprietário ou comitente". O contrato de construção

---

154. Hely Lopes Meirelles. Direito de Construir, 2.ª ed., pág. 218.

desdobra-se em contrato de empreitada e contrato de administração.

2. *Do contrato de empreitada.* O contrato de empreitada está previsto no artigo 610 do Código Civil, que reproduz a norma do art. 1.237 do Código Civil de 1916. Trata-se de uma das modalidades de locação de serviços de natureza especial, embora dele se distinga, porque na empreitada atende-se à obra realizada. O empreiteiro recebe a sua remuneração em troca da obra e não do tempo que levou para realizá-la. Mais ainda, na empreitada, se o material perece em mãos do empreiteiro, mesmo por caso fortuito, ele perde a remuneração. Na locação de serviços, dá-se o contrário: o locador é pago em razão do tempo que ficou ocupado, qualquer que seja, pouco importando que o material venha a perecer. A empreitada, ademais, supõe trabalho, próprio ou alheio, dando lugar, portanto, a outro contrato de locação de serviços.

Na definição de Carvalho de Mendonça[155], "chama-se contrato de empreitada a locação de um trabalho total e em grosso que o locador executa por si ou por terceiro, por um preço determinado e com o fornecimento de materiais".

Pela dicção da lei, há duas espécies de empreitada: aquela em que o empreiteiro entra apenas com seu trabalho ou mão-de-obra; e aquela em que também fornece o material indispensável à execução da obra. No primeiro caso, existe uma obrigação de fazer e, no segundo,

---

155. Carvalho de Mendonça. Contratos, vol. II, pág. 113.

além de uma obrigação de fazer, também há uma obrigação de dar (fornecimento de materiais), equivalente à compra e venda. Na última hipótese, os riscos correm por conta do empreiteiro, até o momento da entrega da obra, salvo se quem a encomendou não estiver em mora de receber. Estando em mora, correrão os riscos por igual contra as duas partes.

Sendo a empreitada unicamente de lavor (arts. 612 e 613 do Código Civil), perecendo a coisa antes da entrega, sem mora do dono nem culpa do empreiteiro, este perderá também o salário, se não provar que a perda resultou de defeito dos materiais, e que, em tempo, reclamou contra a sua quantidade ou qualidade. Ou seja, se o perecimento resultar de defeitos dos materiais, o empreiteiro nada perde, nem mesmo o direito aos seus salários; quem sofre o prejuízo todo é o dono da obra. O empreiteiro, contudo, deve provar que reclamou, em tempo, da qualidade e quantidade dos materiais, ou que não podia conhecer os defeitos da coisa, pela sua natureza. A razão disso é muito simples: o empreiteiro, como especialista e conhecedor de seu ofício, deve saber, com a mesma maestria, sobre os materiais empregados, a fim de comunicar o fato ao dono da obra.

Pode ocorrer ainda que a obra seja de partes distintas, ou das que se determinam por medida. No primeiro caso, assiste ao empreiteiro o direito de entregar a obra na parte concluída, ficando o locatário obrigado a recebê-la, sob pena de depósito. Assim ocorre no contrato de empreitada de duas casas. Concluída uma, se não se convencionou o contrário, pode o empreiteiro entregar ao locatário a casa concluída. No segundo caso, quando a obra é encomendada por medida, sem ter sido ajustado o todo a fazer, tanto o que fez a encomenda como o empreiteiro podem dar por acabado o contrato, quando lhes convier, pagando o locatário a obra feita (Código Comercial, art. 237). Exemplo: o locatário obrigou-se a fazer queijo a R$ 4,00 o quilo. Ao atingir 50 quilos, pode dar por rescindido o contrato, pois não se convencionou o tanto a fazer.

No contrato de empreitada, em qualquer de seus matizes, concluída a obra, conforme o ajustado ou o costume do lugar, o dono é obrigado a recebê-la, só podendo rejeitá-la se o empreiteiro se afastou das instruções recebidas e dos planos dados, ou das regras técnicas em trabalhos de tal natureza. Poderá, porém, ao invés de rejeitá-la, recebê-la com abatimento no preço.

Adverte Carvalho Santos[156] que, neste aspecto, não deve haver tanto rigor: "Se a obra ficou mais perfeita, embora não tenha obedecido, fielmente, aos planos dados ou instruções fornecidas, não há razão para que seja ela enjeitada pelo locatário, se o empreiteiro nada exige mais de remuneração, contentando-se com o que havia ajustado". Sendo inobservadas regras técnicas, a solução razoável é enjeitar a obra, tendo em vista os problemas de segurança.

3. Das obrigações do empreiteiro. Além das obrigações comuns a qualquer contratante, o empreteiro obriga-se:

a) Pela solidez e segurança do trabalho nas empreitadas relativas a edifício e outras construções de grande porte, em razão dos materiais e do solo (CC, art. 618).

---

156. Carvalho Santos. Código Civil Brasileiro Interpretado, vol. XVII, 7.ª ed., Livraria Freitas Bastos, págs. 335/336.

b) Pelos riscos da obra, se ele forneceu os materiais, até o momento da entrega da obra, a contento de quem a encomendou, se este não estiver em mora de receber. Caso contrário, correrão os riscos por igual contra as duas partes (CC, art. 611). Se apenas a mão-de-obra foi fornecida pelo empreiteiro, os riscos em que não tiver culpa correrão por conta do comitente (CC, art. 612).

c) Pelo preço dos materiais empregados na obra, perante os fornecedores, se a empreitada for mista.

d) Pelos danos causados a terceiros nas construções de arranha-céus ou de obras de grande envergadura, por erro de plano, de cálculo ou por defeito de construção.

e) Pelos impostos, perante a Fazenda Pública, quando a empreitada se referir à execução e materiais.

f) Pelos danos causados pelo subempreiteiro.

g) Pelos defeitos e imperfeições da obra construída, oriundos de culpa sua na execução do serviço ou no emprego do material, que não afetam a solidez e a segurança da construção (CC, arts. 615 e 445, *caput* e § 1º).

h) Pela inobservância da obrigação contratual (CC, art. 615).

i) Pela falta de recolhimento das contribuições previdenciárias do pessoal empregado na obra.

j) Pelo pagamento dos materiais que recebeu, se por imperícia os inutilizar (CC, art. 617).

k) Pela mora na entrega da obra contratada, ressaltando-se que esta poderá dar lugar a perdas e danos, se o comitente não preferir rejeitar a obra, caso tenha se desvalorizado bastante.

l) Pelos danos causados a vizinhos ou terceiros, se não houve culpa do comitente.

4. Construções de edifícios e outras construções consideráveis. O art. 1.245 do Código Civil de 1916 dispunha:

"Nos contratos de empreitada de edifícios ou outras construções consideráveis, o empreiteiro de materiais e execução responderá, durante 5 (cinco) anos, pela solidez e segurança do trabalho, assim em razão dos materiais, como do solo, exceto, quanto a este, se, não o achando firme, preveniu em tempo o dono da obra".

A regra foi repetida no Código Civil de 2002, no art. 618, sendo suprimida a expressão "exceto, quanto a este, se, não o achando firme, preveniu em tempo o dono da obra".

Muito se tem discutido sobre a natureza jurídica da responsabilidade qüinqüenal estabelecida no artigo em comento. Uns entendem tratar-se de responsabilidade contratual; outros, de responsabilidade extracontratual. Trata-se, deveras, de uma garantia de caráter legal, de ordem pública, pois a segurança da construção não interessa somente ao dono da obra, senão também a terceiros. Distingue-se do vício redibitório, porque este figura no contrato como um elemento natural, suscetível de ser derrogado pela vontade das partes, enquanto que a garantia do art. 618 do Código Civil se impõe sempre, não dando lugar à renúncia ou modificação[157].

---

157. Miguel Maria de Serpa Lopes. Curso de Direito Civil, vol. IV, Livraria Freitas Bastos S.A., 1958, pág. 177.

Esse prazo de cinco anos é de simples garantia, isto é, durante o qüinqüênio, o construtor fica obrigado a assegurar a solidez e a estabilidade da construção. Mas, excedido o prazo, o proprietário poderá acionar o construtor pelos prejuízos que lhe advieram da imperfeição da obra, como dispõe a Súmula 195 do STJ: "Prescreve em vinte anos a ação para obter, do construtor, indenização por defeitos da obra". Essa Súmula, contudo, deve ser revista, porquanto o prazo prescricional foi substancialmente reduzido pelo art. 205 do Código Civil em vigor.

Como se observa, o empreiteiro responderá, independentemente da idéia de culpa, durante o prazo de cinco anos, pela solidez e segurança do trabalho. Todavia, fica liberado dessa responsabilidade se preveniu o comitente, expressamente, da inconsistência do solo, ou da deficiência ou má qualidade dos materiais por ele fornecidos.

5. *Natureza da responsabilidade civil do empreiteiro e sua classificação.* O construtor, enquanto não entregar a obra pronta e acabada a contento de quem a encomendou, assume uma obrigação de resultado, de natureza objetiva, somente elidida por caso fortuito ou de força maior. A responsabilidade civil do empreiteiro pode ser contratual ou extracontratual. A primeira decorre da inexecução culposa das obrigações. Violando o contrato ao não executar a obra ou ao executá-la defeituosamente, inobservando as normas nele estabelecidas, o empreiteiro responderá civilmente, como contratante inadimplente, pelas perdas e danos, com base nos arts. 389 e 402 do Código Civil.

Na indenização, pode ser incluído o lucro cessante, considerando-se, conforme assevera Hely Lopes Meirelles[158], "(....) a valorização do prédio, o resultado do negócio que nele seria explorado, os aluguéis que renderia e tudo mais que a construção pudesse produzir para o seu dono. Incluem-se ainda a correção monetária, os juros, as custas judiciais, os salários dos peritos e os honorários do advogado que demandou os prejuízos".

A responsabilidade extracontratual é de ordem pública e diz respeito à perfeição da obra, sua solidez, segurança e responsabilidade por danos a vizinhos ou a terceiros, incluindo-se sanções civis e penais. As sanções civis estão previstas no Código de Ética (Lei nº 5.194/66), que regula a profissão de engenheiro, arquiteto e agrônomo. As sanções penais estão catalogadas no art. 256 do Código Penal (crime de desabamento ou desmoronamento) e arts. 29 e 30 da Lei das Contravenções Penais (desabamento e perigo de desabamento).

A responsabilidade pela perfeição da obra é encargo ético-profissional do construtor, exigível ainda que não prevista no contrato, tendo em vista o conceito moderno de construção voltada para atender, em termos de materiais e de espaços, às necessidades do homem. No dizer de Hely Lopes Meirelles[159], o construtor contemporâneo está no dever ético-profissional de empregar, em todo trabalho de sua especialidade, além da *peritia artis* dos práticos do passado, a *peritia technica* dos profissionais da atualidade. Envolve, pois, conhecimentos técnicos e noções de estética e arte. Nesse sentido, o art. 615 do Código Civil dispõe que, concluída a obra de acordo com o ajuste, ou o costume do lugar, o dono é obrigado a

---

158. Hely Lopes Meirelles, op. cit., págs. 275/276.
159. Op. cit., pág. 290.

recebê-la. Poderá, porém, enjeitá-la, se o empreiteiro se afastou das instruções recebidas e dos planos dados, ou das regras técnicas em trabalhos de tal natureza.

De grande importância, portanto, é o ato de verificação da obra concluída, porquanto, recebida como boa e perfeita, não pode o dono fazer reclamação depois, salvo se ocorrer vício oculto. O Código Civil possibilita ao dono, no caso de defeito, enjeitar a coisa, redibindo o contrato com perdas e danos, ou recebê-la, com abatimento do preço (arts. 615 e 616).

Mas, como assevera Carlos Roberto Gonçalves[160], o Código de Defesa do Consumidor fornece um leque maior de opções ao consumidor, em caso de vícios na obra. Na hipótese de empreitada de lavor, caberá ao consumidor optar entre as possibilidades oferecidas pelos incisos do art. 20 do mesmo Código. Em caso de empreitada mista, far-se-á necessário verificar se o vício vem da qualidade do material, caso em que se terá a aplicação do art. 18, ou se decorre de falhas na prestação de serviços, com a aplicação do mencionado artigo.

6. *Da rescisão do contrato de empreitada pelo dono da obra*. O Código Civil de 1916 estabelecia, no art. 1.247, que o dono da obra podia rescindir o contrato de empreitada, quando quisesse, mesmo que já iniciados os serviços. Era uma exceção à regra de que os contratos só podem ser rescindidos por mútuo acordo das partes contratantes. Justifica-se tal exceção, pois a outra parte não sofre prejuízo algum, uma vez que será indenizada do

---

[160]. Carlos Roberto Gonçalves, op. cit., pág. 282.

valor dos serviços já realizados e de todas as vantagens que poderia auferir.

Como ensina Carvalho Santos[161], interesses e motivos imperiosos e legítimos podem levar o dono da obra a suspender a sua execução. Nada mais justo, portanto, que lhe permitir, quando quiser e achar conveniente, rescindir o contrato. E assevera: "A lei não exige que o dono da obra explique os motivos que o levam a proceder assim, nem justifique a necessidade da rescisão do contrato. O Código limita-se a conceder-lhe a faculdade de rescindir o contrato, ao mesmo tempo que lhe impõe as obrigações".

Convém salientar que o art. 1.247 do Código Civil de 1916, sem a menor necessidade, fazia referência aos incisos III, IV e V do art. 1.229. A propósito, escreveu Clóvis Beviláqua[162]:

"Esta referência ao artigo 1.229 traz perplexidade ao intérprete. Mencionados três dos seis casos desse artigo, devemos supor que aos três restantes se aplique o preceito do art. 1.247, isto é, que, se o dono da obra rescindir o contrato por incapacidade física (n. I), vícios ou mau procedimento (n. II) do empreiteiro, ou por ofensa deste à honra de pessoa de sua família (n. V), terá de indenizar o trabalho feito e os lucros cessantes. Mas por que essa diferença, quando todos esses casos são justos motivos para serem dispensados os locadores de serviço? E, ainda, por que

---

161. Carvalho Santos, op. cit., pág. 387.
162. Clóvis Beviláqua. Comentários, art. 1.247.

agrupá-los por modo diverso do que se encontra no art. 1.231?

Há somente uma explicação: as justas causas enumeradas no art. 1.229 são estranhas às empreitadas. Indicando algumas delas, não pretendeu o art. 1.247 submeter a empreitada àquele regime e, sim, apenas declarar que a rescisão da empreitada pelo dono da obra lhe acarreta, em regra, a obrigação de indenizar o empreiteiro das despesas, do trabalho feito e dos lucros, que poderia ter, se concluísse a obra; exceto se a rescisão for determinada por força maior, que o impossibilite de cumprir suas obrigações. Por não observar o empreiteiro o contrato, ou por se mostrar imperito no serviço contratado".

O Código Civil de 2002 não contém norma correspondente, mas não resta dúvida de que a faculdade de rescisão do contrato persiste pelas razões que foram expostas. Morrendo o dono da obra, poderão também os seus herdeiros fazê-lo, surgindo dúvidas apenas quanto à exigência de unanimidade ou não de vontades. Várias teorias tentam explicar a matéria: um grupo de doutrinadores entende que é essencial a unanimidade dos herdeiros para a rescisão do contrato.

Essa solução é inaceitável, pois pode colocar herdeiros à mercê dos caprichos de um só, por ser rico, ou menos previdente. O outro grupo advoga a idéia de a Justiça resolver o impasse. É a doutrina sugerida por Pothier, com apoio de Duranton e mais alguns notáveis tratadistas, conforme citação de Carvalho Santos[163]. Um

---

163. Carvalho Santos, op. cit., pág. 389.

terceiro grupo prega que a vontade da maioria dos herdeiros é que prevalecerá, presumindo-se que não adotará uma solução contrária aos interesses do espólio. É a solução preferível.

7. Do contrato de administração. Na definição de Hely Lopes Meirelles[164], contrato de construção por administração "é aquele em que o construtor se encarrega da execução de um projeto, mediante remuneração fixa ou percentual sobre o custo da obra, correndo por conta do proprietário todos os encargos econômicos do empreendimento". Diferencia-se do contrato de construção por empreitada, porque neste o empreiteiro assume os encargos técnicos da obra, os riscos econômicos e o custeio da construção, por preço fixado de início, enquanto que, na construção por administração, o construtor se responsabiliza, unicamente, pela execução técnica do projeto e é o proprietário que custeia a obra, somente conhecendo o seu preço ao final. A remuneração do construtor consiste numa porcentagem sobre o custo da obra[165].

No contrato de administração, os materiais podem ser adquiridos pelo próprio dono da obra ou, a seu mando, pelo administrador, que atua como um preposto ou mandatário do proprietário. Os riscos correm por conta do dono da obra, salvo se provada culpa do administrador. No mais, aplicam-se as regras sobre empreitada, à míngua de regulamentação da matéria pelo Código Civil.

---

164. Hely Lopes Meirelles, op. cit., pág. 240.
165. Carlos Roberto Gonçalves, op. cit., págs. 280/281.

Capítulo XIX

RESPONSABILIDADE CIVIL DO TRANSPORTADOR

1. Introdução. 2. Natureza do contrato. 3. Transportes que exigem autorização do poder público. 4. Contrato de transporte: leis especiais e tratados. 5. Dos transportes cumulativos. 6. Natureza da responsabilidade dos contratos. 7. Objeto do contrato de transporte. 8. Do transporte de pessoas. 8. 1. Espécies de transporte de pessoas. 8. 2. Outras regras. 9. Do transporte de coisa. 9. 1. Das obrigações do transportar. 9. 2. Da recusa da coisa pelo transportador. 9. 3. Outras regras. 10. Do transporte marítimo. 11. Do transporte aéreo. 11.1. Considerações. 11.2. Alcance da responsabilidade civil do transportador aéreo. 11. 3. Extravio de bagagem. 11. 4. Extravio de bagagem e dano moral. 11. 5. Legislação aplicável. 11. 6. Danos decorrentes de morte ou lesão corpórea. 11.7. Jurisprudência do STJ. 11.8. Acidente aéreo e responsabilidade civil da União.

1. Introdução. O desenvolvimentro dos meios de transporte provocou um avaço extaordinário no estudo da responsabilidade civil, a ponto de se afirmar que esse tipo de responsabilidade alçou o lugar de "vedete" do direito civil. Como assevera Julian Huxley[166], "o anseio de transportar rapidamente é responsável por essa crescente importância do problema".

O sistema primitivo de transporte foi substituído pelo vapor, depois adaptado à locomotiva, fazendo com que as distâncias fossem encurtadas. Tão grande foi o avanço da nova indústria, a partir do século XIX, que logo se transformou em monopólio. O Estado teve, então, de intervir, excluindo-se praticamente a liberdade de contrato.

2. Natureza do contrato. Pelo contrato de transporte, alguém se obriga, mediante retribuição, a transportar, de um lugar para outro, pessoas ou coisas (art. 730 do Código Civil). Trata-se de contrato bilateral e oneroso, pois à obrigação de transportar corresponde a de pagar o frete. Em regra, é contrato de adesão, ou seja, uma estipulação em que "predomina exclusivamente uma só vontade, atuando como vontade unilateral, que dita a lei, não a um indivíduo, mas a uma coletividade indeterminada a que se compromete adiantadamente, unilateralmente, salvo a adesão dos que quiserem aceitar a lei do contrato e aproveitar-se deste compromisso já criado sobre si próprio"[167]. Contém, como seu elemento essencial, a obrigação de custódia ou dever de segurança, que consiste na obrigação do transportador de levar o passageiro são e salvo ao lugar do destino.

---

166. Apud Aguiar Dias, op. cit., n° 103.
167. Carvalho de Mendonça. Tratado de Direito Comercial, vol. VI, pág. 509.

Essa obrigação de segurança abrange o dever de zelar pela incolumidade do passageiro na extensão necessária para evitar qualquer acontecimento funesto. Vivante[168] comenta uma sentença da Corte de Cassação italiana sobre o caso de um passageiro louco, que se atirou de um vapor à água. É por meio da cláusula implícita de segurança que o credor fica segurado contra os riscos contratuais, recaindo, portanto, sobre o devedor "a álea do contrato", ressalvados os casos de força maior.

Pressuposto especial dessa modalidade de responsabilidade civil é a existência de contrato de transporte entre o passageiro e o transportador. Entretanto, a existência do contrato, como anotam alguns tratadistas, não é tão simples como parece. Na maioria das vezes, o contrato é representado por uma passagem ou um bilhete. Outras vezes — geralmente quando se trata de transporte gratuito — não existe nenhum instrumento escrito. E há até as hipóteses de embarques clandestinos, quando o viajante frauda a empresa, não comprando passagem. Neste último caso, não existe contrato de transporte; conseqüentemente, em caso de acidente, inocorre responsabilidade com base na obrigação de incolumidade. Essa posição, contudo, deve ser mitigada em alguns casos citados pela doutrina: a) o passageiro, embora sem bilhete, não teve a intenção de fraudar a empresa; b) a passagem admite pagamento no final da viagem; c) o viajante, ao apanhar a condução na iminência da partida, não teve tempo de comprar a passagem.

---

168. Apud Eduardo Espínola, in Revista de Direito, vol. LXX, pág. 33.

3. *Transportes que exigem autorização do poder público.* Tratando-se de transporte privativo do poder público, o exercício dessa atividade pode ser conferido a particulares através dos institutos da autorização, permissão e concessão. Nesse caso, o poder público, por meio de atos regulamentares, fixa as regras e as condições que regerão a prestação dos serviços.

A Constituição Federal, no art. 175, estabelece que incumbe ao poder público, na forma da lei, diretamente ou sob regime de concessão ou permissão, sempre através de licitação, a prestação de serviços públicos. Esses contratos, conforme estabelece o art. 731 do Código Civil, regem-se pelas normas regulamentares e pelo que for estabelecido naqueles atos, sem prejuízo do que dispuser o Código Civil.

A competência está repartida entre a União e os Municipios. Por força do art. 21, XII, alíneas *d* e *e*, compete à União explorar, diretamente ou mediante autorização, concessão ou permissão: os serviços de transporte ferroviário e aquaviário entre portos brasileiros e fronteiras nacionais, ou que transponham os limites de Estado ou Território; os serviços de transporte rodoviário interestadual e internacional de passageiros Aos Municípios, nos termos do art. 30, V, compete organizar e prestar, diretamente ou sob regime de concessão ou permissão, os serviços públicos de interesse local, incluído o de transporte coletivo, que tem caráter essencial. Será reservado aos Estados (§ 1º do art. 25 da Constituição Federal) o serviço de transporte intermunicipal que não tenha sido deferido expressamente nem à União, nem aos Municípios.

4. *Contrato de transporte: leis especiais e tratados.* Conforme prescreve o art. 732 do Código Civil, aos contratos de transporte, em geral, são aplicáveis, quando couber, desde que não contrariem as suas disposições, os preceitos constantes da legislação especial e de tratados e convenções internacionais. Esse artigo não tem correspondente no Código Civil de 1916. Significa que a legislação especial e os tratados existentes, desde que não contrariem as normas do Código Civil, são por ele recepcionados. Para Eduardo Espínola[169], a apreciação da responsabilidade do transportador, entre nós, sempre obedeceu ao princípio do *receptum*, consagrado no edito pretoriano. Por esse princípio se orientaram todas as legislações modernas, como base nas obrigações resultantes do contrato de transportes em geral, compreendendo, na sua extensão atual, a incolumidade da pessoa como obrigação imposta ao condutor.

5. *Dos transportes cumulativos.* Nos contratos de transporte cumulativo, cada transportador se obriga a cumprir o contrato relativamente ao respectivo percurso, respondendo pelos danos nele causados a pessoas e coisas (art. 733 do Código Civil). O dano resultante do atraso ou interrupção da viagem numa das fases ou etapas do itinerário será determinado em razão da totalidade do percurso. A responsabilidade dos transportadores é solidária (arts. 264 e 265 do Código Civil). Se houver substituição de algum dos transportadores no decorrer

---

169. Eduardo Espínola. Da responsabilidade das estradas de ferro, vol. III, pág. 09 e seguintes.

do percurso, a responsabilidade solidária estender-se-á ao substituto.

6. Natureza da responsabilidade dos contratos.

A responsabilidade civil emergente dos contratos de transporte é objetiva. Nesse passo, como adverte Sílvio Rodrigues[170], a jurisprudência brasileira não precisa recorrer à experiência estrangeira, pois a solução pretoriana por ela dada aos conflitos judiciais resultantes de acidentes com passageiros de veículos resolveu, de maneira adequada, o problema em causa, ao se inspirar no Decreto nº 2.681, de 7 de dezembro de 1912, que regula a responsabilidade civil das estradas de ferro. Muitos juristas adotam a teoria da presunção no contrato de transporte, segundo a qual é sempre presumida a obrigação de incolumidade do passageiro.

O Decreto nº 2.681/12 foi muito avançado para o tempo em que foi editado. Anterior ao Código Civil, consagrou posição que poderia ter orientado melhor o legislador de 1916 na problemática da responsabilidade civil. Contém o referido diploma legal a idéia de presunção de culpa das ferrovias pelos danos experimentados por seus viajantes, em desastres ocorridos em suas linhas, como estabelece o seu art. 17:

"As estradas de ferro responderão pelos desastres que nas suas linhas sucederem aos viajantes e de que resulte a morte, ferimento ou lesão corpórea. A culpa será sempre presumida, só se admitindo em contrário algumas das seguintes provas: I — caso fortuito ou

---

170. Sílvio Rodrigues, op. cit., pág. 108.

força maior; II — culpa do viajante, não concorrendo culpa da estrada".

Na vigêncioa do Código Civil de 1916, a jurisprudência brasileira era no sentido de aplicar, por analogia, esses regramentos aos acidentes ocorridos com ônibus, metrô, bondes elétricos, táxi, enfim, com todo e qualquer transporte de passageiros. Com o advento do Código Civil de 2002, a natureza da responsabilidade civil, nesses casos, passou a ser objetiva, por força do risco, nos termos do parágrafo único do art. 927, como já foi estudado.

7. *Objeto do contrato de transporte*. O contrato de transporte pode ter por objeto a condução de pessoas, de coisas ou de notícias, e realiza-se por diversos modos: via fluvial e marítima, terrestre e aérea, utilizando-se navios, trens, automóveis, aviões etc.

8. *Do transporte de pessoas*. O Código Civil de 1916 não regulava o transporte de pessoas. Por isso mesmo, muito se discutia sobre a natureza da responsabilidade desse contrato. Uns entendiam tratar-se de responsabilidade aquiliana, sob o fundamento de que a incolumidade dos passageiros não podia ser objeto de contrato. Sustentava-se a tese de que as empresas de transporte tinham caráter comercial. No entanto, a sua responsabilidade perante os passageiros era regulada pelo Código Civil. Outra parte da doutrina tinha opinião contrária: o contrato de transporte era de natureza comercial, tanto para o transportador como para o passageiro.

O Código Civil de 2002, no seu art. 734, disciplinou a matéria, estabelecendo. "O transportador responde pelos danos causados às pessoas transportadas e suas bagagens, salvo motivo de força maior, sendo nula qualquer cláusula excludente da responsabilidade". Portanto, a responsabilidade civil do transportador é de natureza contratual e objetiva, só podendo ser excluída por força maior, sendo nula qualquer cláusula excludente da responsabilidade. Não tem operança a culpa de terceiro, contra o qual o transportador tenha ação regressiva (art. 735).

Nesse passo, é importante a distinção entre contrato oneroso e contrato gratuito. Na forma onerosa, é indiscutível a responsabilidade civil do transportador, que só se isentará se provar que o fato decorreu por caso fortuito ou força maior, ou ainda por culpa exclusiva do viajante. Já na forma gratuita, questiona-se muito se existe a obrigação de indenizar. Por exemplo, o transportador conduz uma pessoa de um ponto a outro, dando-lhe uma "carona", o conhecido "bigu". Ocorrendo um acidente e vindo esse viajante a sofrer lesão ou a falecer, está o condutor do veículo sinistrador obrigado a compor os prejuízos? A solução encontrada pela doutrina e jurisprudência brasileiras está no art. 392 do Código Civil: "Nos contratos benéficos, responde por simples culpa o contratante, a quem o contrato aproveite, e por dolo aquele a quem não favoreça. Nos contratos onerosos, responde cada uma das partes por culpa, salvo as exceções previstas em lei".

Assim, tratando-se de negócio benéfico e unilateral para o passageiro, o transportador, em caso de acidente, somente pode ser responsabilizado se ficar provado que agiu com dolo ou culpa grave. Anote-se que o art. 736 do Código Civil dispõe que não se subordina às normas do contrato de transporte aquele feito gratuitamente, por amizade ou cortesia. Estabelece ainda que não se considera gratuito o transporte quando, embora feito sem remuneração, o transportador auferir vantagens indiretas.

8.1. Espécies de transporte de pessoas. O transporte de pessoa pode ser individual ou coletivo. No primeiro, há uma prestação de serviço e não um contrato de transporte propriamente dito. É o caso de quem usa táxi, pois, como ensina Orlando Gomes[171], o condutor fica sob sua direção quanto ao destino, itinerário e até a marcha do veículo, enquanto o transportador não executa o serviço sob o comando pessoal de quem está a transportar.

Já no transporte coletivo, as empresa prestam um serviço à coletividade, não podendo, portanto, recusar passageiro que comprove atender às condições regulamentares exigidas. Esses contratos, embora tenham o mesmo perfil, guardam certas especializações, conforme a sua natureza. Completam-se e se tornam perfeitos com a entrega do bilhete, mediante pagamento.

8.2. Outras regras. O Código Civil estabelece ainda outras regras aplicáveis ao contrato de transporte:

a) O transportador está sujeito aos horários e itinerários previstos, sob pena de responder por perdas e danos, salvo motivo de força maior.

b) A pessoa transportada deve sujeitar-se às normas estabelecidas pelo transportador, constantes no bilhete ou afixadas à vista dos usuários. Portanto, deve abster-se de quaisquer atos que causem incômodo ou prejuízo aos

---

171. Orlando Gomes. Contratos, 18.ª ed., Forense, pág. 311.

passageiros, danifiquem o veículo, ou dificultem ou impeçam a execução normal do serviço. Se o prejuízo sofrido pela pessoa transportada for atribuível à transgressão de normas e instruções regulamentares, o juiz reduzirá eqüitativamente a indenização, na medida em que a vítima houver concorrido para a ocorrência do dano.

c) O transportador não pode recusar passageiros, salvo os casos previstos nos regulamentos, ou se as condições de higiene ou de saúde do interessado o justificarem.

d) O passageiro tem direito a rescindir o contrato de transporte antes de iniciada a viagem, sendo-lhe devida a restituição do valor da passagem, desde que feita a comunicação ao transportador em tempo de ser renegociada.

e) Ao passageiro é facultado desistir do transporte, mesmo depois de iniciada a viagem, sendo-lhe devida a restituição do valor correspondente ao trecho não utilizado, desde que provado que outra pessoa haja sido transportada em seu lugar. Não terá direito ao reembolso do valor da passagem o usuário que deixar de embarcar, salvo se provado que outra pessoa foi transportada em seu lugar, caso em que lhe será restituído o valor do bilhete não utilizado. Nas hipóteses previstas nesta regra, o transportador terá direito de reter até cinco por cento da importância a ser restituída ao passageiro, a título de multa compensatória.

f) Interrompendo-se a viagem por qualquer motivo alheio à vontade do transportador, ainda que em conseqüência de evento imprevisível, fica ele obrigado a concluir o transporte contratado em outro veículo da mesma categoria, ou, com a anuência do passageiro, por modalidade diferente, à sua custa, correndo também por sua conta as despesas de estada e alimentação do usuário, durante a espera de novo transporte.

g) O transportador, uma vez executado o transporte, tem direito de retenção sobre a bagagem de passageiro e outros objetos pessoais deste, para garantir-se do pagamento do valor da passagem que não tiver sido feito no início ou durante o percurso.

9. *Do transporte de coisa*. Essa matéria também não era regulada pelo Código Civil de 1916. O Código Civil de 2002 dispõe, no seu art. 743, que a coisa, entregue ao transportador, deve estar caracterizada pela sua natureza, valor, peso e quantidade, e o mais que for necessário para que não se confunda com outras, devendo o destinatário ser indicado ao menos pelo nome e endereço.

9.1. *Das obrigações do transportar*. As obrigações do transportador de coisas acham-se disciplinadas no art. 744 do Código Civil. Cabe ao transportador, ao receber a coisa, emitir o conhecimento com a menção dos dados que a identifiquem, obedecido o disposto em lei especial. Poderá exigir que o remetente lhe entregue, devidamente assinada, a relação discriminada das coisas a serem transportadas, em duas vias, uma das quais, por ele devidamente autenticada, ficará fazendo parte integrante do conhecimento. Em caso de informação inexata ou falsa descrição no documento, será o transportador indenizado pelo prejuízo que sofrer, devendo a ação respectiva ser ajuizada no prazo de cento e vinte dias, a contar daquele ato, sob pena de decadência.

Compete ainda ao transportador conduzir a coisa ao seu destino, tomando todas as cautelas necessárias para mantê-la em bom estado e entregá-la no prazo ajustado ou previsto (art. 749). A responsabilidade do transportador, por ser limitada ao valor constante do conhecimento, começa no momento em que ele, ou seus prepostos, recebem a coisa; termina quando é entregue ao destinatário, ou depositada em juízo, se aquele não for encontrado (art. 750).

9.2. Recusa da coisa pelo transportador. O transportador poderá recusar a coisa cuja embalagem seja inadequada, bem como a que possa pôr em risco a saúde das pessoas, ou danificar o veículo e outros bens (art. 746). Deverá obrigatoriamente recusar a coisa cujo transporte ou comercialização não sejam permitidos, ou que venha desacompanhada dos documentos exigidos por lei ou regulamento (art. 747).

9.3. Outras regras. No contrato de transoporte de coisas, observam-se ainda as seguintes regras dispostas nos artigos 751 a 755 do Código Civil:

a) A coisa, depositada ou guardada nos armazéns do transportador, em virtude de contrato de transporte, rege-se, no que couber, pelas disposições relativas a depósito.

b) Desembarcadas as mercadorias, o transportador não é obrigado a dar aviso ao destinatário, se assim não foi convencionado, dependendo também de ajuste a entrega em domicílio. Mas devem constar do conhecimento de embarque as cláusulas de aviso ou de entrega em domicílio.

c) Se o transporte não puder ser feito ou sofrer longa interrupção, o transportador solicitará, incontinenti, instruções ao remetente, e zelará pela coisa, por cujo perecimento ou deterioração responderá, salvo força maior. Perdurando o impedimento, sem motivo imputável ao transportador e sem manifestação do remetente, poderá aquele depositar a coisa em juízo, ou vendê-la, obedecidos os preceitos legais e regulamentares, ou os usos locais, depositando o valor. Se o impedimento for responsabilidade do transportador, este poderá depositar a coisa, por sua conta e risco, mas só poderá vendê-la se perecível. Em ambos os casos, o transportador deve informar o remetente da efetivação do depósito ou da venda.

e) Se o transportador mantiver a coisa depositada em seus próprios armazéns, continuará a responder pela sua guarda e conservação, sendo-lhe devida, porém, uma remuneração pela custódia, a qual poderá ser contratualmente ajustada ou se conformará aos usos adotados em cada sistema de transporte.

f) As mercadorias devem ser entregues ao destinatário, ou a quem apresentar o conhecimento endossado, devendo aquele que as receber conferi-las e apresentar as reclamações que tiver, sob pena de decadência do direito.

g) No caso de perda parcial ou de avaria não perceptível à primeira vista, o destinatário conserva a sua ação contra o transportador, desde que denuncie o dano em dez dias a contar da entrega.

h) Havendo dúvida acerca de quem seja o destinatário, o transportador deve depositar a mercadoria em juízo, se não lhe for possível obter instruções do remetente; se a demora puder ocasionar a deterioração da coisa, o transportador deverá vendê-la, depositando o saldo em juízo.

10. *Do transporte marítimo.* O transporte marítimo é regulado pelo Código Comercial Brasileiro (arts. 566/632). Não difere do contrato de transporte terrestre, senão no que diz respeito ao aspecto externo e a certas peculiaridades. Chama-se também fretamento, podendo este ser total ou parcial. O fretamento total, como anota Aquiles Beviláqua[172], pode assumir duas formas: fretamento-transporte e fretamento-locação. O instrumento do transporte de mercadorias é a partida ou o conhecimento, conforme seja total ou parcial. A prova do fretamento faz-se por escrito, embora essa forma não seja da sua essência.

O transporte marítimo de pessoas assemelha-se ao contrato de hospedagem, enquanto que o transporte marítimo de coisas apresenta semelhança com o contrato de depósito. O primeiro prova-se com o bilhete de passagem, mas pode ser demonstrado, também, por todos os meios de provas admitidos em direito. No segundo, têm força especial as cláusulas de irresponsabilidade. No transporte de passageiros, o capitão representa, a bordo, o transportador e tem o dever de proporcionar aos passageiros: alimentação, assistência, bem como o uso e o gozo das acomodações correspondentes ao bilhete de passagem.

A responsabilidade do transportador pelas bagagens é igual à do hospedeiro. Os avisos convidando os passageiros a depositar valores em poder do capitão isentam o transportador de responsabilidade civil por fato de estranhos, mas, como assinala Aguiar Dias, "nenhum efeito têm sobre a responsabilidade por fatos da tripulação".

---

172. Aquiles Beviláqua. Código Comercial Brasileiro, 6ª ed., pág. 211.

Aplica-se, no contrato marítimo, a cláusula de incolumidade, sendo considerada indiscutível a responsabilidade do capitão que não toma as medidas necessárias para impedir que um viajante alienado se atire ao mar. Dessa forma, as causas de atenuações de responsabilidade no transporte marítimo não alcançam essa garantia.

11. Do transporte aéreo. Até o advento do Código Brasileiro do Ar, a responsabilidade decorrente da navegação aérea era regulada pelo Código Civil de 1916, em face do disposto no art. 84 do Regulamento dos Serviços Civis de Navegação Aérea (Decreto nº 16.983/1925).

Pelo novo regramento, a responsabilidade civil passou a ser regida pelos princípios da culpa contratual. Assevera, contudo, Alvino Lima[173] que o Código Brasileiro do Ar não se preocupou com a obrigação, hoje incorporada ao contrato de transporte, de levar o passageiro incólume ao lugar do destino, visto que estabeleceu a responsabilidade nestas condições: havendo defeito na aeronave; havendo culpa da tripulação.

Nesse passo, era a vítima que tinha de provar o defeito na aeronave ou a culpa da tripulação. O autor vai mais além, ao afirmar a necessidade de se considerar o risco do ar como uma excludente da responsabilidade civil do transportador, ao lado do caso fortuito, da força maior e da culpa exclusiva da vítima. O risco do ar é expressão muito abrangente, envolvendo todos os fenômenos da natureza, contra os quais a ação e a vontade humana mostram-se totalmente impotentes. Exemplos: incêndio

---

173. Alvino Lima. Da culpa ao risco, n.º 50.

em vôo ou no solo, capotagem, pane do motor, ruptura dos equipamentos, motores ou sustentadores, queda em conseqüencia de perda de velocidade, nevoeiro, neblina, tempestade etc. Os riscos do ar tenderiam a desaparecer diante do progresso da aviação, pois passariam a ser previsíveis.

A posição do eminente professor paulista não pode ser aceita, pois afasta, praticamente, a natureza contratual e objetiva da responsabilidade do transportador e a garantia de incolumidade. Ao mesmo tempo, cria um obstáculo muito grande à satisfação dos prejuízos decorrentes de desastres aéreos, em virtude da dificuldade da prova.

11.1. Considerações. O contrato aéreo envolve o embarque, o vôo e o desembarque.

Aeronave, segundo o Código Brasileiro do Ar, é todo aparelho manobrável em vôo, apto a se sustentar, a circular no espaço aéreo, mediante reações aerodinâmicas, e capaz de transportar pessoas ou coisas. Transportador "é pessoa natural ou jurídica que é proprietária ou exploradora da aeronave, que se obriga, em nome próprio, a executar serviço aéreo de transporte de pessoas ou coisas"[174].

O ciclo mais vasto do transporte aéreo relaciona-se com o transporte de mercadorias, mais do que o de pessoas, pois começa no momento em que o transportador as recebe, e termina com a entrega efetiva ao destinatário.

---

174. Código Brasileiro do Ar.

11.2. Alcance da responsabilidade civil do transportador aéreo.

O transportador aéreo responde pela perda, destruição ou avaria da bagagem ou mercadoria despachada, nos mesmos termos da responsabilidade do transportador ferroviário. Nessa espécie de contrato, estão compreendidas obrigações de depósito e de mandato.

Convém salientar que, no transporte aéreo, não se inclui o transporte terrestre, marítimo ou fluvial realizado fora do aeroporto. No entanto, é presumida a responsabilidade do transportador aéreo, se esses transportes são incluídos no transporte aéreo para efeito de carregamento, entrega ou baldeação, salvo prova de que o dano não ocorreu no transporte aéreo[175].

Em caso de antecipação ou atraso do vôo, o Código Brasileiro do Ar prevê a responsabilidade do transportador. Mas é preciso que se conceitue o que se deve considerar como atraso capaz de determiná-la, para não parecer tão ampla a responsabilidade. Geralmente, esse tipo de transporte é utilizado pelas pessoas que têm pressa. Assim, para configurar o dever de indenizar, é necessário que se demonstre o prejuízo que o atraso ocasionou. Vê-se, assim, que não é qualquer atraso que motiva a indenização. Portanto, é recomendável que a matéria seja bem discutida em cada caso, mesmo porque nem sempre há relação entre atraso maior e prejuízo de vulto. Às vezes, até uma grande demora do vôo evita um enorme prejuízo. Veja-se, a respeito, esta decisão do STJ:

"Transporte aéreo. Art. 256 do Código Brasileiro de Aeronáutica. Atraso de vôo. 1. O art. 256 do Código

---

175. Código Brasileiro do Ar, art. 100, parág. único.

Brasileiro de Aeronáutica impõe a responsabilidade pelo dano causado em decorrência de atraso de vôo. Mas, se a inicial não aponta dano, apenas, vagas alegações, que mais configuram transtorno a que todos estão sujeitos, a reparação não se impõe. 2. Recurso especial conhecido e provido"[176].

11.3. Extravio de bagagem. No nosso direito, ganha relevo a idéia de que, havendo extravio de bagagens, aplicam-se as normas que regulam as relações de consumo e não aquelas limitadoras da responsabilidade, estabelecidas na Convenção de Varsóvia. A matéria, contudo, não é pacífica, havendo julgados do STJ nos dois sentidos.

"O Código Brasileiro de Aeronáutica (Lei 7.565/86), que regula o contrato de transporte aéreo doméstico, consagrou o princípio da limitação da responsabilidade civil, somente afastado pela declaração especial de valor feita pelo expedidor das mercadorias, mediante pagamento de taxa suplementar, ou pela comprovação de que o dano resultou de dolo ou culpa grave do transportador ou de seus prepostos"[177].

"I — Em regra, é tarifada a responsabilidade civil da empresa de transporte aéreo em decorrência de extravio de mercadoria ou bagagem, consoante o art. 22

---

176. STJ. REsp 257099/SP (Recurso Especial 2000/0041643-6). Fonte: DJ 05/02/2001, pág.105.
177. STJ. REsp 156764/SP (Recurso Especial 1997/0085839-1). Relator: Min Sálvio de Figueiredo Teixeira.

da Convenção de Varsóvia, alterada pelo Protocolo de Haia, contemplando o mesmo texto, no art. 25, as exceções. II — As exceções do referido art. 25 exigem que seja provada a ocorrência de dolo ou culpa grave por parte da empresa transportadora, através de seus prepostos, o que não foi cogitado no acórdão recorrido nem suscitado pela parte autora"[178].

"Transporte aéreo. Extravio de bagagem (danos à bagagem/danos à carga). Indenização. Código Brasileiro de Aeronáutica e Convenção de Varsóvia/Código de Defesa do Consumidor. 1. Segundo a orientação formada e adotada pela 3ª Turma do STJ, quando ali se ultimou o julgamento dos REsp's 158.535 e 169.000, a responsabilidade do transportador não é limitada, em casos de extravio de bagagens. Código de Defesa do Consumidor, arts. 6º, VI, 14, 17, 25 e 51, § 1º, II. 2. Retificação de voto. 3. Recurso Especial conhecido pelo dissídio, mas desprovido"[179].

"Responsabilidade civil. Transportador. Limitação de indenização. Código de Defesa do Consumidor. Convenção de Varsóvia. Editada lei específica, em atenção à Constituição (Art. 5º, XXXII), destinada a tutelar os direitos do consumidor, e mostrando-se irrecusável o reconhecimento da existência de relação de consumo, suas disposições devem prevalecer.

---

[178]. STJ. REsp 135535/PB (Recurso Especial 1997/0039952-4). Relator: Min. Sálvio de Figueiredo Teixeira.
[179]. STJ. REsp 154943/DF (Recurso Especial 1997/0081326-6). Relator: Min. Nilson Naves.

Havendo antinomia, o previsto em tratado perde eficácia, prevalecendo a lei interna posterior que se revela com ele incompatível. Recurso conhecido e não provido"[180].

"Responsabilidade civil. Transporte aéreo. Extravio de bagagem. Indenização tarifada. Convenção de Varsóvia. Código de Defesa do Consumidor. Em caso de pretensão à reparação de danos, o lapso decadencial é de cinco anos (art. 27 da Lei nº 8.078, de 11.09.90). Tratando-se de relação de consumo, prevalecem as disposições do Código de Defesa do Consumidor em relação à Convenção de Varsóvia. Derrogação dos preceitos desta que estabelecem a limitação da responsabilidade das empresas de transporte aéreo. Recurso especial não conhecido"[181].

"Responsabilidade civil. Transporte aéreo doméstico. Extravio de mercadoria. A indenização deve ser calculada pela legislação comum. Primeiro recurso conhecido e provido, e não conhecido o segundo"[182].

"Responsabilidade civil. Transporte aéreo internacional. Extravio de carga. Código de Defesa do Consumidor. Para a apuração da responsabilidade civil do

---

180. STJ. REsp169000-RJ (Recurso Especial 1999/0022178-6). Relator: Min. Paulo Costa Leite.
181. STJ. REsp 25832/SP (Recurso Especial (2000/00435722/SP) Relator: Min. Barros Monteiro. Fonte: DJ 19/03/2001, pág. 116.
182. STJ. REsp 249321/SP (Recurso Especial 2000/0017498-0). Relator: Ruy Rosado de Aguiar. Fonte: DJ 12/03/2001, pág. 145.

transportador aéreo internacional pelo extravio da carga, aplica-se o disposto no Código de Defesa do Consumidor"[183].

"Transporte aéreo de mercadorias. Convenção de Varsóvia. Código de Defesa do Consumidor. 1.Com o advento do Código de Defesa do Consumidor, a indenização pelo extravio de mercadoria não está sob o regime tarifado, subordinando-se ao princípio da ampla reparação, configurada a relação de consumo. 2. Recurso especial conhecido e provido"[184].

"Com o advento do Código de Defesa do Consumidor, a indenização pelo extravio de mercadoria está sob o regime tarifado, subordinando-se ao princípio da ampla reparação, configurada a relação de consumo"[185].

Recentemente, o STF deu provimento a recurso extraordinário interposto por empresa aérea contra acórdão da Turma Recursal dos Juizados Especiais Cível e Criminal de Natal/RN. Entendera aquele órgão que, no conflito entre normas do Código de Defesa do Consumidor e da Convenção de Varsóvia sobre a prescrição, em ação de indenização do passageiro contra empresa aérea,

---

[183]. STJ. 171506/SP (Recurso Especial 1998/0026508-2). Relator Ruy Rosado de Aguiar. Fonte: DJ 05/03/2001, pág. 267.
[184]. STJ. REsp 209527/RJ (Recurso Especial 1999/0029640-0). Relator: Min. Carlos Alberto Menezes Direito. Fonte: DJ 05/03/2001, pág 115.
[185]. STJ, Boletim do STJ, n. 02/2001, pág. 23.

prevalecem as disposições mais favoráveis do Código, que estabelecem o prazo prescricional de cinco anos. A recorrente sustentava ofensa aos artigos 5º, § 2º, e 178 da CF. Na linha do que foi firmado no julgamento do RE 214349/RJ (DJU de 11.6.99), afastou-se a apontada violação ao art. 5º, § 2º, da CF, por se entender que ele se refere a tratados internacionais relativos a direitos e garantias fundamentais, matéria não objeto da Convenção de Varsóvia, a qual trata da limitação da responsabilidade civil do transportador aéreo internacional.

Considerou-se, entretanto, que, embora válida a norma do CDC quanto aos consumidores em geral, no caso de contrato de transporte internacional aéreo, deve abedecer ao disposto no art. 178 da CF: "A lei disporá sobre a ordenação dos transportes aéreo, aquático e terrestre, devendo, quanto à ordenação do transporte internacional, observar os acordos firmados pela União, atendido o princípio da reciprocidade". Nesse caso, prevalece o que dispõe a Convenção de Varsóvia, que estabelece o prazo prescricional de dois anos[186].

11.4. Extravio de bagagem e dano moral. Outro tema polêmico na responsabilidade civil do transportador aéreo diz respeito à caracterização de dano moral quando do extravio de bagagem. Há quem sustente a tese de que o constrangimento sofrido pelo passageiro, nos aeroportos, dá ensejo à reparação, tanto pelo dano material, como pelo moral.

---

[186]. STF. RE 297901/RN. Relatora: Min. Ellen Gracie. Data do julgamento: 7.3.2006.

O STJ, no entanto, ao julgar o AGA 209763/MG, Agravo Regimental no Agravo de Instrumento nº 1998/0080282-7 (Relator: Min. Sálvio de Figueiredo Teixeira, DJ de 05/06/2000, pág. 00168), assentou que não se justifica a reparação por dano moral apenas porque a passageira, que viajara para a cidade em que reside, teve o incômodo de adquirir roupas e objetos perdidos.

Mas, no REsp 125685/RJ (Recurso Especial 1997/0021847-3), DJ de 25/09/2000, pág.. 00103, Relator: Min. Aldir Passarinho, o mesmo STJ decidiu que é cabível o ressarcimento por dano moral em face dos dissabores e desconforto ocasionados à passageira de ônibus interestadual com o extravio definitivo de sua bagagem ao chegar ao local onde passaria suas férias acompanhada de filha menor. Assentou ainda que o valor da indenização deve ser fixado em montante compatível com o constrangimento sofrido, evitado excesso a desviar a finalidade da condenação.

Esse julgado, como se vê, não se refere a extravio de bagagem em aeroporto, mas em estação rodoviária. A mudança de local não altera, contudo, a fundamentação, que é a mesma. O STF, manifestando-se sobre o tema, decidiu:

"Indenização. Dano moral. Extravio de mala em viagem aérea. Convenção de Varsóvia. Observação mitigada. Constituição Federal. Supremacia.
O fato de a Convenção de Varsóvia revelar, como regra, a indenização tarifada por danos materiais não exclui a relativa aos danos morais. Configurados esses pelo sentimento de desconforto, de constrangimento, aborrecimento e humilhação decorrentes do

extravio de mala, cumpre observar a Carta Política da República, incisos V e X do artigo 5°, no que se sobrepõe a tratados e convenções ratificados pelo Brasil"[187].

Desse entendimento, não destoa o TJPB:

"O transporte de bagagem em serviços aéreos impõe à companhia transportadora obrigação exclusiva de devolvê-la quando do final da viagem. Se assim não proceder, os inafastáveis transtornos, humilhações e vexames são perfeitamente indenizáveis a título de dano moral"[188].

11.5. Legislação aplicável. Outro aspecto interessante no transporte aéreo refere-se à legislação que deve ser aplicada, em caso de acidente. Indaga Sílvio Rodrigues[189]: Seria aplicável a lei do lugar do contrato? Ou deveria a relação jurídica daí defluente ser regida pela lei do país em que a viagem se iniciou? Ou pela lei do país de destino? Ou pela lei do país em que a aeronave caiu? Dever-se-ia aplicar a lei nacional do viajante, a do expedidor, a do domicílio, ou a lei do pavilhão de aeronave? Todas essas dúvidas realmente deveriam ser dirimidas, não pela lei de um ou de outro país, mas por uma convenção internacional que abrangesse o maior número de

---

187. STF. RE. 172.720-RJ, Relator: Ministro Marco Aurélio. Fonte: DJ 21/02/1997, pág. 02831.
188. TJPB. Apelação cível n° 98.002663-8, 1.ª Câmara. Relator: Des. Marcos Souto Maior.
189. Sílvio Rodrigues, op. cit., págs. 362/364.

países. A solução veio com a Convenção de Varsóvia, de 12 de outubro de 1929, ratificada por mais de uma centena de países, inclusive pelo Brasil, em 2 de maio de 1931 (Dec. n.º 20.784, de 24-11-1931).

Os artigos 17, 20, 21, 22, 23, 24 e 25 da Convenção de Varsóvia trazem as mais importantes regras a respeito da responsabilidade civil do transportador pela integridade pessoal do passageiro. Seguem transcritos os mais importantes:

> Art. 17. Responde o transportador pelo dano ocasionado por morte, ferimento ou qualquer outra lesão corpórea sofrida pelo viajante, desde que o acidente que causou o dano haja ocorrido a bordo da aeronave ou no curso de quaisquer operações de embarque ou desembarque".
> Art. 21. Se o transportador provar que o dano foi causado por culpa da pessoa lesada ou que esta para ele contribuiu, poderá o tribunal, de conformidade com as disposições de sua lei nacional, excluir ou atenuar a responsabilidade do transportador.
> Art. 22. No transporte de passageiros, limita-se a responsabilidade do transportador à importância de cento e vinte e cinco mil francos (...). Entretanto, por acordo especial com o transportador, poderá o viajante fixar em mais o limite de responsabilidade.
> Art. 23. Será nula e de nenhum efeito toda e qualquer cláusula tendente a exonerar o transportador de sua responsabilidade ou a estabelecer limite inferior ao que lhe fixa a presente Convenção, mas a nulidade desta cláusula não acarreta a do contrato, que continuará regido pelas disposições da presente Convenção.

Art. 25. Não assiste ao transportador o direito das disposições da presente Convenção, que lhe excluem ou limitam a responsabilidade, se o dano provém de seu dolo ou de culpa sua, quando, segundo a lei do tribunal que conhecer da questão, for esta equivalente ao dolo.

11.6. Danos decorrentes de morte ou lesão corpórea. Vimos, anteriormente, que diversos artigos da Convenção de Varsóvia trazem as mais importantes regras a respeito da responsabilidade civil do transportador aéreo pela integridade pessoal do passageiro. Por esses regramentos, impende considerar que o transportador responde pelo dano ocasionado por morte, ferimento ou qualquer outra lesão corpórea sofrida pelo viajante, desde que o acidente que causou o dano haja ocorrido a bordo da aeronave ou no curso de quaisquer operações de embarque ou desembarque. Havendo dolo ou culpa grave, o transportador aéreo não poderá se beneficiar das disposições da Convenção.

A responsabilidade do transportador aéreo é de natureza objetiva, sendo uma obrigação de resultado, porque ele obriga-se a levar o passageiro incólume ao local de seu destino, embora comporte excludentes, por força da expressão "medidas necessárias", contida no art. 20 da Convenção de Varsóvia. Essas excludentes são: a) se o transportador provar que tomou, e tomaram seus prepostos, todas as medidas necessárias para que se não produzisse o dano ou que lhes não foi possível tomá-las; b) se o transportador provar que o dano foi causado por culpa da pessoa lesada ou que esta para ele contribuiu, poderá o tribunal, de conformidade com as disposições da lei nacional, excluir ou atenuar a responsabilidade do transportador.

De outro lado, a Convenção de Varsóvia limita a responsabilidade do transportador à importância de duzentos e cinqüenta francos, se bem que, por convenção das partes, o limite possa ser maior. Esse teto tem o seu fundamento no chamado "risco do ar". É que o passageiro, ao empreender uma viagem aérea, está ciente da insegurança que ainda acontece.

O limite proposto pela Convenção de Varsóvia (art. 22) foi alterado pelo Protocolo de Haia (1955) e promulgado no Brasil pelos Decretos 20.704/31 e 56.463/65, uma vez que regulam o contrato de transporte aéreo internacional. No Protocolo de Montreal, de 14 de maio de 1996, o teto de indenização foi elevado para 75.000 dólares, mas só se aplica quando o vôo tenha partido, faça escala ou se destine aos Estados Unidos. Pelo Protocolo da Guatemala, de 08 de março de 1981, o limite foi estabelecido em 1.500.000 francos-ouro. Entretanto, não se tem conhecimento de haver o Brasil aderido a esse pacto.

Convém salientar ainda que será nula e de nenhum efeito toda e qualquer cláusula que tenha por objetivo exonerar o transportador de sua responsabilidade, ou estabeleça limite inferior ao teto proposto, ressaltando-se que a nulidade da cláusula não impõe a nulidade do contrato.

11.7. Jurisprudência do STJ.

"Transporte aéreo. Responsabilidade civil. Culpa. Indenização. A indenização pela morte de passageiro de aviação, causada por culpa grave do preposto da empresa, não sofre limitação tarifada. Recurso não conhecido"[190].

"I. Acidente decorrente de colisão de avião comercial no solo, atingindo fatalmente mulher e filho menor, que trafegavam em automóvel na via pública adjacente ao aeroporto. II. Compreendendo a exordial da ação tanto o pedido de indenização pela responsabilidade objetiva da empresa aérea, com base no art. 268 do Código Brasileiro do Ar, como com fundamento na culpa da transportadora, merece reparo o acórdão estadual que identificou na lide apenas a primeira pretensão, limitando-se a decidir pela condenação exclusivamente pelos parâmetros fixados no art. 269 da mesma Lei n. 7.565/86. III. Ao reconhecer que os autores — esposo e pai, filhos e irmãos das vítimas — fazem também jus ao ressarcimento pelos danos materiais e morais sofridos, pode o STJ, em face do preceituado no art. 257 do Regimento Interno, aplicar o direito à espécie, definindo, de logo, na medida em que for possível, à luz dos fatos incontroversos existentes nos autos, a indenização e/ou seus parâmetros respectivos, consoante cada uma das postulações feitas na inicial. IV. Devido o pensionamento dos autores pela perda da contribuição financeira da primeira vítima, bancária, à família, a ser apurada em liquidação de sentença. V. Impossibilidade de consideração, para efeito do cálculo de pensionamento,

---

[190]. STJ. REsp 121017/AM (Recurso Especial 1997/0013238-2). DJ 15/12/1997, pág. 66418.

dos benefícios pagos aos autores pela Previdência Pública e Privada (vencido, nesta parte, o relator). VI. Improcede a pretensão relativa à inclusão de promoções futuras na carreira quando da apuração do valor da pensão, em face da eventualidade do fato e não se enquadrar no conceito jurídico de "lucros cessantes". VII. Tratando-se de família de razoável poder aquisitivo, não é pertinente o pensionamento pelo falecimento do filho menor, de tenra idade, por não se supor que viesse a contribuir para o sustento do grupo até dele se desligar. Precedentes do STJ.

VIII. Dano moral devido como compensação pela dor da perda e ausência suportadas pelos autores, no equivalente a 500 (quinhentos) salários mínimos por cada uma das vítimas, a serem repartidos equitativamente, consideradas as circunstâncias dos autos. IX. Ressarcimento pelos objetos de uso pessoal danificados ou perdidos no acidente, bem assim das despesas de funeral não cobertas pelas instituições previdenciárias, em montante estabelecido na fase de liquidação. Recurso conhecido e parcialmente provido"[191].

11.8. Acidente aéreo e responsabilidade civil da União. A União não responde pelos danos resultantes de acidente aéreo em razão de uso indevido de aeronave de sua propriedade, mas cedida, gratuitamente, para treinamento de pilotos, a aeroclube privado, que assumiu a responsabilidade pelos riscos criados e danos originados

---

[191] STJ. REsp 41614/SP (Recurso Especial (1993/0034264-9). Fonte: DJU 11/12/2000, pág. 205.

pelo uso do bem. Na espécie, como decidiu o STJ, não se aplica a responsabilidade subjetiva do Estado por ato omissivo, pois ausente o dever de vigilância e não caracterizada a culpa *in vigilando*. Conforme o art. 98 da Lei nº 7.565/1986, a autorização para funcionamento de aeroclube dada pela União decorre de seu poder de polícia, o que isenta sua responsabilidade por eventuais danos decorrentes de uso inadequado da aeronave. Assim, a Turma conheceu em parte do recurso e, nessa parte, negou-lhe provimento[192].

---

[192]. STJ. . Relator: Min. João Otávio de Noronha. Data do julgamento: 16/5/2006.

Capítulo XX

RESPONSABILIDADE CIVIL DAS EMPRESAS LOCADORAS DE VEÍCULOS

1. Introdução. 2. Jurisprudência do STF e do STJ.

1. Introdução. O aluguel de automóvel é uma atividade exercida em todo o mundo, com grande procura, especialmente, por turistas. Essas empresas cresceram bastante e, com o seu crescimento, aumentaram os riscos. Era preciso, então, que se desenvolvesse um sistema de proteção às vítimas da novel atividade.

No Brasil, a Lei nº 9.503, de 23 de setembro de 1997, que institui o Código de Trânsito Brasileiro, dedica três artigos acerca das infrações de trânsito, das penalidades aplicáveis e das medidas administrativas.

O art. 161 estabelece:

"Constitui infração de trânsito a inobservância de qualquer preceito deste Código, da legislação complementar ou das resoluções do CONTRAN, sendo o infrator sujeito às penalidades e medidas administrativas indicadas em cada artigo, além das punições previstas no Capítulo XIX".

O art. 256 dispõe:

"A autoridade de trânsito, na esfera das competências estabelecidas neste Código e dentro de sua circunscrição, deverá aplicar, às infrações nele previstas, as seguintes penalidades: I — advertência por escrito; II — multa; III — suspensão do direito de dirigir; IV — apreensão do veículo; V — cassação da Carteira Nacional de Habilitação; VI — cassação da Permissão para Dirigir; VII — freqüência obrigatória em curso de reciclagem".

O art. 269 preceitua:

"A autoridade de trânsito ou seus agentes, na esfera das competências estabelecidas neste Código e dentro de sua circunscrição, deverá adotar as seguintes medidas administrativas: I — retenção do veículo; II — remoção do veículo; III — recolhimento da Carteira Nacional de Habilitação; IV — recolhimento da Permissão para Dirigir; V — recolhimento do Certificado de Registro; VI — recolhimento do Certificado de Licenciamento Anual; VII (vetado); VIII — transbordo do excesso de carga; IX — realização de teste de dosagem de alcoolemia ou perícia de substância entorpecente ou que determine dependência física ou psíquica; X — recolhimento de animais que se encontrem soltos nas vias e na faixa de domínio das vias de circulação, restituindo-os aos seus proprietários, após o pagamento de multas e encargos devidos; XI — realização de exames de aptidão física, mental, de legislação, de prática de primeiros socorros e de direção veicular".

As penalidades estatuídas não elidem as punições originárias de ilícitos penais decorrentes de crimes de trânsito, nem a ação de responsabilidade civil, tendente à composição do dano em caso de acidente.

2. *Jurisprudência do STF e do STJ*. Especificamente sobre as empresas de locação de veículos, o STF editou a Súmula 492 de teor seguinte: "A empresa locadora de veículo responde, civil e solidariamente com o locatário, pelos danos por este causados a terceiro, no uso do carro locado".

Dois acórdãos do STF têm fundamental importância na construção dessa tese. O proferido no RE 60.477 (RTJ 37/ 594), em que o relator Min. Vilas Boas examina atentamente a questão da responsabilidade civil da empresa locadora do automóvel em relação ao dano causado pelo locatário. Divergiu o Ministro Pedro Chaves, que não reconhecia a responsabilidade pessoal da empresa locadora, porque o aluguel do carro era um ato legítimo do comércio, praticado com diligência e cautelas normais. Segundo ele, se houve imprudência, se houve violação nos termos do contrato, foi praticada exclusivamente pelo locatário, que desviou o objeto, que lhe foi entregue, da sua destinação ordinária.

Como anota Roberto Rosas[193], o STF, no RE 62.247 (RTJ nº 41/796), sendo Relator o Min. Adauto Cardoso, sufragou a tese sustentada pelo Ministro Vilas Boas. Nela, observou S. Exa. que a empresa locadora laborou em culposa negligência por falta de adequada cobertura da eventual incapacidade econômica do arrendatário, que desaparece sem compor os prejuízos causados. Na mesma linha de argumentos, ainda que o caso não seja de locação de veículos, assentou o Min. Oswaldo Trigueiro (RTJ 47/ 760) que se presume a responsabilidade de quem figura como proprietário do veículo na repartição competente.

A Súmula 492 criou, indiscutivelmente, um tipo de responsabilidade por fato de terceiro, de natureza objetiva para a locadora. O inolvidável paraibano, Desembargador e Professor Mário Moacir Porto, entende que a responsabilidade da locadora nem é direta nem indireta. Tampouco se apoia na lei ou na doutrina: é um novo tipo de responsabilidade, puramente pretoriano. Ao criticar a Súmula, diz ser inadmissível que se imponha à locadora, no exercício regular e autorizado da sua atividade mercantil, uma automática obrigação de indenizar o dano resultante da culpa exclusiva do locatário do automóvel. Esse pensamento do ilustre conterrâneo não mais se afina com a ordem normativa trazida pelo Código Civil de 2002. É que o parágrafo único do art. 927 dispõe que haverá obrigação de reparar o dano, independentemente de culpa, nos casos especificados em lei, ou quando a atividade normalmente desenvolvida pelo autor do dano implicar, por sua natureza, risco para os direitos de outrem.

---

193. Roberto Rosas. Direito Sumular, 10ª ed., pág. 215.

Ora, não há como se negar os riscos que a locação de automóvel apresenta para terceiros, não apenas devido ao uso da máquina que, por si só, é perigoso, mas ainda por conta de quem a dirige, em regra, pessoas estranhas à comunidade. Como à locadora interessa precipuamente ganhar dinheiro, alugando os seus veículos — pouco importando a quem, mesmo porque estão segurados — ficam então as pessoas à mercê de locatários de toda ordem e muitas vezes sem patrimônio nenhum. Daí a necessidade de a locadora suportar o ônus pelos danos que os seus locatários vierem a causar, não só objetivamente, mas também de forma solidária. A matéria está pacificada pelos tribunais, conforme se depreende dos seguintes julgados:

"Responsabilidade civil. Locadora de veículo. Acidente de trânsito. Verbete nº 492 da súmula do STF. Precedentes. A empresa locadora de veículos responde, civil e solidariamente com o locatário, pelos danos por este causados a terceiro, no uso do carro locado." Recurso especial conhecido e provido"[194].

O voto do Ministro Barros Monteiro, proferido no Recurso Especial nº 33055-RJ, expõe muito bem o tema:

---

194. STJ. REsp 284536/ PR (Recurso Especial 2000/0109693-1). Relator: Min. César Arfor Rocha. Fonte DJU de: 22/10/2001, pág.00327. REsp 90143- PR (Recurso Especial 1996/0015149-0). Relator: Min. Ari Pargendler. Fonte: DJU de 21/02/2000, pág. 00118. REsp 33055/RJ (Recurso Especial 1993/0007149-1). Fonte: DJ 05/09/1994, pág. 23108. REsp 33055/RJ (Recurso Especial 1993/0007149-1). Fonte: DJ 05/09/1994, pág. 23108. LXSTJ, vol. 00129, pág. 00073. LEXSTJ, vol. 00066, pág. 00160, REVJMG, vol. 00131, pág. 00536.

"À evidência, patenteia-se no caso o atrito com a Súmula nº 492 do Sumo Pretório, que assim se enuncia:
A empresa locadora de veículos responde, civil e solidariamente com o locatário, pelos danos causados a terceiro, no uso do carro locado'.
A asserção contida no supracitado verbete sumular baseia-se em três decisões do Supremo Tribunal Federal havidas nos anos de 1966 (RTJ 37/594), 1967 (RTJ 41/796) e 1968 (RTJ 45/65). Em todas elas, a Corte Suprema não abandonou o conceito de culpa como fundamento da responsabilidade civil da empresa locadora. Todavia, no último deles, o eminente Relator, Ministro Evandro Lins, desenvolveu uma linha de pensamento evoluída em relação aos julgados precedentes. A par da menção feita ao estatuído no art. 159 do Código Civil, S. Exa. reportou-se ao art. 1.521 do mesmo diploma legal, atribuindo-lhe interpretação nitidamente extensiva, e, ainda, às disposições do Código Nacional de Trânsito, que responsabilizam igualmente os proprietários dos veículos e seus condutores. Ao aludir ao art. 1.521 do CC, o Sr. Ministro Relator considerou que o decisório então recorrido lhe dera razoável e construtiva interpretação, estendendo a uma situação nova criada pelo desenvolvimento industrial e comercial do país" (RTJ 45, pág. 66).
Acenou, nesse passo, com a adoção da teoria do risco ou do risco-proveito, a que se referiu o emérito Prof. Alvino Lima (Culpa e Risco, págs. 347 e 351, ed. 1960). Segundo o saudoso mestre das Arcadas, vivemos em uma sociedade cada vez mais complexa e

que exige desenvolvimento da ação humana; as relações obrigatórias são funções das relações econômicas e sociais e quanto mais estas se intensificam mais aquelas se desenvolvem. O conceito é do notável Josserand, referindo-se à obrigação de segurança que, tácita ou expressamente, deve existir nos contratos, mas que se aplica às relações extracontratuais. Se a autonomia da vontade não pode deixar de sofrer restrições no domínio do próprio contrato, para assegurar o direito das partes, com mais força de razão a vontade deve ceder terreno aos princípios que impõem a segurança jurídica nas relações extracontratuais' (op. cit., págs. 344-345).
O substrato da responsabilidade imputada à empresa locadora repousa no art. 1.521 do Código Civil, pois que a ela incumbe escolher cuidadosamente a pessoa a quem entregar o veículo. O reconhecimento de tal obrigação assoma nas contra-razões do presente apelo especial, em que a recorrida assevera manter contrato de seguro para cobertura de eventuais riscos em relação a seus locatários e, além disso, envidar esforços no sentido de selecionar seus clientes através de dados cadastrais e elaboração de perfis sócio-econômicos. Quer dizer, ao confiar o automóvel Fiat à locatária, que, de seu turno, o entregou a um preposto desidioso ou imprudente (condenado na esfera criminal), a locadora elegeu mal o cliente, com quem, portanto, deve responder solidariamente pelo dano havido.
Lembra, de outro lado, José de Aguiar Dias que em matéria de automóveis, a doutrina objetiva vem fazendo constantes progressos', conforme exemplifi-

cam as legislações da Dinamarca, Áustria, Alemanha e Itália' (Da Responsabilidade Civil, vol. 1, pág. 92). Maria Helena Diniz, por sinal, ressalta ainda que a co-responsabilidade da empresa locadora de carros, ou seja, a solidariedade passiva na composição do prejuízo causado pelo locatário a terceiro não se liga à idéia de culpa' Assim sendo — prossegue — consagrada está, em nossa jurisprudência, a responsabilidade objetiva do locador, tenha ele agido com culpa ou não' (Curso de Direito Civil Brasileiro, 7° vol. Responsabilidade Civil, pág. 362). Anota, ainda, W. Melo da Silva: por essa forma, dentro de tal linha de princípio, humanizadora, e tendo-se em vista, como da tendência do direito moderno, aliás, que no setor da responsabilidade civil, como vimos acentuando, a hermenêutica dos textos legais tem-se inclinado no sentido de maior tutela à vítima dos danos. O Supremo Tribunal Federal, por mais de uma vez, decidindo a respeito do assunto, deixou bem patente que uma solidariedade existe entre a empresa locadora de veículos e o usuário ou locatário, no tocante à reparação dos danos ocorridos a terceiros pelos acidentes levados a efeito quando à testa do veículo se encontrasse o locatário (Da Responsabilidade Civil Automobilística, pág. 334). Ganha terreno, portanto, a responsabilidade objetiva, arrimada no risco: aquele que aufere proveito com uma situação deve responder pelo risco ou pelas desvantagens dela resultantes *(ubi emolunentum, ibi onus; ubi comnoda, ibi incommoda)*.

Não subsiste, por via de conseqüência, o decisório recorrido, que contrariou o édito sumular ora em questão.Ante o exposto, conheço do recurso pela alínea c do admissivo constitucional e dou-lhe provimento, a fim de condenar a co-ré Localiza Ltda, solidariamente com a empresa locatária, ao pagamento das verbas discriminadas na decisão de 1º grau, com as cominações ali feitas. É como voto".

Capítulo XXI

RESPONSABILIDADE CIVIL DOS NOTÁRIOS E REGISTRADORES

1. Natureza da responsabilidade. 2. Lei nº 8.935/94. 3. Função pública dos notários e registradores: jurisprudência do STJ e do STF antes da reforma da Previdência Social. 4. Função pública dos notários e registradores: jurisprudência do STF depois da reforma da Previdência Social.

1. Natureza da responsabilidade. Controvertem os autores sobre a natureza contratual da responsabilidade dos notários e registradores. Carvalho Santos[195] afirma "que se trata de culpa aquiliana". Já Aguiar Dias[196] assinala que o fato inegável de ser o notário um oficial público não afeta o lado contratual da questão. Se o notário age no papel peculiar às suas funções e não pode ser

---
195. Carvalho Santos. Comentários, vol. XXI, pág. 329.
196. Aguiar Dias. Responsabilidade Civil, nº 136.

tomado senão na qualidade de oficial público, não menos certo é que as partes fazem com o tabelião um contrato cujo objeto é precisamente o exato exercício de suas funções.

Há quem entenda, porém, tratar-se de matéria regida pelo art. 37, § 6º, da Constituição Federal, em virtude de serem os notários e registradores servidores públicos, pois exercem os seus misteres por delegação do Poder Público (art. 236 da CF/88. Sem desprezar essa posição, que se apresenta muito válida, parece-nos, contudo, que os notários e registradores, como prestadores de serviços, estão sujeitos à disciplina do CDC, respondendo, portanto, diretamente, pelos danos causados aos seus clientes. O Estado seria, então, responsável solidário. Tratando-se, no entanto, de cartório oficializado, a responsabilidade civil é do Estado, conforme julgado do STF:

"Responsabilidade objetiva. Estado. Reconhecimento de firma. Cartório oficializado. Responde o Estado pelos danos causados em razão de reconhecimento de firma considerada assinatura falsa. Em se tratando de atividade cartorária exercida à luz do artigo 236 da Constituição Federal, a responsabilidade objetiva é do notário, no que assume posição semelhante à das pessoas jurídicas de direito privado prestadoras de serviços públicos — § 6º do artigo 37 também da Carta da República"[197].

---

197. STF. RE 201595/SP, Relator: Min. Marco Aurélio. Julgamento: 28/11/2000. Segunda Turma. Fonte: DJU 20-04-2001, pág. 00138.

A responsabilidade civil dos notários e registradores decorre das falhas ou erros nos seus serviços, sendo exemplos freqüentes os que são praticados em escrituras públicas, testamentos, registros de títulos e reconhecimento de firmas etc. Nesses casos, não se pode cogitar, sequer, de culpa leve ou levíssima, pois o erro que causa a anulação do instrumento, através de decisão judicial, sem dúvida, é sempre conceituado como um erro grave. Sobre testamento, o Código Civil de 1916 continha regra expressa, no parágrafo único do art. 1.634, estabelecendo que o testamento seria nulo se o oficial faltasse, ou não mencionasse alguma das formalidades exigidas, respondendo ele civil e criminalmente. O Código Civil atual não contém dispositivo semelhante. Mesmo assim, anulada uma escritura pública, um registro ou um testamento, por falta de formalidades essenciais, o notário ou o registrador fica sujeito a indenizar os interessados dos prejuízos experimentados.

Os notários e registradores são também responsáveis pelos depósitos de valores em dinheiro ou títulos que recebem das partes para satisfazer os encargos dos contratos ou registros. São quantias que lhes são entregues, em confiança, para pagamento de impostos ou taxas devidos à Fazenda Pública. A rigor, cabe ao próprio interessado recolher esses valores na repartição fiscal competente, mediante guia, entregando os comprovantes ao oficial encarregado de praticar o ato.

2. Lei nº 8.935/94. Essa lei regulamentou o art. 236 da Constituição Federal, dispondo sobre serviços notariais e de registro; traz regras importantes sobre toda essa temática. Estabelece, no seu art. 4.º, que os serviços notariais e de registro serão prestados, de modo eficiente e adequado, em dias e horários estabelecidos pelo juízo competente, em local de fácil acesso ao público e que ofereça segurança para o arquivamento de livros e documentos. Acrescente-se que os serviços de registro civil das pessoas naturais serão prestados, também, nos sábados, domingos e feriados pelo sistema de plantão.

A citada lei autoriza que os notários e os oficiais de registro poderão, para o desempenho de suas funções, contratar escreventes, dentre eles escolhendo os substitutos, e auxiliares como empregados, com remuneração livremente ajustada e sob o regime da legislação do trabalho. Definiu, assim, a responsabilidade civil que assumem, dispondo, no seu art. 22, que responderão pelos danos que eles e seus prepostos causem a terceiros, na prática de atos próprios da serventia, assegurado aos primeiros direito de regresso, no caso de dolo ou culpa dos prepostos.

Estabelece ainda a Lei nº 8.935/94 que a responsabilidade civil independe da criminal, e que esta será individualizada, aplicando-se, no que couber, a legislação relativa aos crimes contra a Administração Pública.

3. Função pública dos notários e registradores: jurisprudência do STJ e do STF antes da reforma da Previdência Social.

Anteriormente à reforma da Previdência Social, iniciada com a EC nº 20/98, os notários e os registradores exerciam função pública, conforme estabelecia a jurisprudência do STJ e do STF:

"1. A Constituição Federal, no art. 40, inciso II, prevê para os servidores públicos a aposentadoria compulsória aos setenta anos de idade. 2. A atividade é exercida em caráter privado, porém através de delegação do Poder Público, sob a disciplina estabelecida pelo Poder Judiciário. A função é de natureza pública e a investidura depende de aprovação em concurso público de provas e títulos (§§ 1º e 3º do art. 236 da CF). Embora desempenhe, por delegação do Estado, a atividade de caráter privado, o notário guarda a qualificação de servidor público. 3. Recurso desprovido"[198].

"1. Os notários e oficiais de registro, considerados servidores públicos, são alcançados pela norma da CF/88, art. 40, inciso II, esta que não colide com o contido no art. 236 da mesma Carta. 2. Recurso a que se nega provimento"[199].

"Aposentadoria dos titulares das serventias de notas e registros. Aplicação a eles da aposentadoria compulsória prevista no artigo 40, II, da Constituição Federal. Há pouco, o Plenário desta Corte, por maioria de votos, ao julgar o RE 178.236, relator o Sr. Ministro Octavio Gallotti, decidiu que os titulares das serventias de notas e registros estão sujeitos à aposentadoria compulsória prevista no artigo 40, II, da Constituição Federal. Entendeu a maioria deste Tribunal, em síntese, que o sentido do artigo 236 da Carta Magna foi o de tolher, sem mesmo reverter, a oficialização dos cartórios de notas e registros, em contraste com a estatiza-

---

[198]. STJ, ROMS. 8235/RS (Recurso Ordinário 1997/000313-6).
[199]. STJ, ROMS. 7859/SP (Recurso Ordinário 1996/0070571-2).
Fonte: DJ 13/09/1999, pág. 00074.

ção estabelecida para as serventias do foro judicial pelo art. 31 do ADCT; ademais, pelas características desses serviços (inclusive pelo pagamento por emolumentos que são taxas) e pelas exigências feitas pelo artigo 236 da Carta Magna (assim, o concurso público de provas e títulos para provimento e o concurso de remoção), os titulares dessas serventias são servidores públicos em sentido amplo, aplicando-se-lhes o preceito constitucional relativo à aposentadoria compulsória determinada pelo citado artigo 40, II, da Constituição Federal. Dessa decisão, não diverge o acórdão recorrido. Recurso extraordinário conhecido pela letra "c" do inciso III do artigo 102 da Constituição, mas não provido"[200].

"Sendo ocupantes de cargo público criado por lei, submetido à permanente fiscalização do Estado e diretamente remunerado à conta de receita pública (custas e emolumentos fixados por lei), bem como provido por concurso público, estão os serventuários de notas e de registro sujeitos à aposentadoria por implemento de idade (artigos 40, II, e 236, e seus parágrafos, da Constituição Federal de 1988). Recurso de que se conhece pela letra c, mas a que, por maioria de votos, nega-se provimento"[201].

4. Função pública dos notários e registradores: jurisprudência do STF depois da reforma da Previdência Social. Com a reforma da Previdência (Emendas 20/98 e 41/2003), o STF mudou de orientação. Senão, vejamos:

---

200. STF. RE-189736, DJ 27/09/1996, pág. 001141.
201. STF. RE-178236, DJ11/04/1997, pág. 12207.

"Constitucional. Administrativo. Inaplicabilidade da aposentadoria compulsória (art. 40, § 1º, II, da CF/88, redação dada pela EC 20/98) aos notários e oficiais de registro. I — Os notários e registradores, a despeito de exercerem atividade estatal, não são titulares de cargo público efetivo e, pois, não se submetem à aposentadoria compulsória prevista no art. 40, § 1º, II, da CF/88 (redação dada pela EC 20/98). Precedentes. II — Agravo não provido[202].

Do voto do relator, extrai-se o seguinte trecho:

"O acórdão recorrido está em harmonia com a jurisprudência desta Corte, como se vê da ementa da ADI 2.602/MG, Relator para o acórdão Min. Eros Grau, assim explicitada: 'Ação direta de inconstitucionalidade. Provimento n. 055/2001 do Corregedor-Geral de Justiça do Estado de Minas Gerais. Notários e registradores. Regime jurídico dos servidores públicos. Inaplicabilidade. Emenda Constitucional nº 20/98. Exercício de atividade em caráter privado por delegação do poder público. Inaplicabilidade da aposentadoria compulsória aos setenta anos. Inconstitucionalidade. 1. O artigo 40, § 1º, inciso II, da Constituição do Brasil, na redação que lhe foi conferida pela EC 20/98, está restrito aos cargos efetivos da União, dos Estados-membros, do Distrito Federal e dos Municípios, incluídas as autarquias e

---

[202]. STF. RE-AgR 432386/PE. Relator: Ministro Ricardo Lewandowski. Julgamento: 20/06/2006. Órgão julgador: Primeira Turma. Fonte: DJ 18/08/2006, pág. 00023.

fundações. 2. Os serviços de registros públicos, cartorários e notariais são exercidos em caráter privado por delegação do Poder Público, serviço público não-privativo. 3. Os notários e os registradores exercem atividade estatal, entretanto não são titulares de cargo público efetivo, tampouco ocupam cargo público. Não são servidores públicos, não lhes alcançando a compulsoriedade imposta pelo mencionado artigo 40 da CB/88, aposentadoria compulsória aos setenta anos de idade. 4. Ação direta de inconstitucionalidade julgada procedente.' (DJU 31.3.2006) Supremo Tribunal Federal RE 432.386-AgR/PE".

Capítulo XXII

RESPONSABILIDADE CIVIL PELO FATO DO PRODUTO E DO SERVIÇO, POR DANOS NO FORNECIMENTO DO SERVIÇO E POR VÍCIO DE QUALIDADE DO PRODUTO OU DO SERVIÇO

1. Introdução. 2. Responsabilidade pelo fato do produto. 2.1. Tipos de defeitos. 2.2. Dos responsáveis. 2.3. Natureza da responsabilidade. 2.4. Excludentes da responsabilidade. 3. Responsabilidade por danos no fornecimento do serviço. 4. Responsabilidade por vício de qualidade do produto e do serviço. 4.1. Extensão da responsabilidade por vícios às pessoas jurídicas. 4.2. Sujeitos passivos dessa relação. 4.3. Vício de qualidade e quantidade. 4.4. Sanções. 4.5. Prazo de garantia. 5. Análise comparativa entre o Código Civil e o Código de Defesa do Consumidor.

1. Introdução. O Código de Defesa do Consumidor distingue os seguintes modelos de responsabilidade civil:

a) por danos causados aos consumidores, os denominados acidentes de consumo; b) por vícios de qualidade ou quantidade dos produtos; c) por vícios de qualidade dos serviços.

2. Responsabilidade pelo fato do produto. O art. 12 do CDC ocupa-se da responsabilidade do fornecedor por danos decorrentes dos vícios de qualidade dos bens, de defeitos decorrentes de projeto, fabricação, construção, montagem, fórmulas, manipulação, apresentação ou acondicionamento dos produtos. Esse tipo de responsabilidade decorre da propagação do vício de qualidade, alcançando o consumidor e terceiros, vítimas do evento (art. 17). Supõe a ocorrência de três pressupostos: a) defeito do produto; b) evento danoso; c) relação de causalidade.

Define-se como defeituoso o produto quando não oferecer a segurança que dele legitimamente se espera, levando-se em consideração as circunstâncias relevantes, entre as quais: sua apresentação, o uso e os riscos que razoavelmente dele se esperam, a época em que foi colocado em circulação.

A responsabilidade civil pelo fato do produto configura-se quando o consumidor experimentar um prejuízo material em razão de consumir um produto que apresente defeito no seu projeto, fabricação, construção, montagem, fórmulas, manipulação, apresentação ou acondicionamento. Ocorre também por informações insuficientes ou inadequadas sobre sua utilização e riscos, vindo a produzir um fato que provoque dano ao seu consumidor. São exemplos de danos por vício do produto: o incêndio do aparelho eletrodoméstico ou a explosão do aparelho celular causados por defeito de fabricação; a doença contraída por paciente devido à má fabricação do medicamento; as lesões corporais ou a morte decorrentes de virada de automóvel provocada por defeito do sistema de freio ou de direção.

2.1. Tipos de defeitos. A doutrina aponta três tipos de defeitos dos produtos: a) defeito de concepção, também designado de criação, envolvendo os vícios de projeto, formulação, inclusive design dos produtos; b) defeito de produção, também denominado de fabricação, envolvendo os vícios de fabricação, construção, montagem, manipulação e acondicionamento dos produtos; c) defeito de informação ou de comercialização, que envolve a apresentação, informação insuficiente ou inadequada, inclusive a publicidade.

Conforme assinala Zelmo Denari[203], os defeitos de concepção tanto podem resultar de erro no projeto tecnológico do produto quanto da escolha de material inadequado ou de componente orgânico ou inorgânico nocivo à saúde. Evidenciado, o defeito provoca uma reação em cadeia, alcançando todos os produtos da mesma série. Mesmo as mais modernas técnicas de controle da qualidade dos produtos não conseguem evitar sua ocorrência. Por essa razão, esta modalidade de defeito costuma ser a mais temida pelos fabricantes que, de certo modo, aceitam o risco criado.

Acrescenta ainda o referido autor que, na prática, os defeitos de concepção costumam, de forma mais fre-

---

[203]. Zelmo Denari. Código de Defesa do Consumidor comentado pelos autores do projeto, 8ª ed., pág. 184.

qüente, determinar o recolhimento preventivo do produto *(recall)*. Trata-se de expediente muito utilizado na moderna sociedade de consumo pela indústria automobilística e farmacêutica, para substituição dos produtos defeituosos. Os defeitos de produção, por sua vez, são aqueles que se manifestam em alguns exemplares do produto, como decorrência de falha instalada no processo produtivo, mecânico ou manual, e cuja incidência, portanto, encontra-se numa relação imediata com o controle de qualidade desenvolvido pela empresa.

Por último, acentua que, entre as características mais marcantes desta modalidade de defeito, "podemos assinalar a sua inevitabilidade". Os defeitos de produção escapam a qualquer controle e surgem, por obra do acaso, como parte integrante do risco do negócio. Como é evidente, o avanço tecnológico e a modernização das empresas têm contribuído, positivamente, para a redução do nível de incidência de defeitos. Não menos certo, contudo, que a produção em série atua como agente multiplicador do risco. Foram estas circunstâncias que deflagraram o advento da teoria da responsabilidade objetiva dos fabricantes, acompanhada da inversão do ônus da prova, seu inafastável corolário.

2.2. Dos responsáveis. Os responsáveis pelos danos causados ao consumidor são: o fabricante, o produtor, o construtor e o importador (art. 12 do CDC). Na relação não consta o comerciante. É que esse só será responsabilizado em via secundária, nas seguintes hipóteses: I — se o fabricante, o construtor, o produtor ou o importador não puderem ser identificados; II — se o produto for fornecido sem identificação clara do seu fabricante, produtor, construtor ou importador; III — se não conservar adequadamente os produtos perecíveis (art. 13).

O art. 12 do CDC, quando se refere ao fornecedor, pretende alcançar todos os partícipes do ciclo produtivo-distributivo, ou seja, todos aqueles que desenvolveram as atividades descritas no artigo 3º do CDC. Contempla as três categorias clássicas de fornecedores: a) o fornecedor real, compreendendo o fabricante, o produtor e o construtor; b) o fornecedor presumido, assim entendido o importador de produto industrializado ou *in natura*; c) o fornecedor aparente, ou seja, aquele que apõe seu nome ou marca no produto final[204]. Há de se considerar ainda a figura do fornecedor aparente, fruto da modernidade, que encontra no instituto das franquias comerciais o seu campo de atuação.

2.3. Natureza da responsabilidade. A responsabilidade civil do fabricante, produtor, construtor e importador, pela reparação dos danos causados aos consumidores, é objetiva, afastando, portanto, qualquer idéia de prova com relação à conduta do lesante. A abolição do elemento subjetivo da culpa não exclui, no entanto, o ônus que recai sobre o consumidor que se diz vítima, no sentido de provar o fato danoso e a relação de causalidade.

2.4. Excludentes da responsabilidade. Apesar de tratar-se de responsabilidade sem culpa, o fabricante, o produtor, o construtor e o importador podem ser isentos de responsabilidade civil, quando provarem: I — que não colocaram o produto no mercado; II — que, embora

---

204. Zelmo Denari, op. cit., pág. 180.

hajam colocado o produto no mercado, o defeito inexiste; III — a culpa exclusiva do consumidor ou de terceiro (§ 3º do art. 12 do CDC).

O primeiro caso de exclusão da responsabilidade ocorre quando o produto não foi colocado, de forma voluntária e consciente, no mercado. Inexistindo o elemento volitivo e consciente, não há que se falar em responsabilidade civil. Assim ocorre, por exemplo, quando há furto ou roubo de produtos defeituosos estocados no estabelecimento. A outra excludente diz respeito a inexistência de defeito. Se o produto não contém defeito de qualidade, a cadeia de causalidade estará quebrada.

Finalmente, a culpa exclusiva do consumidor ou de terceiro exclui a responsabilidade civil. Nesse caso, cabe ao fornecedor o ônus da prova. A respeito dos conceitos de culpa exclusiva e culpa concorrente, bem ainda de terceiro, na relação de consumo, remetemos o leitor para o capítulo VIII deste livro, onde a matéria foi desenvolvida. Anote-se, contudo, que a doutrina não reconhece a culpa concorrente como causa de responsabilidade civil nas relações de consumo.

Como se verifica, o Código de Defesa do Consumidor não elencou o caso fortuito e a força maior como excludentes da responsabilidade civil. Todavia, não se deve olvidar a posição da doutrina e da jurisprudência, consagrando a tese de que os acontecimentos provocados por forças físicas da natureza ou outros fatos que escapam do controle do homem não podem ser desconsiderados. Acrescente-se, no entanto, que, na relação de consumo, o caso fortuito ou a força maior podem acontecer antes ou depois da introdução do produto no mercado de consumo. Sobre a matéria, transcreve-se o seguinte julgado:

"Consumidor. Responsabilidade objetiva. Culpa do consumidor e de terceiro. A responsabilidade objetiva prevista no art. 14 do Código de Defesa do Consumidor é afastada quando provada a culpa exclusiva do consumidor ou de terceiro"[205].

No primeiro caso, adverte James Marins[206]: "Até o momento em que o produto ingressa formalmente no mercado de consumo, tem o fornecedor o dever de garantir que não sofre qualquer tipo de alteração que possa torná-lo defeituoso, oferecendo riscos à saúde e segurança do consumidor, mesmo que o fato causador do defeito seja a força maior". No segundo caso, ocorre uma ruptura do nexo de causalidade que liga o defeito ao evento danoso.

Como ensina Zelmo Denari[207], não tem cabimento qualquer alusão ao defeito do produto, uma vez que aqueles acontecimentos, na maior parte das vezes imprevisíveis, criam obstáculos de tal monta que a boa vontade do fornecedor não pode suprir. Na verdade, diante do impacto do acontecimento, a vítima sequer pode alegar que o produto se ressentia de defeito, vale dizer, fica afastada a responsabilidade do fornecedor pela inocorrência dos respectivos pressupostos.

Duas decisões do STJ, sobre a matéria, merecem destaque:

---

205. STJ. REsp 365008/MG (Recurso Especial 2001/0117494-7). Relator: Ministro César Asfor Rocha. Quarta Turma. Data do julgamento: 25/06/2002. Fonte: DJU11/1/002, pág. 222.
206. James Marins. Responsabilidade da empresa, pág. 153.
207. Zelmo Denari, op. cit., pág. 192.

"Civil e processual. Ação de indenização. Assalto a ônibus seguido de estupro de passageira. Caso fortuito. Configuração. Preposto. Omissão no socorro à vítima. Responsabilidade da transportadora. I. A 2ª Seção do STJ, no julgamento do REsp n. 435.865/RJ (Rel. Min. Barros Monteiro, por maioria, DJU de 12.05.2003), uniformizou entendimento no sentido de que constitui caso fortuito, excludente de responsabilidade da empresa transportadora, assalto a mão armada ocorrido dentro de veículo coletivo. III. Recurso especial conhecido e parcialmente provido"[208].

"Administrativo. Responsabilidade civil. Assalto em estação do metrô. Caso fortuito. 1. A empresa prestadora de serviço é responsável pelos danos causados ao usuário em decorrência do serviço ou de sua falta. 2. Fogem do nexo de causalidade os eventos ocorridos em decorrência de caso fortuito ou força maior. 3. Assalto ocorrido nas escadas de acesso ao metrô não pode ser considerado como falta do serviço, equiparando-se a assalto ocorrido em transporte coletivo. 4. Recurso especial provido"[209].

Do corpo do último acórdão, colhe-se o seguinte trecho:

---

[208]. STJ. REsp 402227/RJ (Recurso Especial 2001/0147548-7). Relator: Ministro Aldir Passarinho Júnior. Quarta Turma. Data do julgamento: 07/12/2004. Fonte: DJU 11/04/2005, pág. 305.
[209]. STJ. REsp 402708/SP (Recurso Especial 2002/0001343-0. Relatora: Ministra Eliana Calmon. Segunda Turma. Data do julgamento: 24/08/2004. Fonte: DJU 28/02/.2005, pág. 267.

"Entre as teses desenvolvidas, pondero que a jurisprudência desta Corte, em matéria de contrato de transporte, não tem dúvida em imputar ao transportador a responsabilidade por todo e qualquer dano que vier a sofrer o passageiro, seja por ato comissivo ou omissivo, o qual esteja ligado ao transporte. Diferentemente, se o passageiro é vítima de uma bala perdida, ou de um assalto, o direito pretoriano deste Tribunal posicionou-se no sentido de considerar que o fortuito não pode estar ao abrigo da responsabilidade objetiva, pela só exploração da atividade econômica, faltando nexo de causalidade para se imputar ao transportador o dever de indenizar o dano. A título exemplificativo anote-se, dentre outros, julgado da Segunda Seção assim ementado: Responsabilidade civil. Transporte coletivo. Assalto a mão armada. Força maior. Constitui causa excludente de responsabilidade da empresa transportadora o fato inteiramente estranho ao transporte em si, como é o assalto ocorrido no interior do coletivo. Precedentes".

3. Responsabilidade por danos no fornecimento do serviço. O art. 14 do Código de Defesa do Consumidor estabelece que o fornecedor de serviços responde, independentemente da existência de culpa, pela reparação dos danos causados aos consumidores por defeitos relativos à prestação dos serviços, bem como por informações insuficientes ou inadequadas sobre sua fruição e riscos. Nesse contexto, equiparam-se aos consumidores todas as vítimas do evento (art. 17 do CDC).

Os pressupostos da responsabilidade civil são os mesmos apresentados anteriormente, ou seja, defeito do serviço, evento danoso; relação de causalidade. A esse respeito, ensina Zelmo Denari[210]: "Além dos defeitos intrínsecos, o dispositivo responsabiliza os prestadores de serviços pelos defeitos extrínsecos quando os respectivos contratos de prestação de serviços ou os meios publicitários não prestam informações claras e precisas a respeito da fruição. Os acidentes de consumo relacionados com a falta de informações relativas aos serviços de transporte e de distribuição de energia elétrica são freqüentes no noticiário da imprensa escrita, falada e televisiva. De resto, ninguém ignora a potencialidade lesiva dos danos causados por vícios de informação na área dos serviços públicos, prestados pela administração direta ou indireta, por meio das concessionárias de serviços públicos".

O serviço é defeituoso, conforme o § 1º do artigo em comento, quando não fornece a segurança que o consumidor dele pode esperar, levando-se em consideração circunstâncias relevantes, entre as quais: "I — o modo de seu fornecimento; II — o resultado e os riscos que razoavelmente dele se esperam; III — a época em que foi fornecido".

É objetiva a responsabilidade civil do fornecedor de serviço, ressalvada a hipótese da responsabilidade pessoal dos profissionais liberais que será apurada mediante a verificação de culpa (§ 3º do art. 14), como vimos no capítulo XVI. Entretanto, existem hipóteses que excluem a responsabilidade. Assim, o fornecedor de serviços só não será responsabilizado quando provar: I — que, tendo prestado o serviço, o defeito inexiste; II — a culpa exclusiva do consumidor ou de terceiro.

---

210. Zelmo Denari, op.cit.,pág. 194.

4. Responsabilidade por vício de qualidade do produto e do serviço. Nos arts. 18 a 25, o Código de Defesa do Consumidor trata da responsabilidade por vícios do produto e do serviço. Nesta hipótese, a relação de responsabilidade não tem similaridade com a anteriormente citada, pois se ocupa somente dos vícios inerentes aos produtos ou serviços. A responsabilidade, portanto, está *in re ipsa*, e seu fundamento é diverso daquele da responsabilidade por danos.

A responsabilidade por vício do produto e do serviço decorre de um princípio de garantia que guarda semelhança com os vícios redibitórios, da teoria civilista. Distingue-se, no entanto, dos vícios redibitórios. Esses são defeitos ocultos da coisa, que dão causa à rescisão do contrato, com a conseqüente restituição da coisa defeituosa ou ao abatimento do preço. Já os vícios de qualidade ou quantidade dos produtos ou serviços, ao revés, podem ser ocultos ou aparentes e contam com mecanismos reparatórios mais amplos do que aqueles previstos no Código Civil.

Além disso, o vício redibitório só se configura nas seguintes situações: a) que a coisa seja recebida em virtude de uma relação contratual (por exemplo, contrato comutativo ou doação com encargo); b) que os defeitos ocultos sejam graves, por isso que os defeitos de somenos importância não afetam o princípio de garantia; c) que os defeitos sejam contemporâneos à celebração do contrato, pois, se forem supervenientes, não tem cabimento a invocação da garantia. Nenhum desses requisitos é aplicável às relações de consumo, pois estas, além de desconsiderarem o princípio *pacta sunt servanda*, não fazem qualquer distinção quanto ao valor dos produtos, nem levam em consideração o fato de o defeito ser anterior ou posterior à sua introdução no mercado de consumo.

Conforme assinala Zelmo Denari[211], "a responsabilidade por vícios de qualidade ou quantidade não se identifica, ontologicamente, com a responsabilidade por danos, nem recorre a fatores extrínsecos, envolvendo a apuração da culpa do fornecedor. Este modelo de responsabilidade, a nosso aviso, é consectário do inadimplemento contratual: o fornecedor tem a obrigação de assegurar a boa execução do contrato, colocando o produto ou serviço no mercado de consumo em perfeitas condições de uso ou fruição".

4.1. Extensão da responsabilidade por vícios às pessoas jurídicas. É importante examinar se as pessoas jurídicas se equiparam ao consumidor. O Código de Defesa do Consumidor define o consumidor como toda pessoa física ou jurídica que adquire ou utiliza produto ou serviço como destinatária final (art. 24). A doutrina divide-se, entendendo uma corrente doutrinária formada por comercialistas que a pessoa jurídica jamais se equipara ao consumidor quando atua empresarialmente, ou seja, quando adquire produtos ou serviços com natureza de insumos.

Outra corrente doutrinária vê a questão por duas vertentes diferentes: a) a empresa não é consumidora quando adquire insumos que são consumidos ou utilizados no próprio processo produtivo (matéria-prima, energia elétrica, força do trabalho etc.); b) a empresa é consumidora quando adquire insumos que não são utilizados

---

211. Zelmo Denari, op.cit., pág. 201.

nem consumidos diretamente no processo produtivo (ativo imobilizado). É o caso do automóvel adquirido pela empresa, para uso da diretoria ou da seção de transporte etc. Portanto, o art. 2º do Código de Defesa do Consumidor deve ser interpretado através do critério finalístico.

4.2. Sujeitos passivos dessa relação. São sujeitos passivos da relação no caso de vício do produto e do serviço todas as espécies de fornecedores, coobrigados e solidariamente responsáveis pelo ressarcimento dos vícios de qualidade ou quantidade eventualmente apurados no fornecimento de produtos ou serviços. O consumidor poderá, livremente, direcionar a sua pretensão contra qualquer um deles ou contra todos, prevalecendo, no caso, as regras da solidariedade passiva.

4.3. Vício de qualidade e quantidade. A qualidade do produto a ser consumido deve atender as qualificações propostas para o seu uso adequado, de forma a corresponder às expectativas e necessidades do consumidor. Já a quantidade tem referência com o peso e medida do produto ofertado pelo fornecedor para o consumo. Um produto é considerado viciado quando informa na embalagem determinado peso, mas na realidade seu conteúdo é menor, ou quando a medida especificada na embalagem for inferior. Nesses casos, o produto é considerado inadequado ao consumo a que se destina pela inexatidão de suas medidas por estar reduzido o seu valor.

Os vícios de qualidade que tornam o produto impróprio ou inadequado ao consumo são ocultos, como, por exemplo: defeito no sistema de freio ou de refrigeração do veículo; defeito no som ou na imagem do televisor etc. Além desses, existem os vícios aparentes, quando ocorrem aquelas hipóteses do § 6º do art. 18 do CDC:

"São impróprios ao uso e consumo: I — os produtos cujos prazos de validade estejam vencidos; II — os produtos deteriorados, alterados, adulterados, avariados, falsificados, corrompidos, fraudados, nocivos à vida ou à saúde, perigosos ou, ainda, aqueles em desacordo com as normas regulamentares de fabricação, distribuição ou apresentação; III — os produtos que, por qualquer motivo, se revelem inadequados ao fim a que se destinam".

4.4. Sanções. Constatado vício, o fornecedor ou fabricante tem até trinta dias para sanar o defeito. Não sendo sanado, cabe ao consumidor: a) exigir a troca do produto por outro da mesma espécie e qualidade; b) pedir a restituição do valor pago, com perdas e danos. O prazo para reclamar, se o vício for aparente, será de trinta dias, se a coisa não for durável; será de noventa dias, se a coisa for durável. Tratando-se de vício oculto, os prazos são os mesmos, mas só terão início no momento da constatação do defeito.

Saliente-se que as partes poderão convencionar a redução ou ampliação dos prazos acima estabelecidos, não podendo ser inferior a sete nem superior a cento e oitenta dias. Nos contratos de adesão, a cláusula de prazo deverá ser convencionada em separado, por meio de manifestação expressa do consumidor (§ 2º do art. 18 do CDC).

4.5. Prazo de garantia. Estabelece o art. 50 do CDC que a garantia contratual é complementar à legal e será conferida mediante termo escrito. O termo de garantia ou equivalente deve ser padronizado e esclarecer, de maneira adequada, em que consiste a garantia, bem como a forma, o prazo e o lugar em que pode ser exercitada e os ônus a cargo do consumidor. Deve ser-lhe entregue, devidamente preenchido pelo fornecedor, no ato do fornecimento, acompanhado de manual de instrução, de instalação e uso do produto em linguagem didática, com ilustrações.

5. *Análise comparativa entre o Código Civil e o Código de Defesa do Consumidor.* Com base em estudo comparativo feito na doutrina e nos Código Civil e de Defesa do Consumidor, apresentaremos, à guisa de orientação ao leitor, as principais diferenças entre os dois Códigos:

a) No Código Civil, em que a relação jurídica estabelecida não é de consumo (um particular compra um automóvel a outro particular), havendo vício redibitório, o comprador poderá: rejeitar a coisa ou aceitá-la, com abatimento de preço. Os prazos são: trinta dias, se móvel; um ano, se imóvel.

b) No Código Civil vigora, em regra, a responsabilidade subjetiva pura, baseada na culpa do fornecedor; já no Código de Defesa do Consumidor, a responsabilidade pelos vícios é objetiva, cabendo ainda, em algumas situações, a inversão do ônus da prova em favor do consumidor.

c) O Código Civil não prevê a solidariedade entre os fornecedores componentes da cadeia de produção e comercialização. Assim, o consumidor só pode acionar o fornecedor direito, com quem contratou diretamente. Já no Código de Defesa do Consumidor, o consumidor poderá acionar quaisquer dos componentes da cadeia de produção e comercialização, seja o comerciante, o fabricante, o distribuidor, ou todos eles conjuntamente.

d) De acordo com o Código Civil, a responsabilização pelos vícios da coisa só é permitida se esta tiver sido recebida em virtude de relação contratual (contratos comutativos ou doação com encargo). No Código de Defesa do Consumidor, não há necessidade de haver relação contratual entre o consumidor e o sujeito passivo demandado pelo vício do produto ou serviço, em face da solidariedade entre os componentes da cadeia de fornecedores.

e) O Código Civil não prevê responsabilização pelos vícios aparentes ou de fácil constatação, abrangendo, apenas, os ocultos. No Código de Defesa do Consumidor, como vigora o princípio da vulnerabilidade do consumidor, e existe o objetivo de estabelecer-se o equilíbrio contratual, considera-se irrelevante que o consumidor tenha ou não conhecimento do vício e tenha ele surgido antes ou depois da tradição do produto, desde que dentro dos prazos decadenciais.

f) O Código Civil não prevê proteção aos vícios ocorridos na prestação de serviços, mas tão-somente do produto, enquanto que o Código de Defesa do Consumidor faculta ao consumidor as possibilidades de exigir a reexecução do serviço, a restituição da quantia paga ou o abatimento do serviço, caso haja responsabilidade do fornecedor de serviços pelos vícios de adequação (quantidade e qualidade).

g) No Código Civil, caso comprovada a boa-fé, o alienante será obrigado a restituir apenas a coisa viciada, ou seja, a culpa não enseja a responsabilização pelos danos materiais (lucro cessante + dano emergente) ou pessoais (morais). Dessa maneira, somente quando comprovada a má-fé, aquele será responsabilizado por perdas e danos. Já no Código de Defesa do Consumidor, pouco importa a comprovação ou não de má-fé do fornecedor, para obter-se a reparação integral (danos materiais + danos pessoais).

h) O Código Civil só prevê duas possibilidades de reparação: a ação redibitória (o contrato é levado a termo e o comprador é restituído integralmente pelo pagamento) ou a ação estimatória (o comprador obtém a redução do valor pago). No Código de Defesa do Consumidor, as possibilidades estão ampliadas, estabelecendo, dentre as hipóteses, a substituição do produto, a restituição da quantia paga ou abatimento do preço. Há também a possibilidade da troca do produto por outro de espécie, marca ou modelo diverso, mediante complementação ou restituição de eventual diferença de preço.

i) No Código Civil, os prazos de prescrição e decadência são contados a partir da entrega da coisa (a prescrição é de quinze dias para bem móvel e seis meses para bem imóvel). Por sua vez, no CDC, tais prazos se iniciam a partir do momento em que o consumidor toma conhecimento do vício ou do dano (a prescrição é de cinco anos).

Capítulo XXIII

RESPONSABILIDADE CIVIL DO LOCADOR E DO LOCATÁRIO

1. Base legal. 2. Responsabilidade civil do locador. 3. Responsabilidade civil do locatário.

1. Base legal. A responsabilidade civil do locador e do locatário está definida nos arts. 566 e 569 do Código Civil e no art. 22 e seguintes da Lei nº 8.245/91 (Lei do Inquilinato).

2. Responsabilidade civil do locador. Cuida-se de responsabilidade civil de natureza contratual. O locador é obrigado a entregar ao locatário a coisa alugada, com suas pertenças, em estado de servir ao uso a que se destina, e a mantê-la nesse estado, pelo tempo do contrato, salvo cláusula expressa em contrário. Deve também garantir-lhe, durante o tempo do contrato, o uso pacífico da coisa. Resguardará ainda o locatário dos embaraços e turbações de terceiros, que tenham ou pretendam ter direitos sobre a coisa alugada, e responderá pelos seus vícios, ou defeitos, anteriores à locação.

O locador também obriga-se: a) a manter, durante a locação, a forma e o destino do imóvel; b) a fornecer ao locatário, caso este solicite, descrição minuciosa do estado do imóvel, quando de sua entrega, com expressa referência aos eventuais defeitos existentes; c) a fornecer ao locatário recibo discriminado das importâncias por este pagas, vedada a quitação genérica; d) a pagar as taxas de administração imobiliária, se houver, e de intermediações, nestas compreendidas as despesas necessárias à aferição da idoneidade do pretendente ou de seu fiador; e) a pagar os impostos e taxas, e ainda o prêmio de seguro complementar contra fogo, que incidam ou venham a incidir sobre o imóvel, salvo disposição expressa em contrário no contrato; e) a exibir ao locatário, quando solicitado, os comprovantes relativos às parcelas que estejam sendo exigidas; f) a pagar as despesas extraordinárias de condomínio (art. 22 da Lei n.º 8.245/91).

Por despesas extraordinárias de condomínio entendem-se aquelas que não se refiram aos gastos rotineiros de manutenção do edifício, como: obras de reforma ou acréscimos que interessem à estrutura; pinturas das fachadas, empenas, poços de aeração e iluminação e das esquadrias externas; obras que reponham as condições de habitabilidade do prédio; indenizações trabalhistas decorrentes de relações de trabalho anteriores à locação; instalação de equipamento de segurança, de incêndio, de telefonia, de intercomunicação, de esporte e de lazer.

Deve assinalar-se, ainda, a obrigação que tem o locador de receber os locativos na data e local estabelecidos no contrato. A recusa injustificada autoriza o uso da consignação pelo locatário. Essa ação se acha hoje bem simplificada, conforme a dicção do art. 67 da Lei do Inquilinato.

Por fim, atente-se para certos aspectos criminais que podem envolver o locador, quando: a) exigir quantia ou valor, além do aluguel e encargos permitidos; b) exigir mais de uma modalidade de garantia locatícia, num mesmo contrato; c) cobrar antecipadamente aluguel, salvo se a locação não estiver garantida por seguro de fiança ou se tratar de locação de temporada.

3. *Responsabilidade civil do locatário.* O locatário é obrigado a servir-se da coisa alugada para os usos convencionados ou presumidos, conforme a natureza dela e as circunstâncias, bem como tratá-la com o mesmo cuidado como se sua fosse. É obrigado ainda: a) a pagar pontualmente o aluguel nos prazos ajustados ou, em falta de ajuste, segundo o costume do lugar; b) a levar ao conhecimento do locador as turbações de terceiros, que se pretendam fundadas em direito; c) a restituir a coisa, finda a locação, no estado em que a recebeu, salvo as deteriorações naturais ao uso regular (art. 569 do Código Civil). Se empregar a coisa em uso diverso do ajustado, ou daquilo que se destina, ou se ela se danificar por abuso do locatário, poderá o locador, além de rescindir o contrato, exigir perdas e danos (art. 560).

A principal obrigação do locatário é a de restituir a coisa, finda a locação, no estado em que a recebeu, salvo as deteriorações naturais ao uso regular. Trata-se de princípio de direito obrigacional aplicável a todo aquele que assume uma obrigação de zelar e de restituir. Ensina

Agostinho Alvim[212] que a obrigação do inquilino "não é propriamente a de zelar a coisa, é a de restituí-la em bom estado; não é obrigação de meio, mas de fim ou de resultado".

Mas não é só. O locatário é também obrigado: a) a servir-se da coisa alugada para os seus fins convencionados, ou presumidos, conforme a natureza dela e as circunstâncias; b) a tratá-la com o mesmo cuidado como se sua fosse; c) a fazer as reparações locativas; d) a pedir consentimento expresso do locador para sublocar, ceder ou emprestar o imóvel locado; e) a pagar o prêmio do seguro de fiança; f) a demonstrar o estado perfeito do imóvel, quando da restituição das chaves, sob pena de responsabilidade por todos os prejuízos. Essa responsabilidade, conforme o magistério de Antonio Chaves[213], estende-se a todos os que estiverem em sua companhia, ainda que temporariamente, e às pessoas com quem eles dividem o gozo da coisa, ou que no gozo dela o substituam.

O Código Civil de 1916 estabelecia, no art. 1.208, que o locatário era responsável pelo incêndio do prédio, se não provasse caso fortuito ou força maior, vício de construção ou propagação de fogo originado em outro prédio. Essa norma não tem correspondente no Código Civil atual.

Finalmente, o locatário é obrigado a pagar as despesas ordinárias de condomínio, entendendo-se como tais as necessárias à administração respectiva, especialmente: a) salários, encargos trabalhistas, contribuições previ-

---

212. Agostinho Alvim. Aspectos da locação predial, 1966, pág. 227.
213. Antonio Chaves. Tratado, v. III, pág. 383.

denciárias e sociais dos empregados do condomínio; b) consumo de água e esgoto, gás, luz e força das áreas de uso comum; c) limpeza, conservação e pintura das instalações e dependências de uso comum; d) manutenção e conservação das instalações e equipamentos hidráulicos, elétricos, mecânicos e de segurança, de uso comum; e) manutenção e conservação das instalações e equipamentos de uso comum destinados à prática de esportes e lazer; f) manutenção e conservação de elevadores, porteiro eletrônico e antenas coletivas; g) pequenos reparos nas dependências e instalações elétricas e hidráulicas de uso comum; h) rateios de saldo devedor, salvo se referentes a período anterior ao início da locação; i) reposição do fundo de reserva, total ou parcialmente utilizado no custeio ou complementação das despesas referidas nas alíneas anteriores, salvo se referentes a período anterior ao início da locação.

Capítulo XXIV

TRANSMISSÃO DA RESPONSABILIDADE CIVIL POR HERANÇA

1. Introdução. 2. Outras obrigações.

1. Introdução. Preceitua o art. 943 do Código Civil: "O direito de exigir reparação e a obrigação de prestá-la transmitem-se com a herança". Não é toda obrigação que se transmite por herança, ou por outro meio de sucessão. Embora o artigo em exame nada diga a respeito, tem-se, contudo, que as obrigações personalíssimas não passam aos herdeiros, eis que são obrigações inerentes às pessoas. Segundo o magistério de Carvalho Santos[214], são personalíssimas:

---

214. Carvalho Santos, Código Civil Brasileiro Interpretado, vol. XII, 7.ª ed., págs. 08/09.

"a) As obrigações que se extinguem com a morte ou a renúncia do seu titular, porque só ele pode executá-las, como, por exemplo, as obrigações em que influiu a habilidade profissional do devedor: pintar um quadro, esculpir uma estátua, escrever um livro, desempenhar um mandato, etc. Puramente pessoal também é o direito de revogar uma doação ou testamento, aceitar ou repudiar uma herança, receber alimentos, ou o direito de usufruto.

b) As obrigações e os direitos intransmissíveis por natureza, como, por exemplo, os direitos e obrigações resultantes do pátrio poder, do casamento, e, em geral, os direitos de família; e bem assim todos aqueles em cujo exercício ou cumprimento o respectivo titular não se pode fazer substituir por outro, tais como os direitos de personalidade, o direito ao nome, o direito de paternidade literária e artística".

c) As obrigações e os direitos que, embora transmissíveis por natureza, não o são por contrato. Assim, pode convencionar-se que um crédito se extinguirá por morte do credor ou do devedor; numa doação, pode estipular-se que os bens doados, em cada hipótese, reverterão ao doador ou a favor de determinada pessoa, ao invés de passarem aos sucessores do donatário.

d) As obrigações e os direitos que a lei assim classifica, ou declara extintos pela morte do seu titular ou de um dos contraentes, como, por exemplo, o direito de usufruto (art. 717), o direito do uso e habitação (art. 745), os direitos do sócio (art. 1.388); as obrigações do locador de serviço (art. 1.233), as do pacto de melhor comprador (art. 1.158, parágrafo único), as da venda a contento (art. 1.148), as de perempção (art. 1.157), as de parceria agrícola (art. 1.413)".

Em síntese, as obrigações personalíssimas operam entre as partes e, em se tratando de contratos, há uma regra que exprime bem essa verdade: o contrato vale como lei entre os contratantes. No entanto, se já houve condenação em perdas e danos, por descumprimento de obrigação personalíssima, e, depois, o devedor veio a falecer, torna-se então indiscutível que essa obrigação de pagar transmite-se aos seus sucessores.

2. *Outras obrigações.* Quanto às demais obrigações, a regra do art. 943 é inteiramente pertinente. É que, enquanto a responsabilidade criminal, mercê do princípio de que "nenhuma pena passará da pessoa do delinqüente", se extingue com a morte do culpado, o mesmo não acontece com a responsabilidade civil: subsiste, porque pelo dano civil responde o patrimônio do responsável. Dessa forma, a obrigação de indenizar transmite-se aos herdeiros, dentro das forças da herança, assim como passa aos herdeiros da vítima o direito à indenização, que é reparação de prejuízo ao patrimônio do ofendido.[215]

---

215. Carvalho Santos, op. cit., vol. XX, pág. 315.

Capítulo XXV

RESPONSABILIDADE CIVIL DA ADMINISTRAÇÃO PÚBLICA E DAS PESSOAS JURÍDICAS DE DIREITO PRIVADO PRESTADORAS DE SERVIÇOS PÚBLICOS

1. Introdução. 2. Teoria da culpa administrativa. 3. Teoria do risco administrativo. 4. Teoria do risco integral. 5. O § 6º do art. 37 da Constituição da República. 6. Aplicação da responsabilidade objetiva. 7. Responsabilidade civil do Estado por ato omissivo de seus agentes. 8. Exclusão de responsabilidade. 9. Ônus da prova. 10. Responsabilidade por ato legislativo. 11. Atos judiciais. 12. Danos de obras públicas. 13. Da prescrição. 14. Denunciação da lide.

1. Introdução. O Estado, como pessoa jurídica, é um ser intangível que atua, no mundo jurídico, através de seus agentes, pessoas físicas, cuja conduta é a ele imputada. Assim, o Estado, por si só, não pode causar danos a ninguém. A sua responsabilidade civil desenvolve-se entre três sujeitos: o Estado, o lesado e o agente do Estado.

A idéia que prevaleceu no mundo ocidental, no século XIX, era a de que o Estado, dentro das reais condições da época, não tinha qualquer responsabilidade pelos atos praticados pelos seus agentes. O denominado "Estado Liberal" tinha limitada atuação, raramente intervindo nas relações entre particulares. Desse modo, a doutrina de sua irresponsabilidade constituía mero corolário da figuração política da equivocada isenção que o poder público assumia àquela época.

A noção de que Estado era um ente todo-poderoso, insuscetível de causar danos e ser responsável, não prevaleceu por muito tempo. Foi substituída pela do Estado de Direito, segundo a qual deveriam ser a ele atribuídos os direitos e deveres comuns às pessoas jurídicas. Modernamente, portanto, o direito positivo das nações civilizadas admite a responsabilização civil do Estado pelos danos que seus agentes causarem a terceiros, podendo variar aspectos específicos e de menor importância no que toca à responsabilidade do agente, ao montante da reparação e à forma processual de proteção do direito etc[216].

O abandono da teoria da irresponsabilidade do Estado marcou o aparecimento da doutrina da responsabilidade estatal no caso de ação culposa de seu agente. Passava a adotar-se, desse modo, a doutrina civilista da culpa. Entretanto, procurava-se distinguir, para esse fim, dois tipos de atitude estatal: atos de império e atos de

---

216. José dos Santos Carvalho Filho. Responsabilidade Civil do Estado, 10ª ed., Lumen Juris, pág. 432.

gestão. Os primeiros seriam coercitivos, porque decorreriam do poder soberano do Estado, ao passo que os segundos mais se aproximariam dos atos de direito privado.

Se o Estado produzisse um ato de gestão, poderia ser civilmente responsabilizado. Porém, se a hipótese fosse de ato de império, não haveria responsabilização, pois o fato seria regido pelas normas tradicionais do direito público, sempre protetivas da figura estatal. Essa forma de atenuação da antiga teoria da irresponsabilidade civil do Estado provocou grande inconformismo entre as vítimas de atos estatais, porque, na prática, nem sempre era fácil distinguir se o ato era de império ou de gestão[217].

2. Teoria da culpa administrativa. A culpa administrativa representou um estágio evolutivo da responsabilidade do Estado. Segundo as suas diretrizes, não mais era necessária a distinção entre atos de império e atos de gestão. Essa teoria foi consagrada pela clássica doutrina de Paul Duez[218], segundo a qual o lesado não precisaria identificar o agente estatal causador do dano. Bastava-lhe comprovar o mau funcionamento do serviço público, mesmo que fosse impossível apontar o agente que o provocou.

Os doutrinadores caracterizaram esse fato como culpa anônima ou falta do serviço. A falta do serviço podia consumar-se de três maneiras: a inexistência do serviço, o mau funcionamento do serviço ou o retardamento do

---

217. José dos Santos Carvalho Filho, op.cit., pág. 433.
218. Sérgio de Andréa Ferreira. Direito Administrativo Didático, pág. 278.

serviço. Em qualquer dessas formas, a falta do serviço implicaria o reconhecimento da existência de culpa, ainda que atribuída ao serviço da Administração Pública. Para que o lesado pudesse ser indenizado dos prejuízos sofridos, era necessário que comprovasse que o fato fora causado pelo mau funcionamento do serviço. O Estado, assim, teria atuado culposamente.

3. Teoria do risco administrativo. Fundamenta-se essa teoria no fato de que não é justo o administrado empenhar-se demasiadamente para conquistar o direito à reparação dos danos que o Estado venha a lhe causar. Dessa idéia surgiu a teoria do risco administrativo como fundamento da responsabilidade objetiva do Estado. Passou-se então a considerar que, por ser mais poderoso, o Estado teria que suportar um risco natural decorrente de suas numerosas atividades: à maior quantidade de poderes haveria de corresponder um risco maior.

A teoria do risco administrativo fez surgir a obrigação para a Administração Pública de indenizar o dano só pela ocorrência do ato lesivo e injusto causado a terceiro. Não se exige qualquer falta do serviço público, nem culpa de seus agentes. Basta a lesão, sem o concurso do lesado. Trata-se de modalidade da teoria objetiva que resultou de acentuado processo evolutivo. Com isso, passou-se a conferir maior benefício ao lesado, por estar dispensado de provar alguns elementos que dificultavam o surgimento do direito à reparação dos prejuízos.

Ressalte-se que é palpável a diferença entre a teoria do risco administrativo e a teoria da culpa administrativa: na primeira, exige-se apenas o fato do serviço; na segunda, exige-se a falta do serviço. Naquela, a culpa é inferida do fato lesivo da Administração; nesta a culpa é presumida da falta administrativa.

Segundo Celso Antônio Bandeira de Mello[219], a teoria do risco administrativo baseia-se no risco que a atividade pública gera para os administrados e na possibilidade de acarretar dano a certos membros da comunidade, impondo-lhes um ônus não suportado pelos demais. Para compensar essa desigualdade individual, criada pela própria Administração Pública, todos os outros componentes da coletividade devem concorrer para a reparação do dano, através do erário, representado pela Fazenda Pública. O risco e a solidariedade social são, pois, os suportes dessa doutrina, que, por sua objetividade, partilha os encargos e conduz à mais perfeita justiça distributiva. Por isso, tem merecido o acolhimento dos Estados modernos, inclusive o Brasil, que a consagrou, pela primeira vez, no art. 194 da Constituição Federal de 1946.

4. Teoria do risco integral. Essa teoria é uma modalidade extremada da doutrina do risco administrativo. Por ela, a Administração Pública ficaria obrigada a indenizar todo e qualquer dano suportado por terceiros, ainda que resultante de culpa ou dolo da própria vítima. Foi abandonada na prática, por conduzir ao abuso e à iniqüidade social. Ensina Celso Antônio Bandeira de Mello[220] que a teoria do risco integral jamais foi acolhida entre nós, embora haja quem tenha tentado sua admissibilidade no texto das Constituições da República. E conclui: "Con-

---

219. Celso Antônio Bandeira de Mello. Direito Administrativo Brasileiro, 30ª ed., Malheiros, pág. 631.
220. Op. cit., pág. 632.

testamos formalmente esse entender, que se desgarra da doutrina acolhida pelo nosso direito e se divorcia da jurisprudência que se formou acerca do citado dispositivo constitucional, consagrador da teoria objetiva, mas sob a modalidade do risco administrativo, e não do risco integral".

Feitas essas considerações sobre as teorias principais em matéria de responsabilidade civil da Administração Pública, passa-se a analisar o sentido e o alcance do art. 43 do Código Civil (art. 15 do Código Civil de 1916) e do art. 37, § 6°, da Constituição Federal.

5. O § 6° do art. 37 da Constituição da República. O citado dispositivo dispõe: "As pessoas jurídicas de direito público e as de direito privado prestadoras de serviços públicos responderão pelos danos que seus agentes, nessa qualidade, causarem a terceiros, assegurado o direito de regresso contra o responsável nos casos de dolo ou culpa". Como se verifica, a Constituição Federal de 1988 adotou a mesma linha traçada nas constituições anteriores. Abandonando a teoria subjetiva da culpa, orientou-se pela doutrina do direito público, mantendo a responsabilidade civil objetiva da Administração Pública, sob a modalidade do risco administrativo.

Seguindo a mesma direção, o Código Civil de 2002, no art. 43, estabelece: "As pessoas jurídicas de direito público interno são civilmente responsáveis por atos dos seus agentes que nessa qualidade causem danos a terceiros, ressalvado direito regressivo contra os causadores do dano, se houver, por parte destes, culpa ou dolo".

O § 6° do art. 37 da Constituição Federal apresenta três elementos que merecem especial análise: a) as pessoas responsáveis; b) os agentes do Estado; c) a duplicidade de relações jurídicas. Trataremos a seguir das três situações.

a) *Pessoas responsáveis*. Há referência, na regra constitucional, a duas categorias de pessoas sujeitas à responsabilidade objetiva: as pessoas jurídicas de direito público e as pessoas jurídicas de direito privado prestadoras de serviços públicos. Com relação à primeira categoria, nenhuma novidade existe. São pessoas jurídicas de direito público: a União, os Estados, o Distrito Federal e os Municípios. Acrescentam-se ainda à regra outros entes públicos: as autarquias e as fundações públicas de natureza autárquica.

A inovação está na segunda categoria, na medida em que a Constituição Federal incluiu as pessoas jurídicas de direito privado prestadoras de serviços públicos. O constituinte agiu bem, pois era preciso nivelar, para fins de sujeição à teoria da responsabilidade objetiva, as pessoas jurídicas de direito público e aquelas que, embora com personalidade jurídica de direito privado, executassem funções que, em princípio, caberiam ao Estado. Se esses serviços são delegados a terceiros pelo próprio poder público, não seria justo que a delegação tivesse o efeito de alijar a responsabilidade objetiva estatal, dificultando a reparação do dano.

Há grande variedade de formas de delegação de pessoas delegatárias e de serviços públicos. Além do mais, a própria noção de serviço público, como alertam alguns autores, nem sempre é muito precisa. Poderá haver dúvidas quanto ao enquadramento da pessoa prestadora do serviço, na norma constitucional. Uma coisa é certa: considera-se como classificadas nessa categoria as pessoas jurídicas da administração indireta (empresas públicas, sociedades de economia mista e fundações com personalidade de direito privado), quando se dedicam à prestação de serviços públicos. Incluem-se ainda os concessionários e os permissionários de serviços públicos, estes expressamente referidos no art. 175 da Constituição Federal. É o caso das empresas de transporte coletivo, de fornecimento de água, de distribuição e fornecimento de energia elétrica e outras dessa natureza.

Nessa parte, é preciso identificar com clareza as pessoas jurídicas de direito privado que se enquadram no art. 37, § 6º, da Constituição Federal: são todas aquelas que prestam serviços de forma delegada pelo poder público. É necessário, portanto, que haja um vínculo jurídico de direito público entre o Estado e o seu delegatário. Essa observação é importante, porque algumas pessoas de direito privado aparentemente prestam serviços públicos. Mas, como o fazem sob regime de direito privado, sem qualquer elo jurídico típico com o poder público, não estão inseridas na regra constitucional. É o caso, por exemplo, de organizações religiosas, de associações de moradores, de fundações criadas por particulares, muitas das quais se dedicam à assistência social, à educação, ao atendimento das comunidades etc. Sua responsabilidade é regida pelo direito civil.

Com relação às pessoas jurídicas representadas pelos serviços sociais autônomos, tem-se que estão sujeitas à responsabilidade objetiva do Estado. Cuida-se de pessoas jurídicas de atividade eminentemente social, regidas por leis autorizadoras editadas pelo Estado, cuja atividade pode ser qualificada como serviço público. Exemplo: SESI, SENAI, SESC, SENAC.

b) Agentes do Estado. A atuação do Estado, como já se afirmou, faz-se através de seus agentes, que são pessoas físicas capazes de manifestar a sua vontade real. Como essa vontade é imputada ao Estado, cabe a este a responsabilização pelos atos praticados por seus agentes. O texto refere-se à expressão "nessa qualidade". Isso quer dizer que o Estado somente pode ser responsabilizado se o servidor público praticar o ato no exercício da função ou se preparando para exercê-la. Se o dano foi causado no exercício da sua atividade privada, o Estado não é responsável.

O termo "agente" tem sentido amplo, incluindo-se não apenas o servidor, no seu sentido mais restrito, como também todos aqueles cuja vontade é imputada ao Estado. Alcança não apenas os que têm vínculo com o Estado, como também os que não têm vínculo típico de trabalho ou os colaboradores sem remuneração. Vai desde os mais humildes, até o do último escalão da Administração Pública.

O STF considerou o Estado civilmente responsável por danos causados por tabelionato não oficializado, que, com base em substabelecimento falso, veio a respaldar escritura de compra e venda, fulminada judicialmente[221]. De outra feita, consolidou a posição de que os titulares de serventia extrajudicial são servidores em sentido lato, submetendo-os ao regime do art. 37, § 6º, da Constituição Federal[222].

---

221. STF. RE nº 175. 739-SP. Relator: Min. Marco Aurélio. Fonte: Informativo nº 139.
222. STF. RE nº 187. 753. Relator: Min. Ilmar Galvão. Fonte: Informativo nº 143.

c) Duplicidade de relações jurídicas. O art. 37, § 6º, da Constituição Federal prevê dois tipos de relações jurídicas com pessoas diversas e diversos fundamentos jurídicos. Na parte inicial do dispositivo, a Constituição regula o Estado e o lesado, sendo aquele considerado civilmente responsável pelos atos praticados por este. Essa responsabilidade é objetiva. A segunda parte do artigo, no entanto, faz menção ao direito de regresso, dela fazendo parte o Estado e o seu agente.

O Estado pode e deve exercer o seu direito de regresso contra o agente responsável nas hipóteses de culpa ou dolo. Nesse caso, as partes estão vinculadas à teoria da responsabilidade subjetiva. Significa dizer que o Estado só pode ressarcir-se do prejuízo causado pelo seu agente se comprovar a atuação culposa deste. Estão presentes, portanto, no preceito constitucional, dois tipos de responsabilidade civil do Estado: a do Estado, sujeito à responsabilidade objetiva, e a do agente estatal sob o qual incide a responsabilidade subjetiva.[223]

6. *Aplicação da responsabilidade objetiva.* O que caracteriza a responsabilidade objetiva do Estado, sob a modalidade do risco administrativo, é o fato de o lesado não estar obrigado a provar a existência da culpa do agente ou do serviço. Desconsidera-se, portanto, a culpa, como pressuposto da responsabilidade civil. A culpa da vítima exclui a responsabilidade civil, não pela ausência de elemento subjetivo, mas por falta de nexo de causalidade.

---

223. José dos Santos Carvalho Filho, op. cit., pág. 435.

Três pressupostos, apenas, são necessários para configurar-se esse tipo de responsabilidade: a ocorrência do fato administrativo, ou seja, qualquer forma de conduta, comissiva ou omissiva, legítima ou ilegítima, atribuída ao poder público; b) o dano, porque não pode haver responsabilidade civil sem que a conduta tenha provocado um prejuízo, material ou moral; c) o nexo causal (ou relação de causalidade) entre o fato administrativo e o dano.

7. *Responsabilidade civil do Estado por ato omissivo de seus agentes.* O dano pode ser causado por ação ou por omissão. Quando o fato administrativo for comissivo, os danos decorrentes podem ser por conduta culposa ou não. Quando for omissivo, é preciso examinar se houve desleixo do Estado. Não havendo culpa, então os prejuízo não foram causados pelo Estado, "mas por acontecimentos alheios a ele, já que omissão seria condição do dano, ou melhor, seria o evento cuja ausência ensejava a ocorrência da lesão"[224].

Segundo o magistério de Celso Antônio Bandeira de Mello[225], somente quando o Estado se omitir diante de um dever legal de impedir a ocorrência do dano é que será responsável civilmente. Acrescenta o citado autor que, no caso de conduta omissiva, só se desenhará a responsabilidade do Estado quando presentes estiverem os elementos que caracterizam a culpa. A culpa origina-se, na espécie, do descumprimento, pelo poder público, de impedir a consumação do dano.

---

224. Maria Helena Diniz, op. cit., pág. 549.
225. Celso Antônio Bandeira de Mello, op.cit., pág. 447.

Trata-se de matéria que tem dividido a doutrina e a jurisprudência. Carlos Roberto Gonçalves[226], examinando o tema, assevera:

"Não apenas a ação produz danos. Omitindo-se, o agente público também pode causar prejuízos ao administrado e à própria administração. A omissão configura a culpa *in omittendo* e a culpa *in vigilando*. São casos de inércia, casos de não-atos. Se cruza os braços ou se não vigia, quando deveria agir, o agente público omite-se, empenhando a responsabilidade do Estado por inércia ou incúria do agente. Devendo agir, não agiu. Nem como o *bonus pater familiae*, nem como o *bonus administrator*. Foi negligente, às vezes imprudente e até imperito. Negligente, se a solércia o dominou; imprudente, se confiou na sorte; imperito, se não previu as possibilidades da concretização do evento. Em todos os casos, houve culpa, ligada à idéia de inação, física ou mental".

Cita o autor o excelente artigo intitulado "Responsabilidade extracontratual do Estado por comportamentos administrativos", publicado na RT, 552/11-20, do Prof. Celso Antônio Bandeira de Mello, da Universidade Católica de São Paulo, em que apresenta várias conclusões, algumas das quais, por pertinentes, transcreveu no seu livro:
"a) A responsabilidade do Estado no direito brasileiro é ampla. Inobstante, não é qualquer prejuízo patrimonial relacionável com ação ou omissões do Estado que o engaja na obrigação de indenizar.

---

226. Carlos Roberto Gonçalves, op. cit., pág. 104.

g) Quando o comportamento lesivo é comissivo, os danos são causados pelo Estado. Causa é o evento que produz certo resultado. O art. 107 da Carta Constitucional (atual art. 37, § 6º) estabelece que o Estado responde pelos danos causados.

h) No caso de dano por comportamento comissivo, a responsabilidade do Estado é objetiva. Responsabilidade objetiva é aquela para cuja irrupção basta o nexo causal entre a atuação e o dano por ela produzido. Não se cogita de licitude ou ilicitude, dolo ou culpa.

Quando o comportamento lesivo é omissivo, os danos são causados pelo Estado, mas por evento alheio a ele. A omissão é condição do dano, porque propicia sua ocorrência. Condição é o evento cuja ausência enseja o surgimento do dano.

j) No caso de dano por comportamento omissivo, a responsabilidade do Estado é subjetiva. Responsabilidade subjetiva é aquela cuja irrupção depende de procedimento contrário ao direito, doloso ou culposo.

l) O Estado responde por omissão quando, devendo agir, não o fez, inocorrendo no ilícito de deixar de obstar aquilo que podia impedir e estava obrigado a fazê-lo".

Portanto, para Celso Antônio Bandeira de Mello, a omissão do Estado em prevenir as enchentes, em conter a multidão, em obstar o comportamento injurídico de terceiro, terá sido condição da ocorrência do dano, mas causa não foi e, assim, a responsabilidade do Estado será subjetiva[227]. Esse mesmo entendimento, conforme ainda expõe Carlos Roberto Gonçalves[228], foi sustentado por

---

227. Ibidem.
228. Ibidem.

Osvaldo Aranha Bandeira de Mello e conta com o aplauso de Maria Helena Diniz.

Em posição contrária coloca-se Toshio Mukai[229]. Assinala que a omissão, ou o comportamento omissivo, pode ser causa e não condição. "Em outros termos, o comportamento omissivo do agente público, desde que deflagrador primário do dano praticado, é a causa e não simples condição do evento danoso. Portanto, há que se examinar, em cada caso concreto, se o evento danoso teve como causa a omissão grave de representante do Estado; se teve, a responsabilidade subjetiva do Estado (por culpa *in omittendo*) aparece"[230].

No mesmo sentido é o magistério de Álvaro Lazzarini[231]. Para ele a Constituição da República também contempla, além da responsabilidade por atos comissivos, aquela que decorra de atos omissivos. Fundamenta-se o mencionado autor no entendimento da jurisprudência, segundo o qual não só por ação, mas também por omissão pode ocorrer o dano suscetível de reparação civil por parte do Estado. E conclui: "Se presente a omissão em quaisquer dos três Poderes do Estado, e não só no Poder Executivo, e dessa omissão ocorrer dano a terceiros, o Estado deve recompor o patrimônio ofendido, respon-

---

229. Toshio Mukai. Responsabilidade solidária da Aministração por danos causados ao meio ambiente: conferência proferida no II Simpósio Estadual de Direito Ambiental — Curitiba Paraná.
230. Toshio Mukai. Responsabilidade solidária da Aministração por danos causados ao meio ambiente: conferência proferida no II Simpósio Estadual de Direito Ambiental — Curitiba Paraná.
231. Álvaro Lazzarini. Responsabilidade civil do Estado por atos omissivos de seus agentes, RJTJSP 11/78.

dendo, assim, civilmente pelo dano acarretado pelo agente estatal".

A posição correta, no nosso entendimento, é a que aponta como subjetiva a responsabilidade civil do Estado em casos de omissão. Mas convém esclarecer que só se aplica quando o dano foi causado por terceiros ou por fatos da natureza. É que o constituinte só previu o risco administrativo da atuação ou inação dos servidores públicos; não responsabilizou objetivamente a Administração Pública por atos predatórios de terceiros, nem por fenômenos naturais que causem danos aos particulares[232]. Veja-se que art. 37, § 6º, da Constituição Federal só atribui responsabilidade objetiva às pessoas jurídicas, se os danos forem causados a terceiros "pelos seus agentes, nessa qualidade".

Dessa forma, não bastará, para configurar-se responsabilidade estatal, a simples relação entre ausência do serviço (omissão estatal) e o dano sofrido. Como assinala Celso Antônio Bandeira de Mello[233] "inexistindo obrigação legal de impedir um certo evento danoso (obrigação, de resto, só cogitável quando haja possibilidade de impedi-lo mediante atuação diligente), seria um verdadeiro absurdo imputar ao Estado responsabilidade por um dano que não causou, pois isto equivaleria a extraí-la do nada; significaria pretender instaurá-la prescindindo de qualquer fundamento racional ou jurídico. Cumpre que haja algo mais: a culpa por negligência, imprudência ou imperícia no serviço, ensejadoras do dano, ou então o

---

232. Hely Lopes Meirelles, op. cit., pág. 555.
233. Celso Antônio Bandeira de Mello, op. cit, pág. 795.

dolo, intenção de omitir-se, quando era obrigatório para o Estado atuar e fazê-lo segundo um certo padrão de eficiência capaz de obstar ao evento lesivo". Em resumo, é necessário que haja uma conduta ilícita do Estado, ao não ter acorrido para impedir o dano (omitiu-se em consertar as galerias pluviais, em fiscalizar a atuação dos seus agentes etc.). É essa também a linha de entendimento dos tribunais:

> "Esta Corte tem admitido que a responsabilidade objetiva da pessoa jurídica de direito público seja reduzida ou excluída conforme haja ou não relação de causalidade. Nas hipóteses de ato de terceiro ou fato da natureza, a situação é bem diversa, pois a responsabilidade civil do Estado passa a ser subjetiva. A obrigação de ressarcir o dano fica condicionada à existência de prova de culpa do ente público".
> "I. Mesmo diante das novas disposições do Novo Código Civil, persiste o entendimento no sentido de que, "No campo da responsabilidade civil do Estado, se o prejuízo adveio de uma omissão do Estado, invoca-se a teoria da responsabilidade subjetiva" (REsp nº 549.812/CE, Rel. Min. Franciulli Netto, DJ de 31/05/2004). II. O Poder Público, ao receber o menor estudante em qualquer dos estabelecimentos da rede oficial de ensino, assume o grave compromisso de velar pela preservação de sua integridade física ((RE nº 109.615-2/RJ, Rel. Min. Celso De Mello, DJ de 02/08/96). III. A escola não pode se eximir dessa responsabilidade ao liberar os alunos, pelo simples fato de ter havido bilhete na agenda dos menores no

sentido da inexistência de aulas nos dois últimos períodos de determinado dia. Liberada a recorrente naquele horário, que seria de aula regular, e dirigindo-se para casa, sem os responsáveis, culminou por ser molestada sexualmente em terreno vizinho à escola, que se sabia ser extremamente perigoso. Presentes os pressupostos da responsabilidade civil (conduta culposa, nexo causal e dano)"[234].

"Responsabilidade civil que se imputa ao Estado por ato danoso de seus prepostos é objetiva (art. 37, § 6º, CF), impondo-lhe o dever de indenizar se se verificar dano ao patrimônio de outrem e nexo causal entre o dano e o comportamento do preposto. 2. Somente se afasta a responsabilidade se o evento danoso resultar de caso fortuito ou força maior ou decorrer de culpa da vítima. 3. Em se tratando de ato omissivo, embora esteja a doutrina dividida entre as correntes dos adeptos da responsabilidade objetiva e aqueles que adotam a responsabilidade subjetiva, prevalece na jurisprudência a teoria subjetiva do ato omissivo, de modo a só ser possível indenização quando houver culpa do preposto"[235].

O TJPB tem perfilhado a mesma orientação:

---

[234] STJ. REsp 819789/RS (Recurso Especial) 2006/0001853-7. Relator: Ministro Francisco Falcão. Órgão Julgador: Primeira Turma. Data do julgamento: 25/04/2006. Fonte: DJ 25/05/2006, pág. 191.
[235] STJ. REsp 738833/RJ (Recurso Especial) 2005/0050493-9. Relator: Ministro Luiz Fux. Órgão Julgador: Primeira Turma. Data do Julgamento: 08/08/2006. Fonte: DJ 28/08/2006. pág. 227.

"Responsabilidade civil. Acidente do trabalho. Indenização pretendida com base no direito comum. Súmula 229 do STF. Pessoa jurídica de direito público. Fato causado pela própria vítima. Inaplicabilidade da teoria objetiva, prevista no art. 37, § 6º, da CF/88. Necessidade do exame da culpa.
1. A indenização acidentária está assente na infortunística, tendo como amparo a Previdência Social. Mas não exclui a do direito comum, desde que haja dolo ou culpa do empregador (CF/88, art. 7º, XXVIII, e Súmula 229 do STF).
2. A responsabilidade civil por falta de serviço, falha do serviço ou culpa do serviço *(faute du service)* não é modalidade de responsabilidade objetiva; é responsabilidade subjetiva, porque baseada na culpa. O art. 37, § 6.º, da Constituição Federal só atribui responsabilidade objetiva à Administração pelos danos que seus agentes, nessa qualidade, causem a terceiros. Não responsabilizou, objetivamente, portanto, a Administração por atos de terceiros ou fatos da natureza. Para a indenização destes atos e fatos estranhos à atividade administrativa, observa-se o princípio geral da culpa civil, manifestada pela imprudência, negligência ou imperícia na realização do serviço público que causou ou ensejou o dano"[236].

Se o dano, por conseguinte, foi causado por terceiro ou por fenômeno da natureza, a indenização rege-se pelo princípio geral da culpa civil, manifestada pela impru-

---

[236] TJPB. Remessa de ofício 99.006191-3. Relator: Desembargador Antônio Elias de Queiroga.

dência, negligência ou imperícia na realização do serviço público que causou ou ensejou o dano. Daí porque a jurisprudência, acertadamente, tem exigido a prova da culpa da Administração nos casos de depredação por multidões e de enchentes e vendavais que, superando os serviços públicos existentes, causam danos aos particulares. E, na exigência do elemento subjetivo culpa, não há qualquer afronta ao princípio objetivo da responsabilidade sem culpa, estabelecido no art. 37, § 6.º, da Constituição da República, porque o dispositivo constitucional só abrange a atuação funcional dos servidores públicos e não os atos de terceiros e os fatos da natureza.[237]

Esses casos acontecem geralmente quando há enchentes que provocam inundações em casas residenciais, comerciais ou em indústrias; quando grevistas depredam lojas ou fábricas etc. O poder público só responde se ficar provada a culpa do serviço: no primeiro exemplo, se a inundação decorreu de falta de conservação das galerias; no segundo, se o sistema de segurança falhou ou faltou. Ou, ainda, quando o Poder Público torna-se inerte, não fiscalizando os seus agentes e estes vêm a causar prejuízos a terceiros.

8. *Exclusão da responsabilidade.* A teoria do risco administrativo não leva à responsabilidade objetiva integral. Significa dizer que a Administração Pública nem sempre está obrigada a indenizar o dano sofrido pelo particular. Não se reveste, portanto, de caráter absoluto, eis que admite o abrandamento e, até mesmo, a exclusão da própria responsabilidade civil, nas hipóteses excep-

---

237.Hely Lopes Meirelles, op. cit., pág. 555.

cionais de culpa concorrente ou culpa exclusiva atribuível à vítima.

Anote-se que, no § 6º do art. 37, empregou-se o verbo "causar" para significar que o dano somente é reparável pela pessoa jurídica, se foi causado pelos seus agentes. Daí porque a culpa exclusiva da vítima afasta a responsabilidade da pessoa jurídica, à míngua de relação de causalidade, pois o infortúnio fora causado pelo próprio lesado. Exemplo: um veículo particular sai avariado, ao se chocar com um veículo oficial. Apurou-se que este último trafegava regularmente, e o outro saíra da contramão. Na hipótese, o agente do Estado foi apenas um instrumento do dano que sofreu o lesado, pois quem deu causa ao acidente foi o outro motorista. O Estado não pode ser compelido a pagar o prejuízo.

9. *Ônus da prova*. Diante dos pressupostos da responsabilidade civil objetiva, ao lesado cabe, apenas, pedir ao juiz a indenização e provar que o fato aconteceu. Ao Estado cabe se defender, provando: a) que o fato não existiu; b) que o fato existiu, mas não houve prejuízo; c) que não existe relação de causalidade entre o fato e o dano. Não se observa, assim, o princípio de que o ônus da prova cabe a quem alega. Mesmo que o autor prove o fato e a relação de causalidade, ainda assim incumbe ao Estado fazer a contraprova.

10. *Responsabilidade por ato legislativo*. Uma das atividades do Estado moderno é a de legislar. No dizer de José dos Santos Carvalho Filho[238], "a função legislativa

---

[238]. José dos Santos Carvalho Filho, op. cit., pág. 449.

transcende a mera materialização das leis para alcançar o status que espelha o exercício da soberania estatal, vale dizer, da autodeterminação dos Estados com vista à instituição das normas que eles próprios entendem necessárias à disciplina social".

Surge então a indagação: se a lei editada causar danos aos membros da coletividade, o Estado é civilmente responsável? No direito estrangeiro, têm variado as soluções. A despeito de pontos de vista em contrário, entendemos que a lei, desde que editada conforme a Constituição, respeitando os direitos adquiridos, não pode causar prejuízo a ninguém. Pode contrariar interesses de grupos ou de indivíduos, mas esse fato, por si só, não pode levar a responsabilidade civil do Estado. Se, no entanto, o ato legislativo não guardar compatibilidade com a Constituição, é plenamente admissível que, se surgir dano em conseqüência dela, o Estado deve responder civilmente. A lei, neste caso, reflete uma atuação indevida do órgão legislativo e o Estado, portanto, não pode se eximir da obrigação de reparar o prejuízo que causou ao cidadão ou à sociedade[239].

Entretanto, duas considerações a respeito da matéria devem ser feitas: a) é necessário que a lei tenha sido declarada inconstitucional, visto que milita em seu favor a presunção de constitucionalidade; b) é preciso que tenha causado dano ao indivíduo ou a terceiro.

11. Atos judiciais. O Poder Judiciário, na sua função específica, produz inúmeros atos: uns denominados de

---

[239]. Diógenes Gasparin. Direito Administrativo, pág. 609 e STF, RE 158.962, RDA nº 191/175.

atos administrativos ou atos judiciários, outros chamados de atos jurisdicionais. Enquadram-se, no primeiro grupo, os praticados pelos órgãos de apoio administrativo e judicial (servidores do fórum, escrivães, escreventes, oficiais de justiça etc.) No segundo grupo, estão os atos emanados dos magistrados na sua função específica de julgar (despachos, decisões interlocutórias, sentenças e acórdãos).

Sobre os atos administrativos e judiciais incide a responsabilidade objetiva do Estado. Com relação aos atos jurisdicionais, impende considerar que, em princípio, são insuscetíveis de provocar a responsabilidade civil do Estado. Estão protegidos por dois princípios fundamentais, existentes em qualquer Estado de Direito: a) o princípio da soberania do Estado, pois traduzem uma das funções estruturais do exercício da própria soberania; b) o princípio da recorribilidade dos atos jurisdicionais. Com efeito, se um ato do juiz prejudica a parte no processo, tem ela os mecanismos recursais e até mesmo outras ações para postular a sua revisão. Assegura-se ao interessado, nessa hipótese, o sistema do duplo grau de jurisdição[240].

Nesse contexto, inclui-se a coisa julgada. Tem ela o objetivo de dar caráter definido à solução dos litígios, em obediência ao princípio da segurança jurídica. Se a decisão judicial causou prejuízo à parte e esta não se valeu dos recursos próprios, nada pode reclamar, senão da sua própria inércia. Se a decisão foi confirmada em outras instâncias, é porque tinha ela legitimidade e, portanto, não pode causar danos à parte.

---

240. José dos Santos Carvalho Filho, op. cit, pág. 452.

Dissemos que, em princípio, os atos jurisdicionais são insuscetíveis de reparação civil por parte do Estado. No entanto, pode acontecer que o juiz pratique o ato jurisdicional com o intuito deliberado de causar prejuízo à parte ou a terceiro. Nesse caso, agiu dolosamente, violando o dever funcional, estatuído na Lei Orgânica da Magistratura Nacional. O Código de Processo Civil, no seu art. 133, dispõe que o juiz responde por perdas e danos quando no exercício de suas funções proceder dolosamente, bem como quando recusar, omitir ou retardar, sem justo motivo, providência que deva ordenar de ofício ou a requerimento da parte. Nesse caso, há responsabilidade civil do Estado, com ação regressiva contra o juiz.

Em caso dessa ordem, decidiu o STF[241] que a ação de indenização deve ser proposta contra a pessoa jurídica de direito público e não diretamente contra o magistrado, visto que este se caracteriza como um agente político do Estado. Não se pode, na hipótese, vislumbrar responsabilidade concorrente, mas apenas a que eventualmente venha a decorrer do exercício do direito de regresso.

Pode ainda ocorrer que o ato jurisdicional tenha sido praticado de forma culposa. Ou seja, o juiz proferiu a sentença, agindo com negligência, sem examinar devidamente as provas. Se a sentença é de natureza penal e vem a transitar em julgado, reconhecido o erro judiciário, através de revisão, o Estado responderá civilmente, nos termos do art. 5º, LXXV, da Constituição Federal. Essa regra, no entanto, não se aplica no cível, apesar de o texto constitucional não especificar o tipo de condena-

---

241. STF, RE 228.977-SP. Relator: Min. Nery da Silveira.

ção: civil ou criminal. Mas não resta dúvida de que o constituinte quis prestigiar a norma processual penal. No cível, portanto, se a parte não utiliza os meios recursais próprios, ainda que venha a ter prejuízo causado pela decisão mal proferida, não pode reclamar indenização do Estado.

12. Danos de obras públicas. Há controvérsia sobre a responsabilidade civil do Estado, oriunda de obras públicas. Primeiramente, é necessário distinguir as várias hipóteses: a primeira é aquela em que o dano é provocado pelo só fato da obra. Nesse caso, o Estado responde objetivamente, independentemente de quem esteja executando o serviço. A segunda hipótese pressupõe que o Estado celebrou contrato de empreitada. Ocorrendo danos a terceiro, provocados exclusivamente por culpa do executor, responde o empreiteiro, mas o Estado é responsável subsidiário. A terceira hipótese é quando o empreiteiro privado e o poder público contribuem para o fato causador do dano. Ambos respondem solidariamente.

13. Da prescrição. O direito do lesado à reparação civil tem natureza pessoal e obrigacional. Está sujeito, portanto, à prescrição que, uma vez consumada, abrange o direito subjetivo do lesado à indenização, tornando impossível quer o pedido administrativo, quer a ação judicial. A esse respeito, algumas regras devem ser observadas: a) se a pessoa responsável pelo dano for um ente federativo ou autarquias e fundações, seria aplicada a prescrição qüinqüenal das ações contra o Estado (Decreto n° 20.910/32); b) sendo uma pessoa de direito privado, a prescrição seria regulada pela Medida Provisória nº 2.180-35, de 24/8/2001, que inseriu o art. 12-C na Lei nº 9.494, de 10/9/1997.

A citada norma dispõe sobre tutela antecipada contra a Fazenda Pública, e estabelecendo que prescreve em cinco anos a pretensão de obter indenização dos danos causados por agentes de pessoas jurídicas de direito público e de pessoas jurídicas de direito privado prestadoras de serviços públicos. Houve, portanto, derrogação do Código Civil de 1916, nessa parte, de forma que as pessoas privadas abrangidas pelo art. 37, § 6º, da CF passaram a ter o mesmo privilégio que têm as pessoas públicas no que toca à prescrição qüinqüenal de ações indenizatórias de terceiros em virtude de danos causados por seus agentes.

Ocorre que o Código Civil de 2002 trouxe modificações importantes nessa matéria. Uma delas refere-se ao prazo genérico da prescrição, que passou de vinte (específica para direitos pessoais) para dez anos (art. 205). Outra fixa o prazo de três anos para a prescrição da pretensão de reparação civil. A regra, agora, é a seguinte: se alguém sofre dano por ato ilícito de terceiro, deve exercer a pretensão reparatória ou indenizatória no prazo de três anos, sob pena de ficar prescrita e não poder mais ser deflagrada.

Como o texto se refere à reparação civil de forma genérica, resta saber como fica o prazo prescricional das ações propostas contra a Fazenda Pública. O Decreto nº 20.910/32, no seu art. 1º, estabelece que é de cinco anos o prazo prescricional para a propositura de ação condenatória em face da Fazenda Pública. O Código Civil de 2002, no entanto, dispõe, em seu art. 206, § 3º, V, que prescreve em três anos a pretensão da reparação civil.

Surge então a indagação: nas ações condenatórias intentadas contra a Fazenda Pública, aplica-se o Código Civil de 2002 ou o Decreto n° 20.910/32? Em outras palavras: a Fazenda Pública beneficia-se da regra inscrita no Código Civil de 2002? Leonardo José Carneiro da Cunha[242], discorrendo sobre a matéria, assinala o seguinte:

> "Em princípio, a regra especial deveria prevalecer sobre a geral, de sorte que a pretensão da reparação civil contra a Fazenda Pública manter-se-ia subordinada ao regime especial da prescrição qüinqüenal. Cumpre, todavia, atentar-se para o disposto no art. 10 do Decreto n° 20.910, de 6 de janeiro de 1932, que assim estabelece: O disposto nos artigos anteriores não altera as prescrições de menor prazo, constantes das leis e regulamentos, aos quais ficam subordinadas as mesmas regras.
> Significa que a prescrição das pretensões formuladas contra a Fazenda Pública é qüinqüenal, ressalvados os casos em que a lei estabeleça prazos menores. Na verdade, os prazos prescricionais inferiores a cinco anos beneficiam a Fazenda Pública. Diante disso, a pretensão de reparação civil contra a Fazenda Pública submete-se ao prazo prescricional de três anos e não à prescrição qüinqüenal. Aplica-se, nesse caso, o disposto no art. 206, § 3°, V, do Código Civil de 2002, não somente em razão do que estabelece o art. 10 do Decreto n° 20.910/1932, mas também por se tratar

---

242. Leonardo José Carneiro da Cunha. A Fazenda Pública em Juízo, 3ª ed., págs. 78/79.

de norma posterior. E, como se sabe, a norma posterior, no assunto tratado, revoga a anterior".

14. Denunciação da lide. O § 6º do art. 37 da Constituição Federal e o art. 43 do Código Civil asseguram o direito de regresso da pessoa jurídica contra os responsáveis em caso de dolo ou culpa. Assim, a rigor nada obstaria o uso da denunciação da lide, na hipótese do art. 70, III, do Código de Processo Civil. Ocorre que a doutrina e a jurisprudência não aceitam a admissão do aludido instituto processual, sob o fundamento de que, se o Estado responde objetivamente, não se deve abrir discussão acerca do elemento culpa, na ação regressiva.

Permitida a denunciação, duas lides se formariam no mesmo processo: uma referente à relação jurídica entre a vítima e o Estado; a outra entre o Estado e o seu agente. No primeiro caso, a responsabilidade do Estado é objetiva; no segundo, haveria necessidade de provar-se a culpa, já que a responsabilidade é subjetiva. Há uma decisão da Segunda Turma do STJ entendendo cabível a denunciação (RJSTJ 58/260).

No nosso entendimento, a melhor posição é a de Pablo Stolze Gagliano[243]. Segundo ele, na imensa multiplicidade de relações em que está envolvido o Estado, o elemento que parece relevante para conhecer a utilidade da denunciação da lide é puramente pragmático. Se há controvérsia quanto à autoria e materialidade do ato imputado ao servidor público, a denunciação da lide é medida da maior importância, pois evitará a prolação de

---

[243]. Pablo Stolze Gagliano e Rodolfo Pamplona Filho, op. cit., pág. 224/226.

sentenças contraditórias. Em outra via, entretanto, caso a discussão se limite ao elemento anímico (dolo ou culpa) do servidor, ampliar os limites da lide é despiciendo e pouco interessante para a efetivação da prestação jurisdicional. Nesse sentido, é a posição do STF:

> "Recurso extraordinário. Administrativo. Responsabilidade objetiva do Estado. § 6º do art. 37 da Carta Magna. Ilegitimidade passiva *ad causam*. Agente público. Prática de ato próprio da função. Decreto de intervenção. O § 6º do artigo 37 da Magna Carta autoriza a proposição de que somente as pessoas jurídicas de direito público, ou as pessoas jurídicas de direito privado que prestem serviços públicos, é que poderão responder, objetivamente, pela reparação de danos a terceiros. Isto por ato ou omissão dos respectivos agentes, agindo estes na qualidade de agentes públicos, e não como pessoas comuns. Esse mesmo dispositivo constitucional consagra, ainda, dupla garantia: uma, em favor do particular, possibilitando-lhe ação indenizatória contra a pessoa jurídica de direito público, ou de direito privado que preste serviço público, dado que bem maior, praticamente certa, a possibilidade de pagamento do dano objetivamente sofrido. Outra garantia, no entanto, em prol do servidor estatal, que somente responde administrativa e civilmente perante a pessoa jurídica a cujo quadro funcional se vincular. Recurso extraordinário a que se nega provimento"[244].

---

244. STF. RE 327904/SP. Relator: Min. Carlos Britto. Julgamento: 15/08/2006.

Capítulo XXVI

RESPONSABILIDADE CIVIL POR ACIDENTE DO TRABALHO

1. Introdução. 2. Indenização previdenciária. 3. Indenização pelo direito comum.

1. *Introdução*. A legislação anterior à Constituição Federal de 1988 estabelecia que o pagamento da indenização por acidente do trabalho exonerava o empregador de qualquer outra indenização de direito comum, relativa ao mesmo acidente, a menos que este resultasse de dolo do empregador ou de seus prepostos (art. 31 do Decreto-Lei nº 7.036, de novembro de 1944).

Coube aos tribunais brasileiros a grande missão de buscar uma interpretação consentânea com lei de regência, de forma a amoldá-la aos anseios sociais. Neste campo, houve um profundo avanço, entendendo-se que, no conceito de dolo, podia-se incluir a culpa grave (culpa *lata dolo aequiparatur*), resultando daí a Súmula 229 do

STF: "A indenização acidentária não exclui a do direito comum, em caso de dolo ou culpa do empregador". Tão notável foi esta posição do Judiciário brasileiro que a Carta Magna de 1988 terminou constitucionalizando o direito sumulado, dispondo:

> "Art. 7º. São direitos dos trabalhadores urbanos e rurais, além de outros que visem à melhoria de sua condição social: XXVIII — seguro contra acidentes de trabalho, a cargo do empregador, sem excluir a indenização a que este está obrigado, quando incorrer em dolo ou culpa".

Duas hipóteses distintas de responsabilidade acidentária passaram a existir: a) a de natureza previdenciária; b) a de direito comum.

2. Indenização previdenciária. A indenização acidentária, no início, decorria do contrato de trabalho. Por isso, o empregador era obrigado a manter contrato de seguro para garantir ao trabalhador o pagamento da respectiva indenização em caso de acidente, sendo que o prêmio era pago pela empresa.

Mais tarde, com a integração do seguro de acidentes na Previdência Social, as formas de indenização foram alteradas, deixando de existir o pagamento de indenização fixa, tarifada, que não cobria todos os danos sofridos pelo trabalhador. Foram adotados novos critérios de compensação previdenciária pelo dano sofrido em razão do infortúnio.

A ação passou a ser dirigida contra a Previdência Social, detentora do monopólio do seguro de acidentes.

Nesse tipo de indenização, a responsabilidade é objetiva. Para sua comprovação, portanto, não há necessidade de culpa, sendo preciso, apenas, que se demonstrem o dano e a relação de causalidade.

A competência para processar e julgar a ação acidentária é da justiça comum, consoante farta jurisprudência do STJ:

> "Conflito de competência. Ação de benefício previdenciário decorrente de acidente do trabalho.
> 1. Buscando o autor amparo na lei acidentária, a competência para julgar a lide é da Justiça Comum Estadual. 2. Compete à Justiça Estadual processar e julgar os litígios decorrentes de acidente do trabalho (Súmula nº 15/STJ). 3. Conflito conhecido e declarada a competência do Juízo de Direito da 2ª Vara Cível de Resende — RJ"[245].

> "Acidente de trabalho (ação de indenização por dano causado por doença relacionada com o trabalho). Competência. É da Justiça comum, a teor de precedentes do STJ. Agravo improvido"[246].

A matéria, aliás, está consolidada na Súmula nº 15 do STJ: "Compete à Justiça Estadual processar e julgar os litígios decorrentes de acidente do trabalho".

---

245. STJ. CC 1999/0117578-0. Relator: Ministro Fernando Gonçalves. Fonte: Site do STJ.
246. STJ. AGRCC 27166/MG. (Conflito de competência 1999/0071615-9). Relator: Ministro Nilson Naves. Fonte: Site do STJ.

A propósito do tema, dispõe a CF/88, no § 3.º do art. 109:

> "Serão processadas e julgadas na justiça estadual, no foro do domicílio dos segurados ou beneficiários, as causas em que forem partes instituição de previdência social e segurado, sempre que a comarca não seja sede de vara de juízo federal, e, se verificada essa condição, a lei poderá permitir que outras causas sejam também processadas e julgadas pela justiça comum".

Não é assim, todavia, quando se trata de retificação do benefício previdenciário, conforme entendimento do STJ:

> "Ação ordinária objetivando a retificação do benefício previdenciário. Artigo 86, I, da Lei nº 8.213/91 e Lei nº 9.032/95. Acidente de trabalho. Competência da justiça federal.
> Sendo a competência fixada em razão da natureza jurídica da pretensão deduzida em juízo, expressa no pedido e na causa de pedir, é de se reconhecer a competência da Justiça Federal para processar e julgar ação que tem por objeto a retificação de benefício previdenciário com base na Lei nº 8.213/91, que dispõe sobre o Plano de Benefícios da Previdência Social, ainda que decorrente de acidente do trabalho. Recurso especial conhecido e provido"[247].

---

247. STJ. REsp 247477/SC (Recurso Especial 2000/0010284-9). Relator: Ministro Vicente Leal. Fonte: Site do STJ.

"1. Afasta-se a competência da Justiça Estadual para processar e julgar ação que visa ao reajuste de benefício previdenciário, ainda que decorrente de acidente de trabalho, para declarar a competência da Justiça Federal. 2. Recurso conhecido e provido"[248].

3. *Indenização pelo direito comum*. Ocorrendo culpa do empregador, no evento danoso, o empregado, além da indenização previdenciária, faz jus a outra indenização, baseada no direito comum (CF/88, art. 7°, XXVIII). Nota-se o grande avanço da legislação, ao permitir a cumulação de indenizações no caso de dolo ou culpa do empregador, sem fazer qualquer distinção quanto aos graus de culpa.

Nesse passo, o STJ decidiu que, com a edição da Lei n° 6.367/76, houve a integração do seguro de acidentes do trabalho no sistema da Previdência Social. Assim, não há necessidade de provar-se dolo ou culpa grave, sendo a culpa suficiente para caracterizar a responsabilidade do empregador, ainda que leve[249]. Outra importante decisão foi tomada pelo STJ, no julgamento do AGA 183963/RJ (Agravo Regimental no Agravo de Instrumento (1998/0022512-9):

"A jurisprudência do STJ assentou entendimento no sentido de que a indenização acidentária não obsta a de direito comum, quando o empregador incorre em

---

248. STJ, REsp 222003/SC (Recurso Especial 999/0058496-7/DF). Relator Ministro Hamilton Carvalhido. Fonte: Site do STJ.
249. STJ. REsp 226325/SP (Recurso Especial 1999/0071320-6). Relator: Ministro Eduardo Ribeiro.

culpa, ainda que leve, nem a da incapacidade para o trabalho e a da depreciação sofrida excluem a devida em razão do dano estético e, enfim, do valor da indenização comum não se deduz a recebida em razão da legislação infortunística."

O avanço só não foi mais completo porque se condicionou o pagamento da indenização comum à prova da culpa ou dolo do empregador (responsabilidade subjetiva), ao contrário da indenização securitária, que é objetiva. Os novos rumos da responsabilidade civil, entretanto, caminham no sentido de considerar objetiva a responsabilidade das empresas pelos danos causados aos empregados, com base na teoria do risco-criado, cabendo a estes somente a prova do dano e do nexo causal.

Capítulo XXVII

DANO ECOLÓGICO

1. Introdução. 2. Instrumentos de tutela. 3. Reparação do dano ambiental.

1. *Introdução.* A preservação ambiental interessa a todos os povos. O avanço depredatório da natureza tem atingido, em cheio, a humanidade, sendo responsável pelo aumento das doenças. Algumas, segundo os especialistas, estão vinculadas, diretamente, às agressões aos ecossistemas, como: anencefalia, leucopenia, intoxicação por agrotóxicos, mercúrio e poluição dos rios, dos campos e das cidades. O Estado viu-se na obrigação de intervir, a fim de resguardar os bens da vida, para assegurar o futuro das gerações. Assim foi criado o direito ambiental.

A expressão "meio ambiente", conforme afirma Carlos Roberto Gonçalves[250], embora redundante (porque a

---

250. Carlos Roberto Gonçalves, op. cit., pág. 72.

palavra "ambiente" já inclui a noção de meio), acabou consagrada entre nós. Em sentido amplo, abrange toda a natureza original e artificial, bem como os bens culturais correlatos, de molde a possibilitar o seguinte detalhamento: "meio ambiente natural" (constituído pelo solo, a água, o ar atmosférico, a flora, a fauna); "meio ambiente cultural" (integrado pelo patrimônio arqueológico, artístico, histórico, paisagístico, turístico) e "meio ambiente artificial" (formado pelas edificações, equipamentos urbanos, comunitários, enfim todos os assentamentos de reflexos urbanísticos).

A responsabilidade civil por dano ecológico divide-se em penal e civil. O Código Penal Brasileiro acha-se desatualizado e, por isso, não serve para reprimir os abusos contra o meio ambiente. Leis esparsas contêm tipos penais, ao aguardo de uma reforma no nosso estatuto punitivo.

A Lei nº 6.938, de 31 de agosto de 1981 Lei n.º 10.165, de 27.12.2000), com fundamento nos incisos VI e VII do art. 23, e no art. 235 da Constituição, estabelece a Política Nacional do Meio Ambiente, seus fins e mecanismos de formulação e aplicação; constitui o Sistema Nacional do Meio Ambiente (SISNAMA) e institui o Cadastro de Defesa Ambiental.

A Política Nacional do Meio Ambiente, em face da lei, tem os seguintes objetivos: a preservação, melhoria e recuperação da qualidade ambiental propícia à vida, visando a assegurar, no país, condições ao desenvolvimento sócio-econômico, aos interesses da segurança nacional e à proteção da dignidade da vida humana, atendidos os seguintes princípios:

"I — ação governamental na manutenção do equilíbrio ecológico, considerando o meio ambiente como um patrimônio público a ser necessariamente assegurado e protegido, tendo em vista o uso coletivo;
II — racionalização do uso do solo, do subsolo, da água e do ar;
III — planejamento e fiscalização do uso dos recursos ambientais;
IV — proteção dos ecossistemas, com a preservação de áreas representativas;
V — controle e zoneamento das atividades, potencial ou efetivamente poluidoras;
VI — incentivos ao estudo e à pesquisa de tecnologias orientadas para o uso racional e a proteção dos recursos ambientais;
VII — acompanhamento do estado da qualidade ambiental;
VIII — recuperação de áreas degradadas;
IX — proteção de áreas ameaçadas de degradação;
X — educação ambiental em todos os níveis do ensino, inclusive a educação da comunidade, objetivando capacitá-la para participação ativa na defesa do meio ambiente."

O § 1º do art. 14 dispõe que o poluidor é obrigado, independentemente da existência de culpa, a indenizar ou reparar os danos causados ao meio ambiente e a terceiros afetados por sua atividade. O Ministério Público da União e dos Estados tem legitimidade para propor ação de responsabilidade civil e criminal, por danos causados ao meio ambiente. Em caso de omissão da autoridade estadual ou municipal, caberá ao Secretário do

Meio Ambiente a aplicação das penalidades pecuniárias previstas no § 2º.

O art. 15 tipifica como crime ambiental expor a perigo a incolumidade humana, animal ou vegetal, ou tornar mais grave situação de perigo existente, ficando sujeito à pena de reclusão de 1 (um) a 3 (três) anos e multa de 100 (cem) a 1.000 (mil) MVR. Esta pena é aumentada até o dobro se:

"I — resultar:
a) dano irreversível à fauna, à flora e ao meio ambiente;
b) lesão corporal grave;
II — a poluição é decorrente de atividade industrial ou de transporte;
III — o crime é praticado durante a noite, em domingo ou em feriado.
§ 1º. Incide no mesmo crime a autoridade competente que deixar de promover as medidas tendentes a impedir a prática das condutas acima descritas".

Como se vê, a responsabilidade civil decorrente de crime praticado contra o meio ambiente é de natureza objetiva. Parte-se do pressuposto de que a pessoa que cria o risco fica na obrigação de compor o dano, em toda a sua extensão, ainda que tenha agido involuntariamente. É o princípio da socialização dos riscos, que não é afastado sequer por caso fortuito ou de força maior. Segundo Nelson Nery Júnior[251], "essa interpretação é

---

251. Nelson Nery Júnior. Responsabilidade civil por dano ecológico e a ação civil. "Justitia", 126/174.

extraída do sentido teleológico da Lei de Política Nacional do Meio Ambiente, onde o legislador disse menos do que queria dizer ao estabelecer a responsabilidade objetiva".

Segue-se daí que o poluidor deve assumir integralmente todos os riscos que advêm de sua atividade, como se isto fosse um começo da socialização do risco e de prejuízo. Mas não só a população deve pagar esse alto preço pela chegada do progresso. O poluidor tem também a sua parcela de sacrifício, que é, justamente, a submissão à teoria do risco integral, subsistindo o dever de indenizar, ainda quando o dano seja oriundo de caso fortuito ou força maior. Sequer discute-se a legalidade do ato, pois o que interessa para fundamentar a decisão é a potencialidade do dano.[252]

2. Instrumentos de tutela. Duas ações, no direito brasileiro, servem como instrumentos da prestação jurisdicional em matéria ambiental: a ação civil pública e a ação popular (Lei nº 4.717/65).

A ação civil pública (Lei n º 7.347/85) pode ser intentada pelo Ministério Público, pela União, pelos Estados, pelos Municípios, por autarquia, empresa pública, fundação, sociedade de economia mista, associações, inclusive aquelas formadas por moradores de bairro, que visem ao bem-estar coletivo, constituídas há pelo menos um ano, nos termos da lei civil, e incluam entre suas finalidades institucionais a proteção ao meio ambiente, ao consumidor, à ordem econômica, à livre concorrên-

---

252. Edis Milaré, RT 623/36.

cia, ou ao patrimônio artístico, estético, histórico, turístico e paisagístico.

Recentemente, entrou em vigor a Lei nº 11.448, de 15 de janeiro 2007, alterando o art. 5º da Lei no 7.347, de 24 de julho de 1985, legitimando também a Defensoria Pública[253].

Já a ação popular (Lei 4.717/65) somente pode ser manejada pelo cidadão, visando à anulação ou à declaração de nulidade de atos lesivos ao patrimônio da União, do Distrito Federal, dos Estados, dos Municípios, de entidades autárquicas, de sociedade de economia mista etc., considerando como patrimônio público, nos termos do § 1º do art. 1º, "os bens e direitos de valor econômico, artístico, estético, histórico ou turístico". Através dela, não se pode pretender condenação que não seja de natureza pecuniária. Logo, não é a via própria para obter-se a restauração do que foi poluído, destruído ou degradado.

3. *Reparação do dano ambiental.* A reparação do dano ambiental faz-se da forma mais ampla possível. Alcança, além dos prejuízos reais, os legalmente presumidos, ou, ainda, a restauração do que foi poluído, destruído ou degradado.

---

253. "Art. 5º. Têm legitimidade para propor a ação principal e a ação cautelar: I — o Ministério Público; II — a Defensoria Pública; III — a União, os Estados, o Distrito Federal e os Municípios; IV — a autarquia, empresa pública, fundação ou sociedade de economia mista; V — a associação que, concomitantemente: a) esteja constituída há pelo menos 1 (um) ano nos termos da lei civil; b) inclua, entre suas finalidades institucionais, a proteção ao meio ambiente, ao consumidor, à ordem econômica, à livre concorrência ou ao patrimônio artístico, estético, histórico, turístico e paisagístico".

Helita Barreira Custódio[254], Professora da USP, em artigo publicado na RT, vol. 652, pág. 14, sob o título "Avaliação de custos ambientais em ações jurídicas de lesão ao meio ambiente", assinala que o dano ambiental vem sendo considerado um *tertium genus* entre o dano patrimonial e o dano não-patrimonial, pelos reflexos direta e indiretamente prejudiciais à vida, à saúde, à segurança, ao trabalho, ao sossego e ao bem-estar da pessoa humana individual, social ou coletivamente considerada.

Aduz mais: "Para os fins de avaliação de custos ambientais de ordem natural ou cultural, superada é, nos dias de hoje, a tradicional classificação civil de bens ou coisas suscetíveis do comércio e bens ou coisas fora do comércio (ar, água do mar), uma vez que estes últimos bens, indispensáveis à vida em geral, são suscetíveis de avaliação econômica e ressarcimento."

É ainda da Professora Helita Barreira Custódio a afirmação de que, nas condenações em ações jurídicas de lesão ao meio ambiente, não basta ressarcir os danos ambientais em sua totalidade (abrangendo as perdas humanas, sociais, materiais), mas também modificar a técnica de produção, eliminando ou reduzindo a poluição decorrente das atividades correlatas.

Assim, a avaliação dos chamados custos ambientais deve compreender não o dano sofrido, mas, sim, o dano produzido em conseqüência do fato danoso. Assim, o dano deve ser globalmente avaliado para fins de justo ressarcimento.

---

254. Helita Barreira Custódio. Avaliação de custos ambientais em ações jurídicas de lesão ao meio ambiente, RT, vol. 652, pág. 14.

Capítulo XXVIII

RESPONSABILIDADE CIVIL NA ALIENAÇÃO FIDUCIÁRIA E NO ARRENDAMENTO MERCANTIL (*LEASING*)

1. Da alienação fiduciária. 2. Do leasing.

1. Da alienação fiduciária. Consiste a alienação fiduciária no ajuste por meio do qual, em uma operação de venda a prazo, aquele que recebe o financiamento aliena o bem envolvido à financiadora, para garantir o pagamento da dívida contraída[255]. Num sentido *lato*, Orlando Gomes[256] define a alienação fiduciária como o negócio jurídico pelo qual uma das partes adquire, em confiança, a propriedade de um bem, obrigando-se a devolvê-la

---

255. Carlos Alberto Bittar. Contratos, 2.ª ed., pág. 255.
256. Orlando Gomes. Alienação fiduciária, 1970, n°.16, pág. 18.

quando se verifique o acontecimento a que se tenha subordinado tal obrigação, ou lhe seja pedida a restituição.

O adquirente da coisa, através do constituto possessório, transfere para o financiador a propriedade resolúvel do bem e a posse indireta, permanecendo com a posse direta, na condição de fiel depositário. A propriedade resolúvel da financeira (fiduciário) extingue-se quando o seu crédito for integralmente satisfeito; nessa ocasião, a propriedade se consolida em poder do devedor (fiduciante).

Muito embora existam dois sujeitos na relação jurídica que se trava, impossível é se atribuir responsabilidade civil solidária ao fiduciário, em razão de atos ilícitos praticados pelo fiduciante, sendo inaplicável, portanto, a Súmula 492 do STF: "A empresa locadora de veículo responde, civil e solidariamente com o locatário, pelos danos por este causados a terceiros, no uso do carro locado". Assim, se o fiduciante, dirigindo um automóvel, adquirido mediante alienação fiduciária, vier a causar prejuízo a um terceiro, responde sozinho pelo seu ato, não se permitindo o chamamento do fiduciário, apesar de detentor da propriedade resolúvel e da posse indireta.

2. Do leasing. Arnoldo Wald[257] conceitua o *leasing*, também denominado na França *"crédit bail"*, e, na Inglaterra, *"hire-purchase"*, como um contrato pelo qual uma empresa, desejando utilizar determinado equipamento ou um certo imóvel, consegue que uma instituição financeira adquira o referido bem, alugando-o ao interessado

---

257. Arnoldo Wald, RT 415/419.

por prazo certo. Terminado o prazo locativo, o locatário pode optar entre a devolução do bem, a renovação da locação ou a compra pelo preço residual fixado no momento inicial do contrato.

Trata-se, na realidade, conforme aduz o festejado jurista, de uma fórmula intermediária entre a compra e venda e a locação. Exerce função parecida com a da venda com reserva de domínio e com a alienação fiduciária, oferecendo ao usuário maior leque de opções. Há quem sinalize com a possibilidade de aplicar-se ao arrendamento mercantil (*leasing*) a Súmula 492 do STF.

Os que defendem essa posição fundamentam-se na semelhança que existe entre contrato de locação e contrato de arrendamento mercantil. No primeiro, a propriedade da coisa permanece com o locador, exercendo o locatário apenas a posse direta. O mesmo ocorre no *leasing*, em que a financeira detém a titularidade da coisa até que ocorra o exercício do direito de compra por parte da arrendatária. Essa é a linha de entendimento de Arnaldo Rizzardo[258], para quem a responsabilidade objetiva do arrendador é semelhante à do locador, não sendo excluído da responsabilidade civil por danos causados pela arrendatária só pelo fato de não ter a direção da coisa. Nesse sentido, a responsabilidade civil emergiria do risco criado com o exercício de uma atividade lucrativa. Seria o chamado risco-proveito. Essa posição, todavia, não é correta, pois não se podem confundir coisas bem diversas.

O art.1º da Lei nº 6.099/74 estabelece: "O arrendamento mercantil é uma operação realizada entre pessoas

---

[258]. Alnaldo Rizzardo. A reparação, pág. 196.

jurídicas, que tenha por objeto o arrendamento de bens adquiridos a terceiros pela arrendadora, para fins de uso próprio da arrendatária e que atendam às espécies desta". Vê-se, portanto, que, no *leasing*, a arrendatária tem a posse direta da máquina, que a usa para servir às suas necessidades. Dessa forma, toda atividade perigosa, com fins lucrativos, desenvolve-se sob o seu comando, ao contrário da locação, onde essas circunstâncias concentram-se em poder do locador, ao deter a exploração econômica da coisa.

Capítulo XXIX

RESPONSABILIDADE CIVIL NO CONTRATO DE DEPÓSITO

1. Introdução. 2. Natureza da responsabilidade.

1. *Introdução*. Vários tratadistas conceituam o contrato de depósito como o ato pelo qual se dá alguma coisa a uma pessoa para guardar, com a obrigação de restituí-la. É um conceito semelhante ao estatuído pelo art. 627 do Código Civil: "Pelo contrato de depósito recebe o depositário um objeto móvel, para guardar, até que o depositante o reclame". Trata-se de contrato real, que só se perfaz com a tradição da coisa, não bastando o simples consentimento das partes.

Definindo-se o depósito como um ato, estabelece-se aí um duplo sentido: ora significa o próprio contrato de depósito, ora a coisa depositada. Os autores quiseram, apenas, ser mais exatos, pois nem sempre o depósito resulta de contrato. Daí a divisão em depósito voluntário e depósito necessário. Voluntário é o depósito tradicional: o depositante confia a coisa ao depositário, para que este a restitua depois, quando seja conveniente ao depositante reavê-la. O depósito necessário ocorre quando é feito em obediência à determinação de lei. O depósito difere dos contratos de venda e de troca e dos de locação e comodato; nos dois primeiros, há a transferência da propriedade do objeto; nos dois últimos, transfere-se apenas o uso.

2. Natureza da responsabilidade. No contrato de depósito, o dano resultante da infração é de natureza contratual, mas o depositário não responde pelos casos fortuitos ou de força maior, cuja prova, entretanto, cabe-lhe fazer (Código Civil, art. 642). Segundo Aguiar Dias[259], o que se identifica na essência das obrigações do depositário é um dever de segurança sobre a coisa depositada. Trata-se de uma obrigação de resultado que tem por efeito a presunção de culpa contra ele, se não a restitui ao termo do depósito.

A propósito, assinala Carvalho Santos[260]: "A responsabilidade do depositário se regula não pelo padrão do bom pai de família, mas, concretamente, pelo que, nos seus hábitos, oferece o depositário. Se ele é um homem pouco cuidadoso, em geral, dos seus próprios negócios, o depositante não pode queixar-se, uma vez que não pode censurar nem dolo, nem a falta grave daquele a quem deu fé: *Debet sibi imputare quod talem elegerit.* Se o

---

259. Aguiar Dias, op. cit., n. 145.
260. Carvalho Santos. Código Civil Brasileiro Interpretado, vol. XVIII, Editora Livraria Freitas Bastos, 1958, pág. 14.

depositário é, ao contrário, um administrador vigilante e de tal forma que o depositante pode nele ter plena confiança, será responsável se deixou de tomar as precauções que certamente teria tomado, se se tratasse de coisa sua".

Capítulo XXX

RESPONSABILIDADE CIVIL E ACIDENTE AUTOMOBILÍSTICO

1. Introdução. 2. Natureza da responsabilidade. 3. Situação de perigo criada por terceiro. 4. Acidente causado por menor. 5. Culpa contra a legalidade. 6. Acidente de veículo e culpa concorrente. 7. Indenização previdenciária. 8. Ação de indenização contra o antigo proprietário.

1. Introdução. A responsabilidade civil decorrente de acidente automobilístico não difere, quanto aos seus fundamentos, da que emerge de outros fatos danosos. Praticamente, os requisitos são os mesmos, embora existam algumas nuances que merecem ser analisadas.

2. Natureza da responsabilidade. A despeito de opiniões em contrário, aplica-se, nesses casos, a teoria objetiva, tendo em vista o risco criado com o desenvolvimento da indústria automobilística. Incide a teoria do risco sempre que uma pessoa exerça uma atividade que possa criar uma possibilidade de dano para terceiros, conforme determina a regra do parágrafo único do art. 927 do Código Civil. Se, em conseqüência dessa atividade, alguém vem a sofrer um prejuízo, surge a obrigação de reparar, ainda que sua conduta seja isenta de culpa.

Portanto, o comportamento culposo ou doloso do agente não tem relevância. O que importa é o nexo de causalidade entre a ação ou omissão e o resultado. Quer dizer, se o fato decorreu, objetivamente, da ação ou omissão, imputa-se a responsabilidade ao autor, ainda que este não tenha agido culposamente.

Nesse passo, como assinalam alguns autores, a responsabilidade civil desloca-se da noção de culpa para a idéia de risco, encarada como "risco-proveito". Este se funda no princípio segundo o qual é reparável o dano causado a outrem em conseqüência de uma atividade realizada em benefício do responsável *(ubi emolunientuni, ibi onus)*[261]. Na vigência do Código Civil de 1916, o festejado Sílvio Rodrigues[262] entendia que a solução pretoriana brasileira mandou aplicar, por analogia, aos acidentes que causassem danos a passageiros, ocorridos com bondes elétricos, ônibus e até automóveis, a Lei de 1912, assinalando: "Nesse sentido, é torrencial a jurisprudência nacional".

Para Roberto Rosas[263], "aplicou-se, analogicamente, esse preceito a todo transporte: carros, ônibus etc". Nesse mesmo sentido, decidiu a Segunda Câmara Cível do Tribunal de Justiça da Paraíba:

---

261. Carlos Roberto Gonçalves, op. cit., pág. 18.
262. Sílvio Rodrigues, op. cit., pág. 104.
263. Roberto Rosas. Direito sumular, 6.ª ed., pág. 84.

"Responsabilidade civil. Acidente de trânsito. Teoria do risco. Decreto nº 2.681/12. Aplicação. Irrelevância da discussão sobre a culpa.

Nos acidentes de trânsito ocorridos com passageiro de ônibus de transporte coletivo, aplica-se, por analogia, o Decreto n. 2.681, de 1912, segundo o qual a transportadora só afasta a sua responsabilidade pelo evento danoso, provando que haja culpa exclusiva da vítima, caso fortuito ou motivo de força maior"[264].

A situação hoje não comporta mais discussão, tendo em vista a norma do parágrafo único do art. 927 do Código Civil, já citada

3. Situação de perigo criada por terceiro. Como já assinalamos no capítulo referente às excludentes da responsabilidade civil, o transportador não responde pelos danos resultantes de fato de terceiro que não guarda conexidade com o serviço que presta. É o caso, por exemplo, de assalto, propiciado pela parada do veículo de que resultou vítima com danos graves. O fato de terceiro que não exonera de responsabilidade o transportador é o que se vincula aos riscos específicos do deslocamento. Nesse caso, há responsabilidade do proprietário de veículo que, atingido por outro, vem a colidir com coisa alheia, provocando-lhe dano.

4. Acidente causado por menor. Essa matéria já foi abordada anteriormente. Assinalou-se que o Código Ci-

---

264. TJPB. Apelação Cível nº 93.008525-5. Relator: Des. Antônio Elias de Queiroga.

vil de 2002 não contém regra semelhante à do art. 156 do Código Civil de 1916. O art. 928, no entanto, refere-se a incapaz, abrangendo tanto os loucos como os menores de 18 anos de idade, que passam a ter responsabilidade civil mitigada e subsidiária. Não se entendendo assim, a solução seria imputar a responsabilidade aos pais pelos danos causados pelos seus filhos menores, púberes ou impúberes, nos termos do art. 932, I, do Código Civil.

Dessa forma, o menor relativamente incapaz equipara-se ao maior para efeito de responsabilidade civil. Neste caso, os pais figuram, apenas, como responsáveis solidários. Já os menores absolutamente incapazes não respondem pelos seus atos, cabendo a responsabilidade, diretamente, aos seus genitores, observando-se, contudo, o disposto no art. 180 do Código Civil.

5. *Culpa contra a legalidade*. Segundo essa teoria, a simples inobservância de regras de trânsito configura a culpa do motorista. Por exemplo: dirigir veículo sem habilitação, colidir com veículo estacionado regularmente etc. Os fundamentos da teoria contra a legalidade estão no fato de que as autoridades administrativas emitiram os regulamentos de trânsito com base na experiência comum vivida. Sendo assim, o motorista cauteloso tende a observar essas regras, ao contrário daquele que dirige sem cautela.

A jurisprudência e a doutrina, contudo, não aceitam essa conclusão, senão quando acompanhada da prova de culpa. Tal posição quebra, entretanto, a tese já esposada de que a responsabilidade decorrente de acidente automobilístico é de natureza objetiva, baseada na teoria do risco. Dessa forma, parece-nos que a teoria contra a legalidade não deve ser tolerada, quando faltar relação de causalidade, o que ocorre, por exemplo, na hipótese de a culpa ser do outro motorista. É o caso do menor que dirige veículo e se envolve em acidente de trânsito. O simples fato de não poder dirigir, por si só, não significa que possa ser responsável civilmente; necessário é que tenha causado o acidente, pois, se não o fez, participou do evento como mero instrumento, porque o fato foi causado pelo outro.

6. *Acidente de veículo e culpa concorrente.* Os fundamentos da teoria da culpa concorrente aplicam-se em todos os casos de responsabilidade civil, não sendo, portanto, matéria reservada a acidentes de trânsito. Quando há culpas concorrentes, responde cada uma das partes pela metade dos danos suportados pela outra parte. Todavia, os autores não convergem quanto a essa forma de distribuição dos danos, entendendo alguns que a justiça, no caso, consiste em deixar a cada um os prejuízos que sofreu.

Essa posição não é razoável. É que, quando para um mesmo evento concorrem culpas de duas pessoas envolvidas, é justo que cada uma delas responda pelos danos ocorrentes. Fazer com que cada uma pague o prejuízo que sofreu o seu veículo traz o sério risco de distribuir desequilibradamente a responsabilidade por um fato em que, muitas vezes, ambos os contendores participaram equilibradamente, com o mesmo grau de culpa.

Por isso é que, como a doutrina diz e a jurisprudência contemporânea aceita, quando há culpas concorrentes, responde cada uma das partes pela metade dos danos que sofreu e pela metade dos danos suportados pela outra parte.

"A empresa ferroviária responde civilmente pelo descumprimento do dever de manutenção e conservação, em local de intenso trânsito de pedestres, de cercas ou muros em volta de suas linhas férreas. Reconhecida a culpa concorrente da vítima, por não ter se utilizado de estação próxima ao local para sua travessia, o valor indenizatório deve ser reduzido pela metade"[265].

Não se deve olvidar, contudo, que, necessariamente, nem sempre é equilibrada a participação culposa das partes em todos os casos. Pode a culpa de uma ser mais intensa que a da outra. Daí ser possível admitir-se que o grau de culpa possa ser observado no arbitramento do dano. A respeito do tema, Aguiar Dias[266] ensina que, apurada a proporção em que as respectivas culpas intervieram no evento danoso, é fácil, na liquidação, atribuir a cada um os ônus que decorrem da sua responsabilidade, apesar de reconhecer que, em muitos casos, essa proporção não fica estabelecida. Nesse sentido, têm decidido os tribunais:

"Reconhecida a culpa concorrente do autor, em grau menor que o da ré, a indenização a que ele tem direito, para a reparação do dano que sofreu, deve ser proporcionalmente reduzida"[267].

---

265. STJ. REsp 107230/RJ (Recurso Especial 1996/0057093-0). Fonte: DJ 18/10/1999, pág. 174.
266. Aguiar Dias, op. cit., vol. II, n. 221.
267. STJ. REsp 94.277/SP. Fonte: DJ 16.09.1996.

"A responsabilidade pelos danos decorrentes de acidente de trânsito, em caso de culpa concorrente, deve ser proporcional ao grau de culpa de cada um dos agentes causadores do sinistro"[268].

7. *Indenização previdenciária*. O STJ consolidou entendimento no sentido de que, apurada a responsabilidade pelo evento danoso, o causador há de reparar o dano com supedâneo no direito comum. É, portanto, inviável compensar tal reparação com a que a vítima há de perceber em decorrência de sua vinculação a sistema previdenciário ou securitário[269]. A mesma tese não se aplica quando se trata de recebimento de seguro obrigatório. Nesse sentido, há precedentes do STJ e do STF:

"O valor do seguro obrigatório recebido pelos autores deve ser deduzido do montante da indenização a que foi condenada a empresa transportadora pelo atropelamento de transeunte"[270].

8. *Ação de indenização contra o antigo proprietário*. Casos há em que o autor do dano não tem a propriedade do veículo, nem se apresenta como empregado do dono. Nessa condição, pode ser acionado, ou a ação deve ser endereçada contra a pessoa em nome de quem o veículo está registrado no DETRAN? O STF chegou a editar a Súmula 489, nestes termos: "A compra e venda de auto-

---

268. TJRO. RT 773/ 365. Relator: Des. Renato Mimessig.
269. STJ. REsp 168318/DF (Recurso Especial 1998/0020621-3). Fonte: DJ 02/04/2001, pág. 296.
270. STF. REsp 95.923.RTJ 108/676/RTJ 126/1.170.

móvel não prevalece contra terceiros, de boa-fé, se o contrato não foi transcrito no Registro de Títulos e Documentos".

O enunciado dessa Súmula visava a frustrar tentativas de fraudes contra credores, pela simples tradição do veículo, caso fosse o único bem a responder pela eficácia de uma execução forçada. Por exemplo: o proprietário de veículo abalroava, culposamente, e causava danos vultosos a outrem. O lesante, para escapar de compor os prejuízos, assinava recibo de transferência do automóvel para uma pessoa sem patrimônio, com data anterior ao acidente, e fazia a tradição. O desfecho de uma ação de indenização contra o "novo proprietário" seria o nada, à falta de bens suficientes para garantir a reparação. A aplicação da Súmula, portanto, evitaria esses transtornos, pois o recibo de transferência do veículo somente valeria se estivesse transcrito no Registro de Títulos e Documentos.

O rigor dessa Súmula foi tamanho que o próprio Supremo Tribunal Federal entendeu de mitigar os seus efeitos, admitindo haver ilegitimidade passiva *ad causam* daquele cujo nome figurava no registro, "se houver prova da venda"[271]. Dessa forma, passou a reconhecer que a transcrição no Registro Público criava apenas uma presunção:

"Ilidida a presunção com a prova da tradição do veículo, não há como conceber possa ser responsabilizado quem proprietário já não o é (...). A mudança do nome no registro de trânsito é providência que cabe ao com-

---

271. STF. RE 95.923, RTJ 108/676; RTJ 119/433/ RTJ 126/1.170.

prador, e não ao vendedor, e não tem sentido que esse seja responsabilizado por omissão daquele"[272].

Posteriormente, o STJ editou a Súmula 132, que dispõe: "A ausência de registro da transferência não implica a responsabilidade do antigo proprietário por dano resultante de acidente que envolva o veículo alienado". Mesmo assim, impõe-se que haja prova convincente da transferência do veículo, para poder ilidir a responsabilidade de quem detém o registro do veículo, em seu nome, na repartição de trânsito, sob pena de operar-se fraude contra credores.

Convém ressaltar que a prova da propriedade de veículo pode ser feita por todos os meios legalmente permitidos. Não é o certificado expedido pelo DETRAN o único meio idôneo para tanto, sobretudo porque, tratando-se de bem móvel, impende considerar apenas a tradição. Se o demandado alega fato impeditivo do direito do demandante, atrai para si o ônus da prova desse fato.

---

[272]. STF. RTJ 83/929.

Capítulo XXXI

ROMPIMENTO DE NOIVADO

*1. Introdução. 2. Requisitos da pretensão. 3. Extensão do dano.
4. Desfazimento de noivado por morte.*

1. *Introdução*. O matrimônio é sempre precedido de uma promessa de casamento, de um compromisso que duas pessoas de sexo diferente assumem, reciprocamente. Essa promessa era conhecida dos romanos pelo nome de *sponsalia* (esponsais). Tratava-se de um ato solene que gerava efeito, consistente em uma espécie de sinal ou arras esponsalícias que o noivo perdia ou até as pagava em triplo ou em quádruplo, se desmanchasse o noivado injustificadamente. Vestígios dessa legislação existiram nas Ordenações do Reino, que vigoraram no Brasil no período da pré-codificação.

O instituto dos esponsais, entretanto, não foi regulamentado pelo Código Civil de 1916, nem pelo Código Civil atual. Desapareceu, portanto, do nosso direito positivo. Dessa forma, não é admissível a propositura de ação judicial tendente a compelir o noivo arrependido ao cumprimento da promessa de casamento. Essa assertiva fundamenta-se em um princípio de ordem pública, pois qualquer dos noivos tem a liberdade de se casar ou de se arrepender. O arrependimento, portanto, pode ser manifestado até o instante da celebração[273].

Contudo, isso não significa que, ocorrendo um rompimento de noivado, não haja a possibilidade de a parte prejudicada valer-se de uma ação de reparação de danos com o objetivo de compor o seu prejuízo. É que o nosso legislador não disciplinou os esponsais, como instituto autônomo, mas deixou a responsabilidade civil pelo rompimento da promessa sujeita à regra geral do ato ilícito.

Assim, se em vista de futuras e próximas núpcias, os noivos realizam despesas de diversas ordens (adquirem peças de enxoval, alugam ou compram imóveis, adiantam pagamentos de bufês, de enfeites da igreja e do salão de festas, pedem demissão de emprego etc.). Certamente, o arrependimento do outro acarretará prejuízos ao que tomou tais providências. Provado que não houve justo motivo para a mudança de atitude, o prejudicado terá o direito de obter judicialmente a reparação do dano.

Na doutrina, alguns autores resistem a essa tese. Alegam que, a se deferir a indenização reclamada, estar-se-ia constrangendo, indiretamente, o promitente à execução *in natura* da promessa feita, por meio do casamento, como opção liberatória daqueles danos, o que seria con-

---

273. Washington de Barros Monteiro. Curso de Direito Civil — Direito de Família, 30.ª ed., 2.º vol., pág. 35.

trário aos princípios que regem a instituição matrimonial. Não prevalece, entretanto, tal argumento, pois, na realidade, o que se pretende é, tão-só, a reparação de um prejuízo injustamente causado, e não que o casamento seja realizado.

2. Requisitos da pretensão. Três requisitos são exigidos para que se reconheça a responsabilidade civil por rompimento de noivado: a) que a promessa de casamento tenha emanado do próprio arrependido, e não de seus genitores; b) que o mesmo não ofereça motivo justo para retratar-se, considerando-se como tal, exemplificativamente, a infidelidade, a mudança de religião ou de nacionalidade, a ruína econômica, a moléstia grave, a condenação criminal e o descobrimento de defeito físico oculto durante o noivado; c) o dano[274].

3. Extensão do dano. Duas posições existem, na doutrina, acerca da extensão do dano causado por rompimento de noivado: a) a indenização deve restringir-se exclusivamente às despesas realmente feitas em virtude do matrimônio futuro; b) a indenização deve ser ampla. A primeira tese está superada. Predomina o entendimento de que a indenização abrange todos os danos advindos do rompimento imotivado do compromisso, como os decorrentes de despesas de toda ordem, de abandono de emprego ou de suspensão de estudos por determinação do noivo, de aquisição de bens móveis ou imóveis etc.

---

274. Ibidem.

Além disso, perdura divergência acerca do dano moral. Entendem alguns que o dano a ser reparado é somente o patrimonial, enquanto outros incluem na indenização também o dano moral. A posição dos tribunais é a seguinte:

"Indenizatória. Responsabilidade civil. Esponsais. Danos morais e materiais. Ruptura de noivado às vésperas do casamento e após distribuição de convites. Incontrovérsia em relação ao rompimento. Danos materiais devidos. **Desnecessidade de prova do dano moral, considerado notório o sofrimento de noiva jovem, protagonista de relacionamento que durou 5 anos.** Recurso provido em parte"[275] (grifamos).

"Responsabilidade civil. Noivado. Rompimento. Indenização exigida pela noiva. Ação procedente em parte. Embargos recebidos parcialmente. Não ficando comprovados motivos ponderáveis para o desfazimento do noivado, assiste ao prejudicado o direito a ser ressarcido dos prejuízos[276]."

"A ruptura, sem motivo, da promessa de casamento pode dar lugar à indenização decorrente de dano material, evidenciado pela aquisição de móveis, e decorrente de dano moral, posto que o rompimento do noivado sempre afetará a pessoa da mulher, atingin-

---

275. TJSP. Sexta Câmara de Direito Privado.
276. RT, 506/256.

do, de alguma forma, sua honra e seu decoro, notadamente quando já notória a data do casamento[277]."

"Dano moral. Rompimento de noivado, por morte de um dos noivos em acidente de veículo. Legitimidade do sobrevivente para pleitear indenização por danos morais. Possibilidade. Provimento do recurso.

1. Os esponsais são atos de dimensão ética e não entram no mundo jurídico, permanecendo, para o direito, no mundo ético, mas podem dar ensejo a lesões, que se consideram atos ilícitos absolutos, por serem provenientes de dolo ou mesmo só de culpa. Desde que o noivado determinou despesas ou mudança de profissão, ou suspensão de estudos, ou vendas para preparação de situações necessárias, ou acordadas para o futuro, e o rompimento causa perdas e danos, inclusive morais, e há culpa de um dos noivos, o direito à indenização exsurge. É que, apesar de nosso legislador não ter disciplinado os esponsais como instituto autônomo, deixou, no entanto, a responsabilidade civil pelo rompimento da promessa sujeita à regra geral do ato ilícito.

2. Vinculando-se os danos morais à circunstância de sofrimento e dor, não se deixa sem a reparação necessária o agravo moral provocado pelo rompimento do noivado; negá-lo seria sacrificar, sem justificação, nobres e legítimos sentimentos do ofendido[278]".

---

277. TJSP. RT, 639/58.
278. TJPB. Apelação Cível nº 2000.003165-8. Relator: Desembargador Antônio Elias de Queiroga.

A doutrina segue o mesmo diapasão:

"A meu ver, desde que haja rompimento injusto do noivado — e esse é o requisito básico para que a demanda possa prosperar —, pode o prejudicado, a despeito do silêncio da lei, reclamar a indenização do prejuízo experimentado. Entendo ademais que, em face do rompimento injustificado do noivado, poderá o juiz, igualmente, fixar uma indenização moderada para a reparação do dano moral[279]".

"O próprio art. 159 do Código Civil fala genericamente em prejuízo; logo, tanto será o prejuízo material como o moral[280]".

"Vinculando-se os danos morais a circunstâncias injuriosas que podem envolver o arrependimento, não se deixa sem a reparação necessária o agravo moral provocado pela recusa manifestada só no momento da celebração; negá-lo seria levar-se a extremos abusivos o primado da plena vontade matrimonial, com o injustificável sacrifício de nobres e legítimos sentimentos do ofendido[281]".

"A reparação abrangerá todos os prejuízos materiais e morais causados pela injusta ruptura[282]".

---

279. Sílvio Rodrigues. Direito Civil — Responsabilidade Civil, 13.ª ed., vol. IV, pág. 44.
280. Georgette Nacarato Nazo. Da responsabilidade civil no pré-contrato de casamento, pág. 139.
281. Yussef Said Cahali. Dano e indenização, 1980, pág. 108.
282. Alípio Silveira. A boa-fé no Código Civil, vol. II, p. 223.

"Não será absurdo prognosticar, para o futuro, um progressivo alargamento do entendimento, principalmente do ponto de vista da ressarcibilidade do dano moral injustamente ocasionado[283]".

Destarte, em caso de rompimento imotivado de noivado, se, além do prejuízo material, ocorrerem circunstâncias manifestamente constrangedoras ou ofensivas à dignidade do outro, cabe, indiscutivelmente, indenização por dano moral. Exemplos: um dos noivos abandona o outro no altar ou nega, sem razões plausíveis, o consentimento no instante da celebração. Edgar Moura Bittencourt[284] menciona, a propósito, ilustrativo caso ocorrido em León, Espanha, de um jovem que, ao ser interrogado se era de sua livre e espontânea vontade receber a noiva como legítima esposa, disse: "Bem, para ser franco, não"! Assim respondendo, retirou-se da Igreja, deixando a noiva desmaiada e atônita aquela porção de gente da alta sociedade que se comprimia no templo.

O citado autor comenta:

"Essa menina, não resta dúvida, sofreu o que talvez nenhuma outra noiva terá sofrido: além da perda do noivo, a suprema injúria de uma humilhação pública. O noivo não seria punido civilmente pela ruptura da promessa, nem em nome de princípios jurídicos aplicáveis aos esponsais, mas pela humilhação, pelo escândalo infligido e pelo dano moral quando se converte em prejuízos materiais. É direito seu reconside-

---

283. Antônio Chaves. Lições, pág. 101.
284. Edgar Moura Bittencourt. Família, Editora Alba, 1970.

rar a escolha da esposa, mas é obrigação fazê-lo de forma discreta, sem ofensa, nem injúria, e com o mínimo de impiedade. Por agir de modo cruel e abusivo, por isso e não pelo arrependimento, é que deverá pagar".

4. *Desfazimento de noivado por morte*. Há dois pontos a serem considerados: a) desfazimento de noivado por morte natural; b) desfazimento de noivado por morte violenta. No primeiro caso, não cabe pedido de indenização, por faltarem os pressupostos da responsabilidade civil. No segundo caso, a pretensão é pertinente, tendo em vista os efeitos que produziram. Se o lesante ceifou a vítima de um dos noivos, causou ao outro dano material, desde que tenham ocorrido aquelas circunstâncias já analisadas acerca de despesas realizadas para o futuro casamento.

Também, nesse caso, o dano moral é indiscutível, considerando o notório sofrimento do(a) noivo(a) sobrevivente. A dor, na hipótese, não é diferente da dor sofrida pelos pais da vítima, dependendo, é claro, do caso concreto, que deve ser sopesado. Anote-se que a legitimidade para pleiteá-lo independe de vínculo familiar, não se restringindo só às pessoas legitimadas para suceder o *de cujus*.

Capítulo XXXII

DA INDENIZAÇÃO

1. Introdução. 2. Obrigações contratuais e impossibilidade de cumprir a prestação. 3. Idenização em caso de homicídio. 4. Pensão da viúva e dos filhos menores. 5. Garantia de cumprimento da obrigação. 6. Morte de criança de tenra idade. 7. Pensão. 8. Indenização em caso de lesão corporal. 9. Inabilitação para o trabalho e redução da capacidade laboral. 10. Usurpação ou esbulho do alheio. 11. Ofensa à honra da mulher. 12. Indenização por injúria ou calúnia. 13. Indenização em casos de ofensa à liberdade pessoal.

1. Introdução. O Código Civil de 1916 não considerava os graus de culpa, ou mesmo a existência de dolo, na fixação da indenização. O objetivo do legislador era deixar a vítima indene, pouco importando, assim, o grau de culpa: grave, leve ou mesmo levíssima. O novo Código Civil, no *caput* do art. 944, consagra a idéia tradicional. Porém, no seu parágrafo único, concede ao juiz poderes para adequar a indenização, conforme a gravidade da culpa e o dano. Ressalte-se, nesse passo, que, às vezes, a culpa do agente foi leve, mas o prejuízo da vítima foi vultoso; ou a culpa do agente foi grave, até mesmo dolosa, no entanto, o dano foi de proporções mínimas. O novo mecanismo permite que se estabeleça relação entre a culpa e o dano.

Outro critério a ser observado pelo juiz refere-se ao comportamento da vítima: se o dano que sofreu foi causado por culpa exclusiva sua, não há responsabilidade civil, ante a inexistência de relação de causalidade; se ela concorreu para o dano, atenua-se a responsabilidade, fixando-se a indenização, tendo em conta a gravidade de sua culpa em confronto com a do autor do dano (art. 945). Nesse contexto, como compatibilizar o art. 944 com a responsabilidade objetiva? Há quem entenda que o redutor só tem aplicação quando o caso é de responsabilidade subjetiva.

Tratando-se de obrigação indeterminada, e não havendo na lei ou no contrato disposição fixando a indenização devida pelo inadimplente, apurar-se-á o valor das perdas e danos na forma que a lei processual determinar (art. 946).

2. *Obrigações contratuais e impossibilidade de cumprir a prestação.* O art. 947 aplica-se às indenizações decorrentes de relações contratuais. O devedor inadimplente, condenado a cumprir a obrigação, vê-se na impossibilidade de fazê-lo. Neste caso, pode pedir seja substituída a prestação pelo seu valor, em moeda corrente. Não importa que a inexecução da prestação decorra da vontade do devedor ou da impossibilidade de cumpri-

la, por culpa sua. Em ambos os casos, há inexecução da obrigação.

3. Indenização em caso de homicídio. O art. 948 do Código Civil dispõe que, em caso de homicídio, a indenização consiste, sem excluir outras reparações: "I — no pagamento das despesas com o tratamento da vítima, seu funeral e o luto da família; II — na prestação de alimentos às pessoas a quem o morto os devia, levando-se em conta a duração provável da vida da vítima". Repete a norma do art. 1.537 do Código Civil de 1916.

O Código Civil de 2002, a exemplo do anterior, foi casuístico. Além disso, tão grande foi a limitação que, em muitos casos, a indenização fica muito aquém do valor dos prejuízos resultantes do dano. Nas despesas com o funeral da vítima, incluem-se o sepultamento e um jazigo perpétuo. O luto da família compreende todas as despesas realizadas com vestuário e mais os lucros cessantes, ou seja, tudo aquilo que razoavelmente se deixou de ganhar no chamado período de nojo. É que, nesse interregno, os parentes mais próximos do defunto ficam, geralmente, em reclusão completa, só se liberando para os seus afazeres normais após a missa de sétimo dia.

Além das verbas enumeradas no art. 948, tem cabimento, ainda, o dano moral, como compensação monetária pela dor que sofreram os familiares da vítima, consoante a Súmula 37 do STJ: "São cumuláveis as indenizações por dano material e dano moral oriundos do mesmo fato". A respeito da indenização por danos morais, o STJ tem posição muito avançada, conforme se constata deste julgado: "A morte do marido e pai dos autores causa dor que deve ser indenizada, não se exigindo para isso a prova do sofrimento, o que decorre da experiência comum e somente pode ser afastada se houver prova em sentido contrário"[285].

4. Pensão da viúva e dos filhos menores. O cônjuge e os filhos menores, de ambos os sexos, terão direito a uma pensão, fixada pelo juiz com base nos padrões relativos à profissão do de cujus, nas condições pessoais e financeiras do agente e nos costumes do lugar. O termo inicial do pagamento da pensão é aquele em que se deu o sinistro,[286] e o termo final, com relação ao filho, é a idade em que, presumivelmente, completará a formação educacional necessária ao custeio condigno do seu sustento. Quando ao cônjuge sobrevivente, não há idade limite para a duração dessa pensão que, por natureza, é vitalícia. (STJ. EDcl no REsp 437681/DF (Embargos de Declaração no Recurso Especial) 2002/0056854-2). O cálculo da pensão pode efetuar-se com base no salário mínimo. Neste sentido decidiu a Primeira Câmara Civil do TJPB, em acórdão da lavra do Des. Plínio Leite Fontes:

> "Não é inconstitucional nem mesmo ilegal a fixação de pensão com base em salário mínimo, por visar esta a garantir aos beneficiários as mesmas necessidades básicas constantes do inciso IV do art. 7º da Carta Federal. A obrigação alimentar, consoante o art. 400 do Código Civil, há de submeter-se às necessidades do alimentário e às possibilidades do alimentante"[287].

---

285. STJ. Fonte: DJU. 17/12/1999, pág. 00378, Site do STJ na Internet.
286. Súmula 43 do STJ.
287. TJPB. Apelação cível 3.493-2.

O STF e o STJ mantêm a mesma linha de entendimento:

"A pensão correspondente à indenização oriunda de responsabilidade civil deve ser calculada com base no salário mínimo vigente ao tempo da sentença e ajustar-se-á às variações ulteriores"[288].

"A utilização do salário mínimo para o cálculo da pensão e sua atualização periódica não ofende a Lei n. 6.205, de 1975, inaplicável à espécie"[289].

Esta posição não foi alterada após o advento da Constituição Federal de 1988:

"É inaplicável a proibição de vinculação ao salário mínimo, prevista na parte final do art. 7º, inc. IV, da Constituição Federal, como base de cálculo e atualização de pensão em ação de indenização por ato ilícito"[290].

"O que está previsto na parte final do inciso IV do art. 7º da Carta Política da República não alcança pensão"[291].

"Pensão. A proibição de vinculações ao salário mínimo não impede a sua utilização como base de cálculo e atualização de pensões"[292].

---

288. Súmula 490 do STF.
289. STF. RE 80569-8-RJ; STJ REsp 46.731-4-SP.
290. STF. RT 724/223.
291. STF. RE 166.586-6-GO.
292. STF. RE 128.362-RJ; RE 170.204-GO.

5. *Garantia de cumprimento da obrigação.* O art. 602 do Código de Processo Civil estabelecia que, fixada a pensão, o réu deveria constituir um capital para garantia dos pagamentos futuros: "Toda vez que a indenização por ato ilícito incluir prestação de alimentos, o juiz, quanto a esta parte, condenará o devedor a constituir um capital, cuja renda assegure o seu cabal cumprimento".

Este capital podia ser representado por imóveis ou por títulos da dívida pública, e seria inalienável e impenhorável durante a vida da vítima; ou, falecendo a vítima em conseqüência do ato ilícito, enquanto durasse a obrigação do devedor. O juiz poderia substituir a constituição do capital por caução fidejussória, que seria prestada na forma do art. 829 e seguintes do Código de Processo Civil. Mas o art. 602 foi revogado pela Lei nº 11.232, de 22 de dezembro de 1995, que passou a vigorar seis meses após a sua publicação, que ocorreu no dia 23/12/05.

6. *Morte de criança de tenra idade.* Como vimos anteriormente, o Código Civil prevê, em caso de homicídio, o pagamento de prestação de alimentos às pessoas a quem o defunto os devia. Colocada essa premissa, surge a seguinte indagação: Se a vítima não era devedora de pensão alimentar, pode ser exigida tal obrigação do autor do fato? Esta hipótese aparece, com freqüência, nas lides forenses, quando a vítima é criança de tenra idade. Como tal, não exercia atividade lucrativa e, portanto, não devia pensão aos pais. Era fonte de despesa e não de receita.

Como aplicar-se, então, em casos dessa natureza, a norma em comento? Sobre a matéria, acaloradas discussões foram travadas na doutrina e na jurisprudência. Entendiam uns que, se o filho menor ou a esposa, que não exercem profissão lucrativa, perecem em acidente, não terão os herdeiros daquele ou desta direito a qualquer indenização, além do pagamento das despesas de funeral e luto da família.

Essa discussão passou por quatro etapas: 1) o da irreparabilidade do dano; 2) o da ressarcibilidade relativa do dano, considerando-se os reflexos patrimoniais imediatos; 3) o da ampla reparabilidade do dano, como dano patrimonial remoto, potencial e futuro; 4) o da reparabilidade pela existência de um dano moral puro.

Na primeira fase, tinha-se como incabível a indenização, tanto por dano material (a pensão) como por dano moral. Interpretava-se, restritivamente, o art. 1.537 do Código Civil de 1916, que não deixava margem à colocação de tais verbas. A posição do STF era a seguinte:

> "Tratando-se de vítima menor, que não exerce profissão, a indenização corresponde apenas às despesas de funeral e luto da família"[293].

> "Não tem cabimento a condenação do causador da morte de menor do que não devia alimentos, mas era alimentado por seus pais. A sua obrigação de indenizar se restringe ao auxílio funeral"[294].

O menor era, assim, um mero consumidor, e a sua morte não representava desfalque nenhum para seus

---

293. RT, 332/507.
294. RT 434/76.

progenitores. Ou, como assinala Yussef Said Cahali[295]: "Em argumento *ad terrorem*, levada esta interpretação ao paroxismo, dir-se-ia que a perda do filho consumidor, de pequena idade, representaria até mesmo um benefício patrimonial para seus genitores, no que estariam sendo dispensados de uma boca a mais para ser alimentada; o que, decididamente, não deixa de ser chocante".

Na segunda fase, surgiram julgados que, timidamente, admitiam a indenização aos pais pela morte do filho menor, "quando este já trabalhava, pois o prejuízo sofrido pelos pais da vítima é representado pelo ganho do menor, que deixou de ser incluído na economia familiar, principalmente nas famílias de baixa renda"[296].

A terceira fase foi iniciada com os julgados que deram origem à Súmula 491 do STF: "É indenizável o acidente que cause a morte de filho menor, ainda que não exerça trabalho remunerado". O acórdão paradigma foi relatado pelo Ministro Aliomar Baleeiro. Cuidava-se de acidente de ônibus, que resultou na morte de dois irmãos, com 10 e 4 anos de idade, respectivamente[297].

Essa decisão, sem dúvida alguma, foi um avanço extraordinário no campo da responsabilidade civil. Foram levados em consideração os reflexos patrimoniais que a morte do menor acarretava, "pois o infante representava um valor econômico potencial. Os pais teriam perdido, no mínimo, o que já haviam gasto ou investido na criação e educação do filho." Além disso, "viram frustrada a

---

295. Yussef Said Cahali. Dano e indenização, 1980, pág. 44.
296. Carlos Roberto Gonçalves. Responsabilidade civil, 5ª ed., pág. 390.
297. STF, RTJ39/38.

expectativa de que o filho lhes fosse uma fonte de renda ou de futuros alimentos"[298]. Ou, no dizer de Sílvio Rodrigues[299]: "uma indenização devida pela expectativa de que o menor viesse, no futuro, a alimentar seus pais".

Assim, nessa fase, considerava-se o filho não pelo que ele era, até o momento da sua morte, mas pelo que poderia ser. A morte causava uma privação do potencial econômico que o filho representaria. Tinha-se o menor, assim, como a esperança do porvir.

Eis outros julgados do STF:

"Reparação por morte de filho menor é devida ainda que não preste auxílio ao grupo familiar, visto que um menor válido representa, potencialmente, patrimônio de auxílio à família"[300].

"É indenizável o acidente que cause a morte de filha menor, ainda que provado que a mesma não trabalhava para contribuir para o sustento do lar. (...) É o direito potencial a alimentos, valor econômico que integra o patrimônio da pessoa"[301].

Na última fase, foi admitida a reparabilidade do dano moral. Iniciou-se com a decisão plenária do STF, em 29 de outubro de 1970, em acórdão relatado pelo ilustre Moacir Amaral Santos (RTJ, 56/733), ementado singelamente:

---

298. Carlos Roberto Conçalves, op. cit., pág. 391.
299. Sílvio Rodrigues, op. cit., pág. 232.
300. STF, RTJ, 40/355; 56/733/; 57/786; 62/255.
301. STF, RTJ, 67/277.

"Inclui-se na condenação a indenização dos lucros cessantes e do dano moral, além das despesas de funeral, luto e sepultura."

A matéria, hoje, está pacificada. A morte de criança que não exerce profissão lucrativa é indenizável, tanto pelo dano material indireto (a concepção da Súmula 491), como pelo dano moral que o fato provoca.

7. *Pensão*. Segundo a nova jurisprudência firmada pelo STJ, tratando-se de vítima fatal que já trabalhava, a pensão arbitrada deve ser integral até os 25 anos. Trata-se de idade em que, pela ordem natural dos fatos da vida, a vítima constituiria família, reduzindo-se a partir de então essa pensão à metade, até a data em que, também por presunção, atingiria os 65 anos[302]. Vários julgados firmaram esse entendimento:

"Responsabilidade civil. Morte de filho. Pensão mensal. Redução para a metade, depois dos 25 anos, devida até a data em que a vítima atingiria a idade de 65 anos. Vencida a matéria relacionada com a preclusão, em razão dos fundamentos invocados no acórdão recorrido. Recurso conhecido em parte e parcialmente provido. Adota-se o mesmo critério para o caso de infantes que não exerciam atividade produtiva"[303].

---

302. STJ. REsp 191125/MG (Recurso Especial 1998/0074778-8).
303. STJ. REsp 257454/pR (Recurso Especial 2000/0042502-8). Fonte: DJ 27/11/2000, pág. 00170.

"A pensão deve ser fixada, de conformidade com precedentes jurisprudenciais do STJ, em 2/3 do salário mínimo em relação à vítima maior, e, no tocante à vítima menor de idade, até a data em que o *de cujus* completaria 25 anos, reduzida para 1/3 a partir de então, em face da suposição de que constituiria família, aumentando suas despesas pessoais com o novo núcleo formado, extinguindo-se a obrigação, em ambos os casos, após os 65 anos de longevidade presumível das vítimas, se a tanto sobreviverem os autores"[304].

"Reconhecendo embora a oscilação da jurisprudência, sendo a vítima menor, de família de baixa renda, deve ser admitida a indenização por dano material. A realidade brasileira inclui, nesses casos, a contribuição dos filhos para a manutenção do lar. E o juiz não pode julgar se não estiver em consonância com a realidade social do seu tempo. 3. A contribuição dos filhos não alcança a totalidade do salário, razão pela qual deve o pensionamento comportar abatimento de acordo com as circunstâncias de fato, no caso, pertinente à fixação em 2/3 (dois terços) do salário mínimo até a idade em que a vítima completaria 25 (vinte e cinco) anos, e a partir daí reduzido para 1/3 (um terço). 4. A jurisprudência majoritária tem admitido o pensionamento até a idade em que a vítima completaria 65 anos de idade, em casos como o presente, sendo a família de baixa renda. 5. O 13º salário

---

[304]. STJ. REsp 86450/MG (Recurso Especial 1996/0004420-1). Fonte: DJ 13/11/2000, pág. 00145.

só deve ser computado na indenização se a vítima efetivamente o recebia, não sendo razoável a sua inclusão em casos de menor, que não exercia atividade remunerada na época do acidente fatal. 6. A indenização não tem caráter alimentar, sendo indevida a ameaça de prisão. 7. O dano moral é devido aos pais quando da morte dos filhos. 8. Não cabe a redução do valor do dano moral, fixado de acordo com o prudente critério do juiz, quando ele não é exagerado nem agride os parâmetros usuais da jurisprudência. 9. Os juros moratórios devem ser contados na forma da Súmula nº 54 da Corte, como imposto pelo Acórdão recorrido. 10. Recurso especial conhecido e provido, em parte"[305].

No mesmo sentido, posicionou-se a Segunda Câmara Cível do TJPB:

"A pensão mensal devida em decorrência de morte de menor, que contribuía para o sustento dos pais, deve ser fixada em 2/3 do salário mínimo vigente à época do fato, até o ano em que completaria vinte e cinco anos de idade; e a partir daí, reduzido o valor pela metade, até o ano em que completaria setenta anos de idade. Precedentes do STJ"[306].

---

305. STJ. REsp 172335/SP (Recurso Especial 1998/0030356-1). Relator: Carlos Alberto Menezes Direito. Fonte: DJ 18/10/1999, pág. 00229.
306. TJPB. Apelação Cível nº 2000.001196-7. Relator: Desembargador Antônio Elias de Queiroga.

Resta esclarecer que o limite de 65 anos de idade não se aplica quando se trata de pensão devida a filho menor, em virtude da morte do pai ou da mãe. Neste caso, o pensionamento vai até a maioridade civil do alimentado, ou 24 anos, se universitário. É neste sentido a jurisprudência do STJ:

> "Responsabilidade civil. Morte. Pensão devida aos filhos. Limite de idade. I. Tratando-se de ressarcimento de dano material, a pensão será devida enquanto razoável admitir-se, segundo o que comumente acontece, subsistisse vínculo de dependência. Fixação do limite em vinte e quatro anos de idade quando, presumivelmente, os beneficiários da pensão já poderão ter completado sua formação, inclusive curso superior. II. Inviável é a reversão da pensão para outrem. III. Recurso conhecido e improvido"[307].

"A pensão de filho menor, cujo pai foi vítima de ilícito penal, é devida até a idade em que, presumivelmente, completará a formação educacional necessária ao custeio condigno do seu sustento. A indenização decorrente de delito penal deve ser ampla, nela incluídos os juros compostos. Recurso especial dos autores provido e improvido o da fazenda nacional"[308].

Por último, dois outros pontos não podem ser olvidados:

---

307. STJ. REsp 4595/RJ (Recurso Especial 1994/0007599-5). Fonte: DJ 24/06/1996, pág. 22754.
308. STJ. REsp 32836/SP (Recurso Especial 1993/0006283-2). Fonte: DJU 21/08/1995, pág. 25359.

a) É devida pensão aos pais pela morte de filho maior, solteiro, vítima de crime, pois, com maiores razões, há a presunção de que exercia profissão lucrativa e ajudava os seus genitores:

"O pensionamento por morte, devido aos pais de filho maior que colaborava para o sustento da casa, estende-se até quando a vítima completaria 65 anos de idade, diminuído o valor da pensão de metade a partir do 25.º aniversário. Precedentes. Recurso conhecido pela divergência e provido em parte"[309].

b) O marido faz jus, igualmente, ao pensionamento devido pela morte da esposa, em virtude de crime, independentemente da prova do exercício de atividade profissional, eis que, em tais circunstâncias, a contribuição para o núcleo familiar também acontece através do exercício ou auxílio em atividades domésticas.

8. Indenização em caso de lesão corporal. O Código Civil, no art. 949, trata da reparação de dano decorrente de lesão corporal de natureza leve, dispondo: "No caso de lesão ou outra ofensa à saúde, o ofensor indenizará o ofendido das despesas do tratamento e dos lucros cessantes até ao fim da convalescença, além de algum outro prejuízo que o ofendido prove haver sofrido".

Assim, se as lesões corporais forem transitórias, sem marcas, serão pagas pelo ofensor as despesas do tratamento, nelas incluindo-se as despesas hospitalares, mé-

---

[309]. STJ. REsp 159637/SP (Recurso Especial 1997/0091836-0). Fonte: DJU 03/081998, pág. 00248.

dicas etc. São também devidos, conforme a dicção da lei, os lucros cessantes, ou seja, tudo aquilo que a vítima, razoavelmente, deixou de ganhar em virtude do acidente. O emprego do advérbio "razoavelmente", segundo os nossos tratadistas, está a indicar que deve ser afastada a idéia de ganhos exagerados. Geralmente, são pagos até a obtenção da alta médica ou até a vítima ficar em condições de retomar ao trabalho normal.

No Código Civil de 1916, a matéria era disciplinada no art. 1.538 que, além da indenização pelas despesas do tratamento e dos lucros cessantes, até o fim da convalescença, previa ainda o pagamento da importância da multa no grau médio da pena criminal correspondente. Acontece que tanto o Código Penal, da época da promulgação do Código Civil, como o atual não fixaram pena pecuniária para os delitos de lesão corporal. Diante do impasse, Carlos Roberto Gonçalves[310] sugeria o seguinte:

> "Se a agressão física provocou uma situação vexatória para a vítima, é possível, conforme as circunstâncias, pleitear-se a reparação do dano moral causado pela injusta e injuriosa agressão, que será arbitrada em cada caso, sem ater-se o julgador aos parâmetros estabelecidos".

Essa posição preservava o espírito da lei, que não se contentava somente com o ressarcimento do dano emergente e dos lucros cessantes. Queria algo mais: a indenização pelo dano moral, que, no caso, seria arbitrada pelo juiz, à falta de previsão de multa para esse tipo penal.

---

310. Carlos Roberto Gonçalves, op. cit., pág. 455.

O TJSP, contudo, entendia que a verba somente era devida se ficasse demonstrado o eventual constrangimento ou vexame que tenha sofrido o ofendido em razão da agressão[311]. É que não se tratava de dano moral puro, que não reclama demonstração, mas de dano moral indireto, que exige comprovação dos reflexos. A solução definitiva para o caso veio com o Código Civil de 2002. No art. 949, não reproduziu integralmente o art. 1.538 do Código Civil revogado: substituiu a expressão "pagamento da importância da multa no grau médio da pena criminal correspondente", por "além de algum outro prejuízo que o ofendido prove haver sofrido".

O art. 948 também não reproduziu os §§ 1º e 2º do referido art. 1.538, que estabeleciam:

"§1º Esta soma será duplicada, se do ferimento resultar aleijão ou deformidade".

"§2º Se o ofendido, aleijado ou deformado, for mulher solteira ou viúva, ainda capaz de casar, a indenização consistirá em dotá-la, segundo as posses do ofensor, as circunstâncias do ofendido e a gravidade do defeito".

Há aleijão quando a pessoa perde algum membro, órgão ou sentido. Exige-se, todavia, para a sua caracterização, que haja dano estético. A esse respeito, comentava Washington de Barros Monteiro[312]: "Quanto à defor-

---

311. TJSP. Site da RT na Internet.
312. Washington de Barros Monteiro. Curso de Direito Civil, vol. V, 26ª ed., pág. 415.

midade, é preciso que haja o dano estético, que o ofendido cause impressão penosa ou desagradável". O TJSP entendia, com respaldo em Nelson Hungria, Aníbal Bruno e outros, que o conceito de deformidade repousava na estética e só ocorria quando causava uma impressão, se não de repugnância, pelo menos de desagrado, acarretando vexame ao seu portador"[313].

O dano estético em mulher em condição de casar (§ 2º do artigo em comento) atendia ao dano moral, para aumentar o valor da reparação, ou para dar-lhe uma forma adequada às circunstâncias. Considerava-se que o aleijão ou deformidade poderia destruir a aspiração da mulher de constituir um lar. Carvalho Santos[314], em comentários ao art. 1.539, assinalava: "Salta aos olhos a defeituosa redação do texto legal, quando fala em mulher solteira ou viúva, ainda capaz de casar. Mesmo porque, em rigor, todas elas são capazes de casar, desde que é certo que a fealdade e a pobreza, e mesmo a desonestidade, nunca foram obstáculo, na vida real, a que qualquer mulher contraia casamento".

Atente-se que o Código falava, apenas, em mulher solteira ou viúva. Neste conceito, não incluía a divorciada. Já a mulher casada, ou separada judicialmente, não teria direito à indenização, embora, como assinala Sílvio Rodrigues[315], "a mágoa do dano estético seja de igual intensidade".

---

313. RJTJRS, 19/63.
314. Carvalho Santos. Código Civil Brasileiro interpretado, 7.ª ed., Livraria Freitas Bastos.
315. Sílvio Rodrigues, op. cit., pág. 250.

O § 2º do art. 1.538 representava uma velharia, além de constituir-se em privilégio à mulher, solteira ou viúva, ainda capaz de casar. Era inconstitucional, pois afrontava o princípio da isonomia, previsto no art. 5º, I, da Carta Magna. Em razão disso, foi encaminhado ao Congresso Nacional, em fevereiro de 1990, projeto de lei propondo a sua revogação e de outros artigos. Só em 2002, com a entrada em vigor do novel Código Civil, o impasse foi solucionado.

9. *Inabilitação para o trabalho e redução da capacidade laboral.* O art. 950 do Código Civil cuida da ofensa corporal que inabilita para o trabalho e provoca a diminuição da capacidade laborativa. A indenização, no caso, consistirá no pagamento das despesas de tratamento e dos lucros cessantes até o fim da convalescença, bem ainda no pagamento de uma pensão equivalente à desvalorização do trabalho, considerando tratar-se de uma lesão permanente. Exemplos clássicos citados na doutrina: o violinista que, vítima de violência física, perde a mão ou o braço com que aciona o arco; o escultor que tem a mão esmagada e não pode mais manejar o escopo.

Anote-se que o disposto nos arts. 948, 949 e 950 aplica-se ainda no caso de indenização devida por aquele que, no exercício de atividade profissional, por negligência, imprudência ou imperícia, causar a morte do paciente, agravar-lhe o mal, causar-lhe lesão, ou inabilitá-lo para o trabalho (art. 951 do Código Civil).

10. *Usurpação ou esbulho do alheio.* O art. 952 do Código Civil dispõe:

"Havendo usurpação ou esbulho do alheio, além da restituição da coisa, a indenização consistirá em pa-

gar o valor das suas deteriorações e o devido a título de lucros cessantes; faltando a coisa, dever-se-á embolsar o seu equivalente ao prejudicado.
Parágrafo único. Para se restituir o equivalente, quando não exista a própria coisa, estimar-se-á ela pelo seu preço ordinário e pelo de afeição, contanto que este não se avantaje àquele".

Usurpar, segundo o Dicionário de Aurélio, quer dizer: apossar-se violentamente de; adquirir com fraude, alcançar sem direito, exercer indevidamente, assumir o exercício de, por fraude, artifício ou força. Já esbulho, derivado do latim *spolium, de spoliare*, espoliar, despojar, foi admitido na terminologia jurídica com o sentido próprio de ato violento, em virtude do qual uma pessoa é despojada, contra a sua vontade, de coisa que lhe pertence ou está em sua posse.

As duas palavras têm, portanto, o mesmo significado, embora pareça mais apropriado empregar-se o termo "usurpação" nos casos de apossamento indevido de direito, no seu sentido abstrato (usurpação de função pública), e esbulho, nos casos de apossamento indevido de coisa material (esbulho da posse dos bens móveis e imóveis). Segundo De Plácido e Silva[316], no entanto, na "técnica jurídica, o esbulho se mostra uma usurpação".

Em ambos os casos, as conseqüências são as mesmas: a) restituição da coisa; b) indenização pelas deteriorações ocorridas; c) lucros cessantes. Faltando a coisa, o prejudicado será embolsado do seu equivalente. Se a própria

---

316. De Plácido e Silva. Vocabulário Jurídico, vol. II, 11.ª ed., pág. 186.

coisa não mais existir, ela será estimada pelo seu preço ordinário e pelo de afeição, contanto que este não se avantaje àquele.

Em comentário a esse dispositivo, Regina Beatriz Tavares[317] assevera:

> "Em princípio, a reparação deve ocorrer *in natura*, ou seja, deve haver a restauração da situação alterada pelo dano, de modo que a indenização pecuniária seja subsidiária. No entanto, em face das dificuldades inerentes à reparação natural, a reparação pecuniária ou indenizatória é a comum. Na avaliação do dano material, o prejuízo é quantificado por meio de comparação entre o estado atual do patrimônio e sua situação se o dano não tivesse ocorrido. Aplica-se a chamada "teoria da diferença", na qual há a apuração da diferença entre a situação real do patrimônio do lesado e a situação hipotética desse patrimônio, se o dano não tivesse ocorrido, e a compensação das vantagens perdidas, devida sempre que o evento danoso tenha produzido ao lesado não apenas danos efetivos, mas, também, perda de lucros. Em suma, na indenização do dano material, busca-se a reposição do patrimônio do ofendido, de modo a recompor-se a situação ideal em que se encontraria se tivesse inexistido o ilícito".

Afirma ainda a festejada mestra, ao comentar o parágrafo único do artigo citado, que este dispositivo estabe-

---

317. Regina Beatriz Tavares. Novo Código Civil comentado, coordenado por Ricardo Fiúza, 4ª ed., Saraiva, pág. 870.

lece a indenizabilidade do dano moral por ofensa a um bem material, quando este não mais existe. "O dano pode ser identificado como moral ou material de acordo com critérios básicos: 1) a verificação da origem do dano, relacionada ao violado e respectiva natureza; 2) a constatação dos efeitos do dano, referente à natureza das conseqüências ou dos reflexos produzidos na esfera jurídica violada. De acordo com o segundo critério, o dano moral tem como efeito um prejuízo econômico ou pecuniário, mensurável por cálculo aritmético, e o dano moral refere-se aos aspectos sentimental ou afetivo, intelectual ou social da personalidade do lesado".

11. Ofensa à honra da mulher. A ofensa à honra da mulher reparava-se, em regra, com o casamento, que atuava como forma de extinção da punibilidade. Mas se o autor do dano (crime contra os costumes) não quisesse ou não pudesse se casar, poderia ser compelido a pagar uma indenização à vítima, a título de dote, que seria arbitrada pelo juiz, segundo as condições sociais e o estado civil dela.

O dote era uma indenização capaz de compensar o prejuízo moral e material experimentado pela mulher. O prejuízo material seria a perda da virgindade e, conseqüentemente, a dificuldade que iria encontrar em casar-se, considerando os preconceitos existentes no meio social. O prejuízo moral seria a dor, o sentido de menosprezo afetivo. Entendia-se que, neste tipo de responsabilidade, bastava que a ofendida provasse o fato, sendo desnecessário demonstrar o prejuízo.

A mulher agravada em sua honra tinha direito a exigir do ofensor, se este não pudesse ou não quisesse reparar o mal pelo casamento, um dote correspondente à sua própria condição e estado: "I — se, virgem e menor, for deflorada; II — se, mulher honesta, for violentada, ou aterrada por ameaças; III — se for seduzida com promessas de casamento; IV — se for raptada" (art. 1.548 do Código Civil. "Nos demais crimes de violência sexual, ou ultraje ao pudor, arbitrar-se-á judicialmente a indenização" (art. 1.549 do Código Civil de 1916).

Complexidade existia quando ocorresse defloramento de menor, por varão também menor. Não tendo o ofensor atingido a idade nupcial (18 anos), não podia o mal ser reparado pelo casamento. Para compor o prejuízo experimentado pela vítima, restava, apenas, o dote. Se o agente fosse maior de 16 e menor de 21 anos de idade, o pai era solidariamente responsável. Mas seria do pai, com exclusividade, a responsabilidade civil se se tratasse de menor de 16 anos de idade.

Em matéria de sedução, promessa de casamento, concubinato etc., conforme assinalava José de Aguiar Dias,[318] tinham grande influência as circunstâncias do caso concreto. A violação das obrigações derivadas do casamento era, indubitavelmente, falta contra a honestidade. É o que se verificava por parte de quem, por seu procedimento, dava causa à separação de corpos, separação judicial ou divórcio, acarretando prejuízo material ou moral ao outro cônjuge.

Assinale-se que a Lei nº 11.106, de 28 de março de 2005, revogou as causas de extinção da punibilidade previstas no art. 107, VII e VIII, do Código Penal. Assim, mesmo que a vítima dos crimes contra a liberdade

---

318. José de Aguiar, op. cit., n. 160.

sexual venha a contrair casamento com o agente ou terceiro, a punibilidade não se extinguirá. Essa regra, contudo, não se aplicará se o crime foi cometido antes da vigência da lei em comento, em face do princípio da ultratividade da lei penal mais benéfica. Além disso, o Código Civil atual não reproduziu o art. 1.548 do Código Civil anterior, consagrando, portanto, o princípio da igualdade previsto no art. 5º, I, da Constituição Federal.

12. Indenização por injúria ou calúnia. O sentimento de honra é muito forte e, por isso, goza de proteção da lei penal e da lei civil. Há quem afirme que a expressiva manifestação desse empenho tem por fundamento a manutenção da paz social. A difamação consiste na imputação de fato ofensivo à reputação de pessoa física ou jurídica, atingindo-a no conceito ou na consideração a que tem direito; a injúria consiste na ofensa à dignidade ou ao decoro, a saber, a expressão ultrajante, o termo pejorativo ou simplesmente a invectiva de conteúdo depreciativo; a calúnia consiste na falsa imputação ou denúncia de fato definido como crime[319].

No Código Civil de 2002, a matéria acha-se prevista no art. 953. Não há referência à difamação. Essa hipótese é um desmembramento da calúnia e nela está incluída; ambas são crimes afins e ferem a honra objetiva. Esses três tipos penais constituem, também, ilícitos civis, sujeitando, portanto, quem os pratica a reparar o dano cometido.

A única inovação encontrada no novo Código Civil refere-se à mudança de metodologia de arbitramento da

---

319. Ibidem.

indenização, quando a vítima não puder provar o prejuízo material: antes, o agente pagava o dobro da multa no grau máximo da pena criminal respectiva (parágrafo único do art. 1.547, c/c o art. 1.550); agora, caberá ao juiz arbitrar o valor da indenização. Pode acontecer que o dano moral tenha reflexos patrimoniais. Neste caso, o juiz levará em consideração o prejuízo aferido.

A indenização consistirá na reparação do dano que dele resulte ao ofendido. Se este não puder provar prejuízo material, caberá ao juiz fixar, eqüitativamente, o valor da indenização, na conformidade das circunstâncias do caso (art. 953 e seu parágrafo único). Regina Beatriz Tavares[320], em comentário ao artigo 953, citado, esclarece:

> "O dispositivo estabelece a reparação dos danos por violação à honra, que é direito da personalidade composto de dois aspectos: objetivo — consideração social — e subjetivo — auto-estima. Nestes dois aspectos está contido o caráter múltiplo ou proteiforme da honra: individual, civil, política, profissional, científica, artística etc. (v. José Castan Tobenas, Los derechos de la personalidad, Madrid, Ed. Reus, 1952, p. 49 e 50, e Carlos Alberto Bittar, Os direitos da personalidade, 3. ed., Rio de Janeiro, Forense Universitária, p. 129).
> A injúria ofende a honra subjetiva, conceituada como a manifestação de conceito ou de pensamento, que representa ultraje, menosprezo ou insulto a outrem

---

320. Regina Beatriz Tavares, op. cit., pág. 871

(Carlos Alberto Bittar, Os direitos da personalidade, cit., p. 132).

A difamação atinge a honra objetiva, definida como a atribuição de fato que constitui motivo de reprovação ético-social (Carlos Alberto Bittar, Os direitos da personalidade, cit., p. 132).

A calúnia viola a honra objetiva, configurada na imputação de fato qualificado como crime (Carlos Alberto Bittar, Os direitos da personalidade, cit., p. 132).

Pela violação à honra podem surgir danos materiais e morais. O Código Civil de 1916 tratava, no art. 1.547, da reparação do dano por calúnia ou injúria".

13. Indenização em casos de ofensa à liberdade pessoal.

O art. 954 do Código Civil estabelece: "A indenização por ofensa à liberdade pessoal consistirá no pagamento das perdas e danos que sobrevierem ao ofendido, e se este não puder provar prejuízo, tem aplicação o disposto no parágrafo único do artigo antecedente.

Parágrafo único. Consideram-se ofensivos da liberdade pessoal: I — o cárcere privado; II — a prisão por queixa ou denúncia falsa e de má-fé; III — a prisão ilegal".

As duas primeiras modalidades de ofensas não deixam de constituir prisão ilegal, embora possa haver prisão ilegal sem que tenha ocorrido cárcere privado, queixa ou denúncia falsa ou de má-fé.

O novo texto não traz regra idêntica à do art. 1.552 do Código Civil de 1916: "No caso do artigo antecedente, n. III, só a autoridade, que ordenou a prisão, é obrigada a ressarcir o dano". Agora, a responsabilidade civil, por prisão ilegal, recairá sobre a pessoa jurídica de direito público, à qual esteja subordinado o autor do ato indigitado, aplicando-se, em cheio, o art. 37, § 6º, da Constituição Federal.

O texto constitucional pressupõe que a caracterização do dever objetivo do Estado em ressarcir os lesados deve estar coadunada a um descumprimento do sistema normativo, oriundo de vícios no procedimento do serviço público. Seria impensável pretender que o Estado viesse a indenizar o cidadão por haver sido processado criminalmente, com a observância da ordem legal vigente. Haveria um caos, ante o temor de não se provarem os fatos imputados à pessoa incriminada.

Ademais, a Constituição Federal, em seu art. 5º, LXXV, admite unicamente a reparação de danos decorrentes de condenação advinda de erro judiciário ou quando o cidadão ficar preso além do tempo fixado na sentença (art. 630 do CPP).

Assim, as limitações impostas pela Lei Maior à atuação do poder público, para que se possa conciliar o efetivo desempenho de suas funções com as garantias fundamentais do ser humano, só quando violadas, flagrantemente, autorizam indenizações de cunho moral ou material, sobretudo. Evidentemente que o abalo emocional, oriundo da privação de liberdade, acomete qualquer ser humano.

Entretanto, a prisão preventiva ou provisória, praticada dentro dos limites da legalidade, da moralidade e da finalidade, não enseja a responsabilidade civil do Estado, sob pena de se intimidar a atuação dos titulares da persecução criminal, conjuntura que inviabilizaria a manutenção da paz no seio da sociedade. É neste sentido a jurisprudência pátria:

"Responsabilidade civil objetiva do Estado. Prisão processual. Posterior absolvição pelo Tribunal do Júri. Indenização por perdas e danos. Inexistindo qualquer ilegalidade nos atos que determinaram a prisão processual (temporária ou preventiva) imposta ao autor, o fato de ter ocorrido sua absolvição pelo Tribunal do Júri não gera direito à indenização por perdas e danos"[321].

"Ordinária de indenização. Alegação de prisão injusta em processo penal. Absolvição do apelante. Responsabilidade do juiz. Inocorrência do chamado erro judiciário. Legalidade da custódia preventiva. Decisão mantida"[322].

Havendo, no entanto, ilegalidade desarrazoada, com evidente abuso de poder, impõe-se que o Estado pague a indenização devida, com ação regressiva contra o autor direto do dano.

Como fecho, vale destacar esta decisão do STJ:

"Direito constitucional e administrativo. Responsabilidade objetiva. Prisão ilegal. Danos morais. 1. O Estado está obrigado a indenizar o particular quando,

---

[321]. TJDF. AC 5158699 — Rel. Des. Sérgio Bittencourt. Fonte: DJU 28/06/2000.
[322]. TJPR. AC 0023792100. Rel. Des. Abrahão Miguel. Data do julgamento: 19/08/1997.

por atuação dos seus agentes, pratica contra o mesmo prisão ilegal. 2. Em caso de prisão indevida, o fundamento indenizatório da responsabilidade do Estado deve ser enfocado sob o prisma de que a entidade estatal assume o dever de respeitar, integralmente, os direitos subjetivos constitucionais assegurados ao cidadão, especialmente, o de ir e vir. 3. O Estado, ao prender indevidamente o indivíduo, atenta contra os direitos humanos e provoca dano moral ao paciente, com reflexos em suas atividades profissionais e sociais. 4. A indenização por danos morais é uma recompensa pelo sofrimento vivenciado pelo cidadão, ao ver, publicamente, a sua honra atingida e o seu direito de locomoção sacrificado. 5. A responsabilidade pública por prisão indevida, no direito brasileiro, está fundamentada na expressão contida no art. 5º, LXXV, da CF. 6. Recurso especial provido[323].

---

[323]. STJ. REsp 220982/RS (Recurso Especial 1999/0057692-6). Relator Min. José Delgado. Fonte: DJ: 03/04/2000, pág. .00116. Data da decisão 2/02/2000.

Capítulo XXXIII

JUROS E CORREÇÃO MONETÁRIA: APLICAÇÃO NO CAMPO DA RESPONSABILIDADE CIVIL

1. Juros: conceito e aspectos gerais. 2. Classificação dos juros. 3. Juros legais. 3.1. Juros de mora. 3.2. Juros moratórios na prática. 3.3. Regras para a contagem dos juros de mora. 4. Juros compensatórios. 5. Cumulação de juros moratórios com juros compensatórios. 6. Capitalização de juros. 7. Correção monetária. 7.1. Considerações gerais. 7.2. Dívida de dinheiro e dívida de valor. 7.3. Lei nº 6.899, de 8 de abril de 1981. 7.4. Regras sobre a aplicação da correção monetária. 7.5. Súmulas sobre correção monetária. 7.6. Outras regras. 8. Comissão de permanência e correção monetária.

1. Juros: conceito e aspectos gerais. Pode-se definir juro como o fruto periódico de um capital. Em Roma, chamava-se *foenus*, donde contrato feneratício; já o capital denominava-se de *foetus, foetura*. Depois, no direito romano, passou a ter o designativo de usura, *de pro usu*.

No conceito moderno, segundo Carvalho de Mendonça,[324] o juro é o preço do uso do capital e um prêmio do risco que corre o credor. É o aluguel do dinheiro, como a renda ou o aluguel é o preço do uso da coisa no contrato de locação. O contrato feneratício faz parte, em suma, da categoria dos contratos comutativos, isto é, daqueles em que cada parte recebe o equivalente do que dá.

O dinheiro, portanto, por sua natureza, pode produzir benefícios, equiparáveis a frutos. Daí porque os juros são chamados de frutos civis. Para que haja juros, é necessária a existência de um capital, ou seja, uma soma em dinheiro ou coisas fungíveis. É preciso também haver um devedor com a obrigação de pagar uma compensação pelo uso temporário da soma ou quantidade.

O juro tem, assim, caráter acessório, produzindo as seguintes conseqüências: a) extinta a obrigação principal (remissão, consignação ou prescrição etc), não subsiste a de pagar juros; b) não se concebe a obrigação de pagar juros antes de contraída a obrigação principal; c) o reconhecimento por parte do devedor de que deve os juros, que estão correndo, implica o reconhecimento da existência da própria dívida, representada pelo capital, podendo esse reconhecimento servir para interromper a prescrição da ação de cobrança do próprio capital; d) não se podem confundir os juros com as rendas no sentido restrito, uma vez que estas podem existir sem um débito principal.

Outro aspecto interessante é que os juros são da mesma espécie da prestação principal e, assim, deverão

---

324. Carvalho de Mendonça. Doutrina e prática das obrigações, 3ª ed., Tomo II, pág. 72.

ser pagos na mesma espécie desta, "muito embora nada impeça a entrega de juros em espécie nas obrigações fungíveis que tenham por objeto outras coisas que não dinheiro"[325]. Mas nem toda obrigação principal rende juros. Em conseqüência dessa premissa, chega-se à seguinte conclusão: pode a obrigação de pagar juros surgir posteriormente à obrigação principal, seja pela convenção das partes, quando, por exemplo, se estipula que os juros serão devidos de determinada data em diante, seja da verificação de uma condição, ou ainda quando se convenciona a dilação do pagamento do principal com a promessa do pagamento dos juros, seja pela vontade da lei.

A extinção da obrigação principal é que faz cessar a obrigação de pagamento dos juros. A propósito, ensina Carvalho Santos[326]: "Se no vencimento de uma obrigação estipulada com juros o credor concede um prazo ao devedor, embora tacitamente por não executá-lo desde logo, os juros continuam a correr de pleno direito, a menos que haja estipulação em contrário, não só porque a obrigação principal não ficou extinta, senão também porque, ao invés, o prazo concedido pelo credor importou em uma convenção tácita que perpetuou a primeira".

2. Classificação dos juros. Os juros comportam duas divisões importantes: compensatórios e moratórios; convencionais e legais. Compensatórios quando equivalem à recompensa do capital; moratórios, quando visam a in-

---

325. Sílvio de Salvo Venosa. Teoria Geral das Obrigações — Teoria Geral dos Contratos, 2001, pág. 144.
326. Carvalho Santos, op. cit., vol. XIV, 6ª ed., pág. 277.

denizar o credor pelo retardamento da execução da obrigação. Convencionais são os juros estipulados pelas partes, na convenção, quer sejam compensatórios, quer sejam moratórios; legais são os juros impostos pela lei, na falta de convenção, nos casos taxativamente previstos, ou, senão, no caso de mora.

3. *Juros legais*. O Código Civil de 2002 ocupa-se dos juros legais, no art. 406, dispondo: "Quando os juros moratórios não forem convencionados, ou o forem sem taxa estipulada, ou quando provierem de determinação da lei, serão fixados segundo a taxa que estiver em vigor para a mora do pagamento de impostos devidos à Fazenda Nacional". Os juros legais subdividem-se em duas categorias: a) juros moratórios decorrentes da demora culposa no cumprimento da obrigação (art. 394); b) juros devidos por força da lei, em virtude de um princípio de eqüidade.

No primeiro caso, não é preciso que o credor judicialmente os peça. No segundo, a lei faz fluir os juros de pleno direito, determinando, inclusive, a época em que começam a correr. Este é sempre o momento do desembolso do capital, ainda que não tenham sido declarados ou ajustados no negócio jurídico. Carvalho de Mendonça[327] ensina, a propósito do tema: "Se não há estipulação de juros nem a lei os permite, ou manda contar, não são devidos. Não falamos aqui dos juros moratórios, cuja disciplina é outra". Todos os casos de juros devidos por força de lei são taxativos, ou seja, estão previstos expres-

---

327. Carvalho de Mendonça, op. cit., pág. 72.

samente, não sendo lícito ao intérprete considerá-los por analogia.

3.1. Juros de mora. Singelamente, juros moratórios são os decorrentes da demora culposa do devedor no cumprimento da obrigação (art. 394). Sobre juros de mora, convém assinalar a evolução que a matéria sofreu no direito brasileiro:

a) O Código Civil de 1916 dedicava aos juros de mora um capítulo especial. No art. 1.062, determinava que a taxa, quando não convencionada entre as partes, não poderia ser superior a 6% ao ano. Neste caso, não havia limite para a taxa de juros, desde que acordada entre as partes.

b) O Decreto nº 22.626, de 1933 (Lei de Usura) vedou expressamente a estipulação, em quaisquer contratos, de taxas de juros superiores ao dobro da taxa estabelecida pelo Código Civil então vigente, ou seja: em contratos de qualquer natureza, os juros não poderiam ser superiores a 12% ao ano.

c) Em 1976, o Supremo Tribunal Federal publicou a Súmula 596 decidindo que as disposições do Decreto nº 22.626/33 não se aplicavam às taxas de juros e aos outros encargos cobrados nas operações realizadas por instituições públicas ou privadas, que integrassem o Sistema Financeiro Nacional.

d) A Constituição Federal de 1988 tratou do assunto, limitando a cobrança dos juros em 12% ao ano, sob pena de conceituar a cobrança de taxas superiores como crime de usura. Posteriormente, essa norma foi revogada pela Emenda Constitucional 40, de 29/05/2003.

e) O Decreto-Lei nº 2.322/87 estabeleceu que, nas dívidas alimentares, a taxa era 1% ao mês.

f) A Medida Provisória nº 2.180, de 24 de agosto de 2001, que acrescentou à Lei nº 9.494/97 o art. 1º — F, reduziu a taxa de juros moratórios, nas dívidas da Fazenda Pública, para 0,5%.

g) O art. 406 do Código Civil de 2002 estabelece regra diferente, dispondo que, não sendo convencionados, ou não havendo lei que determine a forma de cobrança, os juros devem ser fixados segundo a taxa que estiver em vigor para a mora do pagamento de impostos devidos à Fazenda Nacional.

Tomando-se por base a última alteração procedida na matéria, a taxa de juros de mora seria então a SELIC. A referida taxa é o índice utilizado para a correção dos débitos e créditos tributários federais e previdenciários. SELIC significa Sistema Especial de Liquidação e Custódia. É regulada pela Circular BACEN nº 2.727/96, para "o registro de títulos e depósitos interfinanceiros por meio de equipamento eletrônico de teleprocessamento, em contas gráficas abertas em nome de seus participantes, bem como o processamento, utilizando-se o mesmo mecanismo de operações de movimentação, resgates, ofertas públicas e respectivas liquidações financeiras".

A taxa SELIC é mensalmente fixada pelo Comitê de Política Monetária (COPOM) para refletir a liquidez dos recursos financeiros no mercado monetário. A doutrina e a jurisprudência contestam a sua utilização como sucedâneo dos juros moratórios, uma vez que possui natureza compensatória, englobando atualização monetária e juros remuneratórios. Neste sentido decidiu o STJ:

"O Codex Tributário, ao disciplinar, em seu art. 167, a restituição de tributos, determinou a incidência de juros moratórios, na mesma intensidade que aqueles aplicados nos casos de mora do contribuinte e previstos no §1º do art. 161, ou seja, no percentual de 1% ao mês. Se basta a declaração do contribuinte para o nascimento do débito perante o Poder Público, com a conseqüente aplicação das penalidades por eventual atraso no pagamento, quando o tributo é pago regularmente pelo contribuinte, mas indevidamente cobrado pelo Fisco, naturalmente deve incidir a mesma punição, diante da regra de isonomia. Não se pode dizer que o pagamento dos tributos cujo lançamento se dá por homologação depende unicamente da iniciativa do contribuinte, uma vez que 'o pagamento de tributo é espontâneo, na medida em que decorre de lei que deve ser cumprida compulsoriamente' (REsp nº 146.568/MG, rel. Min. Ari Pargendler, DJU de 9.12.1997).

Pretende a recorrente, na espécie, seja excluída a aplicação da taxa SELIC ao argumento de que não incidem juros de mora nos tributos sujeitos ao lançamento por homologação. A incidência da referida taxa, no entanto, deve ser excluída por fundamento diverso, qual seja, a ilegalidade de sua utilização do âmbito do direito tributário. A taxa SELIC para fins tributários é, a um tempo, inconstitucional e ilegal. Como não há pronunciamento de mérito da Corte Especial deste egrégio Tribunal que, em decisão relativamente recente, não conheceu da argüição de inconstitucionalidade correspectiva (cf. Incidente de

Inconstitucionalidade no REsp nº 215.881/PR), permanecendo a mácula também na esfera infraconstitucional, nada está a empecer seja essa indigitada taxa proscrita do sistema e substituída pelos juros previstos no Código Tributário (artigo 161, § 1º, do CTN).

A utilização da taxa SELIC como remuneração de títulos é perfeitamente legal, pois toca ao BACEN e ao Tesouro Nacional ditar as regras sobre os títulos públicos e sua remuneração. Nesse ponto, nada há de ilegal ou inconstitucional. A balda exsurgiu quando se transplantou a taxa SELIC, sem lei, para o terreno tributário. A taxa SELIC ora tem a conotação de juros moratórios, ora de remuneratórios, a par de neutralizar os efeitos da inflação, constituindo-se em correção monetária por vias oblíquas. Tanto a correção monetária como os juros, em matéria tributária, devem ser estipulados em lei, sem olvidar que os juros remuneratórios visam a remunerar o próprio capital ou o valor principal.

A taxa SELIC cria a anômala figura de tributo rentável. Os títulos podem gerar renda; os tributos, *per se*, não. Determinando a lei, sem mais esta ou aquela, a aplicação da taxa SELIC em tributos, sem precisa determinação de sua exteriorização quântica, escusado obtemperar que mortalmente feridos de frente se quedam os princípios tributários da legalidade, da anterioridade e da segurança jurídica. Fixada a taxa SELIC por ato unilateral da Administração, além desses princípios, fica também vergastado o princípio da indelegabilidade de competência tributária. Divergência jurisprudencial conhecida, porém parcialmente provido o recurso pela alínea c. Recurso especial provido, em parte, pelas alíneas a e c para excluir a aplicação da taxa SELIC e determinar a incidência de juros moratórios legais de 1% ao mês e correção monetária pelos índices oficiais desde o recolhimento indevido[328].

Além disso, na "Jornada de Direito Civil" realizada em Brasília/DF, em setembro de 2002, anunciou-se, por unanimidade, que "a utilização da taxa SELIC como índice de apuração dos juros legais não é juridicamente segura, porque impede o prévio conhecimento dos juros; não é operacional, porque seu uso será inviável sempre que se calcularem somente juros ou somente correção monetária".

Realmente, o caráter remuneratório da taxa SELIC contrasta com a finalidade dos juros de mora, que visam a indenizar o credor pelo retardamento da execução da obrigação (art. 394). Diante do impasse, sugerem alguns doutrinadores duas alternativas: a) por analogia, aplicar-se o art. 161, § 1°, do Código Tributário Nacional (se a lei não dispuser de modo diverso, os juros de mora são calculados à taxa de 1% ao mês); b) por convenção das partes quanto à utilização ou não da taxa SELIC como a taxa legal de juros a ser aplicada, nos termos do artigo 406 do Código Civil.

---

328. STJ. REsp 212460//RS (Recurso Especial 1999/0039214-0). Relator: Ministro Franciulli Neto. Fonte: DJU 21/10/2002, pág. 00328.

A primeira alternativa é inadmissível, ante o caráter meramente supletivo da regra (se a lei não dispuser de modo diverso...). Além disso, pode suscitar dúvidas quanto à sua aplicabilidade aos débitos de natureza não tributária, o que, por sua vez, possibilitaria a indagação das partes contratantes quanto à utilização ou não da taxa SELIC como taxa legal de juros a ser aplicada nos termos do artigo 406 do Código Civil.

A segunda alternativa foge completamente ao espírito da lei, pois o art. 406 do Código Civil é bem claro ao dizer que "a taxa que estiver em vigor para a mora do pagamento de impostos devidos à Fazenda Nacional" só será fixada quando os juros moratórios não forem convencionados, ou o forem sem taxa estipulada, ou quando provierem de determinação da lei.

Não existe outra solução, senão cumprir o que estabelece o art. 406 do Código Civil que prescreve como taxa de juros moratórios a referencial do Sistema Especial de Liquidação e Custódia (SELIC). Essa taxa, aliás, está prevista em todas as normas referentes a pagamentos de tributos à Fazenda Nacional (art. 18, *caput*, e art. 19, *caput*, e parágrafo único, inciso I, todos da Lei n° 10.637, de 30/12/2002, entre outras). Foi o que decidiu, recentemente, o STJ:

"Juros moratórios. Art. 406 do CC/2002. Taxa SELIC. A Turma, ao prosseguir o julgamento, na hipótese de reparação de danos materiais e morais decorrentes da inexecução do contrato de fornecimento de energia elétrica, bem como do exercício abusivo de sua interrupção para fins de cobrança, entendeu, por maioria, que a taxa à qual se refere o art. 406 do CC/2002 é a

SELIC. O Min. Teori Albino Zavascki, em seu voto-vista, o vencedor, sustentou que o art. 406, ao referir-se à taxa que estiver em vigor, expressa a opção do legislador em adotar uma taxa de juros variável, que pode ser modificada com o tempo. O art. 161, § 1º, do CTN, por sua vez, dispõe que a taxa de juros é de 1% ao mês se a lei não dispuser de modo diverso, o que denota sua natureza de norma supletiva, arredável por lei ordinária. O art. 13 da Lei n. 9.065/1995, ao referir-se ao art. 84 da Lei nº 8.981/1995, estabeleceu que, em casos de mora no pagamento de tributos arrecadados pela SRF, serão acrescidos juros equivalentes à SELIC, e a utilização dessa taxa como juros de mora, em matéria tributária, foi confirmada por outras normas, tais como o art. 39, § 4º, da Lei nº 9.250/1995 (repetição ou compensação de tributos); art. 61, § 3º, da Lei n. 9.430/1996 e o art. 30 da Lei n. 10.522/2002. Outrossim, o STJ tem aplicado a SELIC em demandas tributárias ao reputá-la constitucional, e o STF, na ADI 4-DF, DJ 25/6/1993, afirmou não haver vedação constitucional às previsões de juros superiores a 12% ao ano, isso em análise do art. 192, § 3º, da CF/1988, já revogado. Anotou, também, que, apesar de a SELIC incluir juros e correção monetária, sua aplicação não acarreta *bis in idem*, visto estar condicionada à exclusão de qualquer outro índice de atualização. Já os votos-vencidos entendiam que a SELIC não possuía natureza moratória e sim remuneratória (acrescida de correção monetária), pois criada para atrair e remunerar investidores na compra de títulos públicos. Assim, em razão dessa natureza, seria impossível sua aplicação em casos de ilícito contratual, restando correta a aplicação dos juros de 12% ao ano a partir da entrada em vigor do CC/2002 (art. 161, § 1º, do CTN, c/c art. 406 do CC/2002). Precedentes citados: REsp 806.348-SP, DJ 1º/8/2006, e REsp 807.880-RN, DJ 23/5/2006. Rel. originária Min. Denise Arruda, Rel. para acórdão Min. Teori Albino Zavascki, julgado em 28/11/2006. Dessa forma, duas soluções intermediárias se apresentam: a) aplicar-se a taxa SELIC, com exclusão dos juros e da correção monetária fixados; b) adotar-se a taxa prevista no art. 161, § 1º, do CTN, e no Decreto-Lei nº 2.322/87, que é de um por cento (1%) ao mês[329].

Resta saber se essa decisão aplica-se contra a Fazenda Pública, tendo em vista o que dispõe a Medida Provisória nº 2.180-35, de 24 de agosto de 2001, que acrescentou o art. 1º-F à Lei nº 9.494, de 10 de setembro de 1997, com a seguinte redação: "Os juros de mora, nas condenações impostas à Fazenda Pública para pagamento de verbas remuneratórias devidas a servidores e empregados públicos, não poderão ultrapassar o percentual de seis por cento ao ano".

A Medida Provisória citada criou uma situação profundamente desigual, ao privilegiar a Fazenda Pública. Esta, além de escamotear o pagamento das suas dívidas, beneficiando-se do famigerado precatório, ainda pode invocar taxa de juros moratórios inferior à do particular. Entretanto, quando vencedora, imputa, em seu favor, a taxa SE-

---

329. STJ. . Relatora originária: Ministra Denise Arruda. Relator para acórdão: Ministro Teori Albino Zavascki. Data do julgamento: 28/11/2006. Fonte: Site do STJ.

LIC. Daí porque, no nosso entender, o art. 406 do Código Civil revogou o art. 1º- F da Lei nº 9.494, de 10 de setembro de 1997, aplicando-se a taxa SELIC para todas as situações.

Demais disso, é flagrante a inconstitucionalidade da aludida Medida Provisória, dado o seu conteúdo discriminatório. É que o Governo, visando a reduzir os gastos estatais com os valores devidos aos seus servidores e empregados, restringiu os direitos destes. E assim, colocou, materialmente, o servidor público e até o empregado público em condição de inferioridade em relação a todos os empregados da iniciativa privativa, cujos acréscimos de juros de mora vão além dos 6% ao ano.

Saliente-se ainda que, caso não se queira entender assim, considere-se, ao menos, que "os juros moratórios deverão ser fixados de acordo com a lei vigente na data da sentença que constituiu a situação jurídica para a parte" (REsp 55. 9625-0). Assim, é indiscutível que, se a condenação ocorreu anteriormente à Medida Provisória nº 2.180/12001, não incide a taxa de juros nela prevista. Entender de forma diversa contraria o art. 6º da LICC e o art. 5º, XXXVI, da Constituição Federal. Nesse sentido, há diversos julgados do STJ:

> "Com a edição da Medida Provisória nº 2.180-35, de 24 de agosto de 2001, a qual acrescentou o art. 1º- F à Lei nº 9.494/97, nos casos em que é sucumbente a Fazenda Pública, a fixação dos juros de mora é cabível no percentual de 6% ao ano, se proposta a ação após a vigência da referida MP"[330].

---

330. STJ. REsp 712662/RS (Agravo Regimental no Recurso Especial 2005/0001247-0). Relatora: Ministra Laurita Vaz.

"1. Os juros de mora, de que trata o art. 1º- F da Lei nº 9.494/97, não incidem nas causas iniciadas antes da edição da Medida Provisória nº 2.180-35/01 (AgRg no REsp 648223 / RS; Agravo regimental no Recurso Especial 2004/0042816-4, Relator Ministro Hélio Quaglia Barbosa. Órgão julgador: Sexta Turma. Data do julgamento 31/05/2005. Data da publicação/fonte: DJ 20.06.2005 pág. 388).

"A regra estabelecida na Medida Provisória nº 2.180-35, de 24 de agosto de 2001, acrescentou o art. 1º-F ao texto da Lei nº 9.494, de 10 de setembro de 1997. Esta Corte entende que, conquanto a citada norma tenha natureza processual, tem ela reflexos na esfera jurídico-material das partes, razão pela qual não incide nos processos em curso, quer de conhecimento, quer de execução, ressaltando-se a necessidade do processo ter sido iniciado após a sua vigência (EREsp 230.222/CE, DJU de 16/10/2000).

"Com relação à aplicação superveniente da Medida Provisória nº 2.180-35, de 24 de agosto de 2001, esta Corte já se manifestou no sentido de que, por ter natureza de norma instrumental material, com reflexos na esfera jurídico-material das partes, não se aplica aos processos em curso". (AGREsp 526.834/RS, Rel. Min. Gilson Dipp, DJU de 29/09/2003).

3.2. Juros moratórios na prática. Os juros moratórios, na prática, suscitam duas questões interessantes: mesmo que a parte não os tenha pedido expressamente na inicial, o juiz pode neles condenar o vencido; se a sentença for omissa, eles reputam-se nela contemplados, de sorte a permitir-lhes a contagem respectiva na liquidação do julgado[331].

Há unanimidade na primeira questão, tendo em vista a iterativa jurisprudência a respeito do tema. Acrescente-se ainda a dicção do art. 293 do Código de Processo Civil: "Os pedidos são interpretados restritivamente, compreendendo-se, todavia, no principal, os juros legais". Cite-se também o art. 407 do Código Civil de 2002: "Ainda que se não alegue prejuízo, é obrigado o devedor aos juros da mora que se contarão assim às dívidas em dinheiro, como às prestações de outra natureza, uma vez que lhes esteja fixado o valor pecuniário por sentença judicial, arbitramento ou acordo entre as partes".

Neste contexto, tem-se considerado que não constitui decisão *ultra petita* a que condena ao pagamento dos juros legais, quando não expressamente requeridos na petição inicial.

Com relação à segunda questão, existem controvérsias. Julgados há entendendo que não se pode, em execução, incluir juros omitidos pela sentença exeqüenda; já outros, de modo diverso, afirmam que, embora omissa a decisão, podem os juros ser exigidos em execução, como acessórios que são do julgado. Abalizados doutrinadores, com fortes argumentos, acolhem a primeira opinião, por entenderem mais exata à interpretação dada ao art. 891 do Código de Processo Civil de 1939.

---

331. Washington de Barros Monteiro. Direito das Obrigações, 1.ª parte, vol. IV, 1994, pág. 339.

3.3. Regras para a contagem dos juros de mora. Dispõe o art. 407 do Código Civil: "Ainda que se não alegue prejuízo, é obrigado o devedor aos juros da mora que se contarão assim às dívidas em dinheiro, como às prestações de outra natureza, uma vez que lhes esteja fixado o valor pecuniário por sentença judicial, arbitramento, ou acordo entre as partes".

O prejuízo resulta necessariamente da demora culposa do devedor em cumprir sua obrigação, conservando em seu poder a prestação. Justifica-se essa presunção, porque o devedor, privando o credor da prestação com que ele contava, implicitamente privou-o de possíveis oportunidades de imediata colocação de seu capital, ao mesmo tempo em que a retenção da prestação causa proveito ao devedor. Dispensando a lei a alegação do prejuízo para que os juros da mora sejam devidos, bem como dispondo de forma categórica que o devedor é obrigado ao pagamento de tais juros, resulta evidente que essa obrigação subsiste, ainda que o credor judicialmente não peça o pagamento.

Não é pacífica a questão do início da fluência dos juros, dada a falta de clareza nas disposições do Código Civil. Assim, algumas regras devem ser consideradas:

a) Obrigação líquida e certa. Os juros serão devidos desde o momento do termo, quando tem início a mora do devedor (art. 397).

b) Obrigação líquida e certa, mas sem prazo. A mora só poderá iniciar-se a partir da interpelação de que trata o art. 397, parágrafo único. A interpelação ou notificação (palavras equivalentes) pode ser realizada judicial ou extrajudicialmente, consistindo em se dar conhecimento ao devedor do dia em que a obrigação sem prazo deve ser cumprida. É a mora *ex persona* (mora não por parte da coisa, mas da pessoa).

c) Obrigação ilíquida. Os juros fluem a partir da citação inicial, aplicando-se a Súmula 163 do STF: "Salvo contra a Fazenda Pública, sendo a obrigação ilíquida, contam-se os juros moratórios desde a citação inicial para a ação". Na segunda edição deste livro, afirmávamos que a ressalva que se fazia à Fazenda Pública não tinha mais pertinência, ante a revogação do art. 3º do Decreto nº 22.785/33, pela Lei n.º 4.414/64, e da Súmula 255 do STF. Essa posição está superada. A Súmula 163 foi revogada nos ERE 74.244, porque a Lei nº 4.414, de 24.9.1964, revogou expressamente esse artigo do decreto, estabelecendo: "A União Federal, os Estados, o Distrito Federal, os Municípios e as autarquias, quando condenados a pagar juros de mora, por estes responderão na forma do Direito Civil".

d) Obrigação negativa. Serão devidos os juros desde o momento em que o obrigado praticou o ato do qual deveria abster-se, infringindo seu dever jurídico.

e) Obrigações decorrentes de delito. O devedor considera-se em mora desde que perpetrou o crime (art. 398), ainda que se trate de obrigação ilíquida. Neste tipo de obrigação, incidem juros ordinários e também juros compostos, contados desde o crime, conforme a Súmula 186 do STJ. Nesse ponto, a matéria afasta-se do direito comum, que só admite juros compostos se convencionados expressamente pelas partes. No caso, parece tratar-se de uma punição.

f) Obrigação que se transforma em dinheiro. Só é possível a contagem de juros quando fixado o valor por sentença ou acordo.

g) Obrigação que se vencer em sábado, domingo ou feriado. A Lei nº 7.089/83 proíbe a cobrança de juros de mora, por estabelecimentos bancários e instituições financeiras, sobre o título de qualquer natureza, cujo vencimento se dê em tais dias, desde que seja quitado no primeiro dia útil seguinte.

4. *Juros compensatórios*. Os juros compensatórios equivalem à recompensa do capital. Em regra, são convencionais. Se as partes não estipularem juros, os compensatórios não são devidos, senão nos casos taxativamente previstos na lei, presumindo-se, quanto aos da mora, que convieram na taxa legal. Em se tratando de mútuo para fins econômicos, presumem-se devidos juros, os quais, sob pena de redução, não poderão exceder a taxa a que se refere o art. 406 do Código Civil, permitida a capitalização anual (art. 591).

5. *Cumulação de juros moratórios com juros compensatórios*. É permitido cumular-se juros moratórios com juros remuneratórios, mesmo porque têm finalidades diversas: o primeiro é uma penalidade imposta pela demora no pagamento; o segundo é o fruto do capital mutuado. O sistema financeiro, portanto, pode estipular no contrato os juros remuneratórios, fixados pelo Banco Central naquela data, e, ao mesmo tempo, os juros moratórios. A propósito, veja-se esta decisão do STJ:

> "I — Em contratos de aplicação financeira em CDBs, é possível a incidência de juros moratórios e remuneratórios, cumulativamente, se no contrato houver pactuação expressa nesse sentido. II — Essa mesma

orientação, segundo precedentes da Corte, tem sido observada em relação a outros contratos bancários, a exemplo de financiamento e abertura de crédito. III — Em face do nosso perverso sistema financeiro, em País de gritantes desigualdades sociais e distorcida legislação, razoável, embora não satisfatória, a construção pretoriana que tem por exigível, como no caso, expressa e induvidosa pactuação da cumulação dos juros pós-inadimplemento, em obediência, inclusive, ao comando do art. 5º da Lei de Introdução, de feliz inspiração e calcado na lógica do razoável".[332]

6. *Capitalização de juros*. A capitalização de juros é uma das formas de usura, e das mais cruéis, pois importa em aplicar juros sobre juros. O Decreto nº 22.626/33 (Lei de Usura) não permite a sua cobrança, embora não vede o fenômeno derivado da lei, como o do art. 1.544 do Código Civil de 1916, que dispunha: "Além dos juros ordinários, cobrados proporcionalmente ao valor do dano, e desde o tempo do crime, a satisfação compreende os juros compostos". O Código Civil de 2002 não tem regra semelhante. O Código Comercial, em seu art. 253, já proibia contar juros de juros, estabelecendo ainda: "Depois que em Juízo se intenta ação contra o devedor, não pode ter lugar a acumulação de capital e juros".

A prática do anatocismo — vocábulo que vem do latim *anatocismus*, de origem grega, significando *usura*, *prêmio composto ou capitalizado*, denominação de cobrança de juros sobre juros — é, no entanto, permitida

---

332. STJ. REsp 206440/MG (Recurso Especial 1999/0020002-0). Fonte: DJU 30/10/2000, pág.00161.

no Brasil, desde que pactuada nas operações regidas por lei ou normas especiais, que expressamente o autorizam. Exemplos típicos são os das cédulas de crédito industrial, comercial e rural. O STJ chegou mesmo a editar a Súmula 93, que diz: "A legislação sobre cédula de crédito rural, comercial e industrial admite o pacto de capitalização de juros".

A propósito, a Revista IstoÉ, edição de 7 de novembro de 2001, traz uma matéria de autoria de Luiz Antônio Cintra, sob o título "Juros de matar", em que registra o seguinte: "quem depositou R$ 100 em agosto de 1994 tem hoje na poupança R$ 324,20. O infeliz que entrou no especial, emprestando a mesmíssima quantia do banco, está falido: deve hoje R$ 160,2 mil".

Fora das hipóteses previstas em lei, é vedado o anatocismo, consoante a Súmula 121 do STF: "É vedada a capitalização de juros, ainda que expressamente convencionada". Dessa proibição não se exclui o sistema financeiro, pois o Enunciado 121 não guarda relação com a Súmula 596 da mesma Corte: "As disposições do Decreto nº 22.626/33 não se aplicam às taxas de juros e aos outros encargos cobrados nas operações realizadas por instituições públicas ou privadas, que integram o sistema financeiro nacional".É que a Lei n.º 4.595/64 manteve íntegro o art. 4.º do Decreto n.º 22.626/33.

O STJ, todavia, em recente decisão, ao julgar o Recurso Especial nº 629.487, reconheceu a possibilidade de capitalização mensal de juros, incidentes em contratos celebrados com instituições financeiras:

"Civil. Mútuo. Instituição bancária. Sistema financeiro nacional. Juros remuneratórios. Limitação:

12% ao ano. Impossibilidade. Capitalização. Periodicidade mensal. Medida Provisória nº 2.170-36/2001. Incidência.

1- O STJ, quanto aos juros remuneratórios, tem entendimento assente no sentido de que, com a edição da Lei 4.595/64, não se aplicam as limitações fixadas pelo Decreto 22.626/33, de 12% ao ano, aos contratos celebrados com instituições integrantes do Sistema Financeiro Nacional, ut súmula 596/STF, salvo nas hipóteses previstas em legislação específica.
2- Aos contratos de mútuo bancário, celebrados a partir de 31 de março de 2000, data da primitiva publicação do art. 5º da MP nº 1.963-17/2000, atualmente reeditada sob o nº 2.170-36/2001, incide a capitalização mensal, desde que pactuada. A perenização da sua vigência deve-se ao art. 2º da Emenda Constitucional nº 32, de 12 de setembro de 2001."

"Contratos bancários. Ação de revisão. Juros remuneratórios. Limite.Capitalização mensal. Possibilidade. MP 2.170-36. Inaplicabilidade no caso concreto. Comissão de permanência. Ausência de potestividade. CPC, art. 535. Ofensa não caracterizada. I — A Segunda Seção desta Corte firmou entendimento, ao julgar os REsps 407.097-RS e 420.111-RS, que o fato de as taxas de juros excederem o limite de 12% ao ano não implica abusividade, podendo esta ser apurada apenas, à vista da prova, nas instâncias ordinárias. II — Decidiu, ainda, ao julgar o REsp 374.356-RS, que a comissão de permanência, observada a Súmula n.º 30, cobrada pela taxa média de mercado, não é potestativa. III — O artigo 5.º da Medida Provisória

2.170-36 permite a capitalização dos juros remuneratórios, com periodicidade inferior a um ano, nos contratos bancários celebrados após 31-03-2000, data em que o dispositivo foi introduzido na MP 1963-17. Contudo, no caso concreto, não ficou evidenciado que o contrato é posterior a tal data, razão por que mantém-se afastada a capitalização mensal. IV — Recurso especial conhecido e parcialmente provido"[333].

7. Correção monetária. A obrigação pecuniária é uma obrigação genérica, de coisas fungíveis; é modalidade de obrigação de dar e tem por objeto o dinheiro, que é o denominador comum da economia. Portanto, o que caracteriza esse tipo de obrigação é o nominalismo na moeda.

Muitas vezes, no entanto, o valor nominal de uma dívida é simplesmente enunciativo. Tal fato ocorre em períodos de inflação alta, como aconteceu no Brasil no passado recente: décadas de setenta, oitenta e início dos anos noventa. Esse fenômeno inflacionário detonou o conceito nominal da moeda e da obrigação em dinheiro. A correção monetária surgiu nesse meio, como forma de preservar o valor nominal da moeda, embora a sua aplicação fosse contestada por alguns juristas e economistas.

Singelamente, pode-se conceituar a correção monetária como a própria dívida atualizada. Não é, assim, encargo remuneratório do capital. É nesse sentido a po-

---

333. STJ. REsp 603643/RS (Recurso Especial 2003/0191625-3). Relator: Ministro Antônio de Pádua Ribeiro. Segunda Seção. Data do julgamento: 22/09/2004: Fonte: DJ 21.03.2005, pág. 212.

sição do STF: "A correção monetária não remunera o capital, apenas assegura a sua identidade, no tempo. Não há confundi-la com o juro, que é remuneração do capital"[334].

Sobre a matéria, ensina Celso Antônio Bandeira de Melo: "São completamente diversas as índoles dos juros e da correção monetária. Esta não acresce ao patrimônio do credor. Limita-se a mantê-lo inalterado. Modifica nominalmente a importância, exatamente para conservar-lhe a mesma substância. A percepção de quantias relativas à correção monetária não enriquece quem a recebe. Apenas evita que a empobreça. Já os juros de mora não têm por objetivo revisar o credor pela falta de pagamento no instante devido. Corresponde, então, a uma contrapartida pela mora. Por meio deles evita-se um ressarcimento do credor insatisfeito na ocasião tempestiva"[335].

A Segunda Câmara Cível do TJPB, a respeito do assunto, decidiu: "A correção monetária tem a função de conservar os valores contratados na situação substancial primitiva, não se constituindo em acréscimo da dívida, um *plus*, mas a própria dívida atualizada"[336]. Daí porque corrigir dívida com taxa de juros (TR, TJLP etc.) é contrariar essa construção doutrinária e jurisprudencial, já que os juros são ganhos de capital e, portanto, um mais que se acrescenta ao débito.

---

334. Adcoas. Boletim de Jurisprudência, ano VIII, nº 19, verbete. 41.461.
335. Jurisprudência da Correção Monetária, RT, pág. 103.
336. TJPB. Apel. cível nº 92.003150-0, da Comarca da Capital. Segunda Câmara Cível. Relator: Des.Antônio Elias de Queiroga.

7.1. Considerações gerais. A correção monetária foi o recurso utilizado pelos credores para se protegerem dos efeitos ruinosos da inflação. No início, só era admitida nas dívidas de valor e em algumas dívidas de dinheiro, expressamente previstas em lei, como: a) as dívidas fiscais; b) as decorrentes da Lei nº 4.380/64, que criou o Banco Nacional de Habitação e a Unidade Padrão de Capital (UPC), dispondo, num longo capítulo, sobre a correção monetária nos contratos imobiliários de interesse social, situação ampliada depois pelo Decreto-Lei nº 19, que obrigou a adoção de cláusula de correção nas operações do Sistema Financeiro de Habitação; c) em determinados tipos de locação (Lei nº 4.494/64); d) nos condomínios em edificações (Lei nº 4.591/64); e) nas desapropriações, quando entre a data da avaliação e a do pagamento transcorresse prazo superior a um ano (Lei nº 4.686/65); f) nos reajustamentos coletivos de salário das categorias profissionais (Lei nº 6.147/74); g) nas pensões alimentícias, de qualquer natureza (Lei nº 6.515/77).

As dívidas em dinheiro, ressalvados os casos mencionados, não estavam sujeitas à atualização monetária. Assim, quem tomava dinheiro emprestado a particular ou a instituição financeira e não pagava, ou adquiria bens para pagamento futuro e não honrava o compromisso, no tempo e lugar convencionados, ficava isento de correção monetária: saldava o débito — não importando quantos anos depois — no seu valor primitivo, apenas acrescido de juros de mora, apesar da inflação que corroía, dia a dia, a nossa moeda.

Havia, indiscutivelmente, um enriquecimento sem causa do devedor, em detrimento do credor, ao mesmo tempo em que incentivava a prática da velhacaria exercitada pelos poderosos que, com o beneplácito da lei, usavam todos os meios e recursos para protelar os julgamentos e, assim, se locupletavam com a inflação. O certo seria corrigir todas as dívidas ou não corrigir nenhuma. Essa posição, contudo, não foi adotada pelo legislador pátrio, que preferiu ignorar os hipossuficientes.

7.2. Dívida de dinheiro e dívida de valor. Dívida em dinheiro é aquela autenticamente pecuniária, expressa numa quantia numérica imutável. Exemplo: a) o valor expresso em título de crédito, em que o devedor se compromete a pagar quantia certa, no vencimento; b) o empréstimo em dinheiro; c) o preço de determinada obrigação (compra e venda), entre outras hipóteses.

Em contraposição, existe a dívida de valor, que não expressa, enunciativamente, uma quantia numérica, porém uma prestação diversa. Nesse caso, o dinheiro intervém apenas como meio de determinação do seu quantitativo ou da respectiva liquidação. Nela "o débito não é de certo número de unidades monetárias, mas do pagamento de uma soma correspondente a certo valor"[337]. Portanto, a moeda não representa a dívida; serve apenas de medida de valor.

No momento do pagamento, leva-se em consideração o montante exato e necessário para satisfazer o credor. Exemplos: a) pensão alimentícia de qualquer natureza; b) indenização decorrente de responsabilidade civil extracontratual. Se, por exemplo, o bem foi danificado, culposamente, por outrem, em 1980, e o valor do dano

---

[337] Arnoldo Wald. Obrigações e contratos, 1979, pág. 32.

importara em dez mil cruzeiros (moeda da época), o pagamento, tempos depois, corresponderia a uma soma que representasse esse mesmo valor.

Daí a doutrina e a jurisprudência terem autorizado a revalorização. Assim, a correção monetária constituiu-se em critério adequado para atualização desse tipo de dívida, ao contrário da dívida de dinheiro, em que a satisfação da obrigação, em mora, seria feita pelo valor original, sem nenhuma correção. Essa era a orientação do STF, embora, em algumas situações, admitisse a atualização do débito, quando, por exemplo, o contribuinte litigasse contra o Fisco: se esse tinha direito à correção monetária, também aquele deveria ser por ela beneficiado pelo direito de repetição.

7.3. Lei nº 6.899, de 8 de abril de 1981. Essa lei fez desaparecer o interesse na distinção entre dívida de dinheiro e dívida de valor. Dessa forma, não se pode mais dizer que a dívida de alimentos seja diversa das outras, ou que a dívida representada em título de crédito não tenha, também, caráter de subsistência para o credor. Nesse sentido, a Lei n.º 6.899/81 dispõe que a correção monetária aplica-se a qualquer débito oriundo de decisão judicial, inclusive, sobre custas e honorários advocatícios, pouco importando tratar-se de dívida de dinheiro ou de dívida de valor. Em sua linha evolutiva, veio explicitar princípio já existente no nosso ordenamento jurídico e que vinha sendo relevado pela jurisprudência.

Registre-se, nesse passo, que a revalorização, pelo critério da correção monetária, nada acresce à dívida. Como já se afirmou, é a própria dívida em sua manifestação atualizada, de modo que a moeda, nominalmente expressa no momento do ajuste, tenha o mesmo poder aquisitivo, quando do adimplemento. É esse princípio que transforma a dívida pecuniária em dívida de valor, no momento da mora: se a dívida de valor já era corrigível antes da lei, por força de princípio inserto em nosso ordenamento jurídico e relevado pela jurisprudência, a lei nada mais fez do que indicar com clareza que a mora transforma qualquer dívida em dívida de valor, corrigível em virtude dos princípios do CC, corretamente aplicados (Kazuo Watanabe).

O § 1º do art. 1º da Lei nº 6.899/81 dispõe que, nas execuções de título de dívida líquida e certa, a correção será calculada a partir do respectivo vencimento. A expressão "título de dívida líquida e certa" significa títulos executivos extrajudiciais, em oposição ao § 2º, que é aplicável à sentença condenatória. Ressalte-se que, embora o art. 1º refira-se a débitos "resultantes" de decisão judicial, a dívida, no entanto, é preexistente a esta. Assim, a sentença tem caráter declaratório e não constitutivo do direito material. Outro esclarecimento importante: a Lei nº 6.899/81 "não veio impedir a fluência da correção monetária nos casos em que, anteriormente, já era admitida, mas estendê-la às hipóteses a que essa correção não se aplicava"[338].

7.4. Regras sobre a aplicação da correção monetária.
A contagem da correção monetária assenta-se sobre duas regras: a) nos casos de execução de título de dívida líquida e certa, a correção será calculada a partir do respecti-

---

[338]. RTJ 106/860.

vo vencimento; b) nos demais casos, o cálculo far-se-á a partir do ajuizamento da ação (Lei n° 6.899/81, §§ 1.° e 2.° do art. 1.°). Convém salientar que esses parágrafos, combinados com o art. 3° da mesma lei, não revogam o disposto na Lei n.° 5.670, de 2 de julho de 1971, que estabelece: " O cálculo da correção monetária não recairá, em qualquer caso, sobre período anterior à data em que tenha entrado em vigor a lei que a instituiu". Todavia, não impede a sua fluência nos casos em que, anteriormente, já era admitida.

7.5. Súmulas sobre correção monetária

a) Súmula 490 do STF: "A pensão correspondente à indenização oriunda de responsabilidade civil deve ser calculada com base no salário mínimo vigente ao tempo da sentença e ajustar-se-á às variações posteriores". Foi adotado o salário mínimo como base, tanto para a fixação da indenização como da atualização. O critério foi o mais justo possível, pois a atualização é automática e sem ônus para o indenizado. Contudo, a Lei n° 6.205, de 29 de maio de 1975, descaracterizou o salário mínimo como fator de correção monetária, adotando o coeficiente da variação das Obrigações Reajustáveis do Tesouro Nacional (ORTN).

Posteriormente, o STF firmou jurisprudência entendendo que a vedação constante da parte final do artigo 7°, IV, da Constituição, que diz respeito à vinculação do salário mínimo para qualquer fim. Tal vedação, visa, precipuamente, a que ele não seja usado como fator de indexação, para que, com essa utilização, não se crie empecilho ao aumento dele em face da cadeia de aumentos que daí decorrerão se admitida essa vinculação:

"Pensão especial. Fixação. Com base no salário mínimo. CF, art. 7.º, IV. A vedação da vinculação do salário mínimo, constante do inc. IV do art. 7.º da Carta Federal, visa a impedir a utilização do referido parâmetro como fator de indexação para obrigações sem conteúdo salarial ou alimentar. Entretanto, não pode abranger as hipóteses em que o objeto da prestação expressa em salários mínimos tem a finalidade de atender às mesmas garantias que a parte inicial do inciso concede ao trabalhador e à sua família, presumivelmente capazes de suprir as necessidades vitais básicas"[339].

Como se observa, tal parâmetro não pode ser utilizado como indexador para aumentos futuros. Mas, se a pensão tiver a finalidade de atender às mesmas garantias concedidas ao trabalhador e à sua família, pode ser fixada em salários mínimos, ajustando-se às suas variações, no tempo.

b) Súmula 562 do STF: "Na indenização de danos materiais decorrentes de ato ilícito, cabe a atualização de seu valor utilizando-se, para esse fim, dentre outros critérios, dos índices de correção monetária". Cuida a súmula da atualização do valor da indenização de danos materiais decorrentes de ato ilícito, dispondo que serão utilizados, para esse fim, dentre outros critérios, os índices de correção monetária. O ponto básico da indenização das perdas e danos (art. 402 do Código Civil de 2002) é se saber quanto efetivamente se perdeu e razoa-

---

[339]. STF. RE-170203 / GO. Relator: Ministro Ilmar Galvão. Fonte: DJU de 15/04/94, pág. 08076.

velmente se deixou de ganhar, a fim de que a indenização seja a mais completa possível. Vale anotar que a imposição de atualização do valor indenizatório decorre, desde 1981, da Lei n° 6.899, adotando-se o índice que meça, efetivamente, a desvalorização da moeda.

c) Súmula 08 do STJ: "Aplica-se a correção monetária aos créditos habilitados em concordata preventiva, salvo durante o período compreendido entre as datas de vigência da Lei n° 7.274, de 10.12.1984, e do Decreto-Lei n° 2.283, de 27.02.1986". Manda aplicar a correção monetária aos créditos habilitados em concordata preventiva, salvo durante o período compreendido entre as datas de vigência da Lei n° 7.274, de 10. 12.84, e do Decreto-Lei n° 2.283, de 7.2.86.

A natureza do processo de concordata permitia ao requerente o pagamento de seus débitos sem qualquer atualização. Todavia, a inflação chamou a atenção dos juristas e dos tribunais sobre a realidade econômica. Tanto assim que o STF, no RE 109.448 (RTI 1201850), admitiu a correção monetária nos créditos habilitados na concordata. Outros tribunais não seguiram essa orientação, porém o STJ deu aplicação ao art. 34 do Decreto-Lei n° 2.283/86, que diz: "Os débitos resultantes de condenação judicial e os créditos habilitados em concordata ou falência ou em liquidação extrajudicial, anteriores a este Decreto-Lei, são pelos respectivos valores em cruzeiros, devidamente atualizados na forma da legislação aplicável a cada um, e convertidos em cruzados, nesta data, pela paridade legal, sem prejuízo dos juros e dos posteriores reajustes pela OTN em cruzados".

Depois, veio a Lei n° 8.131, de 24.12.1990, dispondo, no art. 163, § 1°: "Os créditos sujeitos à concordata serão monetariamente atualizados de acordo com a variação do Bônus do Tesouro Nacional — BTN, e os juros serão calculados a uma taxa de até 12% ao ano, a critério do juiz, tudo a partir da data do ajuizamento do pedido de concordata com relação às obrigações até então vencidas, e, em relação às obrigações vincendas, poderá o devedor optar pelos termos e condições que anteriormente houverem sido acordadas, sendo essa opção eficaz para o período anterior aos vencimentos constantes das obrigações respectivas, aplicando-se após os vencimentos a regra deste parágrafo". Em razão disso, o STJ editou a Súmula nº 08. Vale acrescentar que vigora, atualmente, a Lei nº 11.101, de 09 de fevereiro de 2005 (nova Lei de Falências).

d) Súmula 114 do STJ: "Os juros compensatórios, na desapropriação indireta, incidem a partir da ocupação, calculados sobre o valor da indenização, corrigido monetariamente". Na desapropriação, os juros compensatórios são devidos desde a ocupação do imóvel, pois nessa fase o patrimônio do proprietário foi desfalcado, sem pagamento. Os juros têm, então, a finalidade de corrigir essa perda. As súmulas 164 e 345 do STF referem-se ao mesmo tema.

e) Súmula 141 do STJ: "Os honorários de advogado em desapropriação direta são calculados sobre a diferença entre a indenização e a oferta, corrigidos monetariamente". Na desapropriação, o pagamento comporta dois momentos: a oferta e a indenização. A diferença entre um e outro serve de suporte para o justo valor dos honorários de advogado. Esse o espírito da Súmula 617 do STF, complementada pela Súmula 141 do STJ, que, apenas, mandou aplicar a correção monetária, com o fito de atualizar o valor.

f) Súmula 148 do STJ: "Os débitos relativos a benefício previdenciário, vencidos e cobrados em juízo após a vigência da Lei nº 6.899/81, devem ser corrigidos monetariamente na forma prevista nesse diploma legal". Esses débitos formam dívida de valor, pelo seu caráter alimentar. Portanto, aplica-se a Lei nº. 6.899/81, embora a correção monetária já fosse admitida antes da sua vigência.

g) Súmula 162 do STJ: "Na repetição de indébito tributário, a correção monetária incide a partir do pagamento indevido". A repetição do indébito visa a recuperar o valor do tributo pago indevidamente. Assim, é justo que a correção incida desde o momento em que foi efetuado o pagamento.

h) Súmula 179 do STJ: "O estabelecimento de crédito que recebe dinheiro, em depósito judicial, responde pelo pagamento da correção monetária relativa aos valores recolhidos". Os valores depositados nos bancos, por determinação judicial, não ficam imobilizados, porquanto são aplicados pelas instituições financeiras no mercado e rendem dividendos. Ao menos, devem ser restituídos devidamente atualizados.

i) Súmula 43 do STJ: "Incide correção monetária sobre dívida por ato ilícito a partir da data do efetivo prejuízo". A correção monetária era aplicada a partir da lei que a instituiu (Lei nº 4.862, c/c a Lei nº 5.670). Com o advento da Lei nº 6.899/81, surgiu uma distinção: se a dívida era em dinheiro, a correção começava a partir da vigência da lei; se a dívida era de valor, a partir da citação. Precedentes jurisprudenciais mandavam aplicar a correção monetária nos processos pendentes de julgamento a partir do ajuizamento da ação. A Súmula nº

43 em comento é taxativa: nas dívidas decorrentes de ato ilícito, a correção incide da data do efetivo prejuízo.

j) Súmula 29 do STJ: "No pagamento em juízo para elidir falência, são devidos correção monetária, juros e honorários de advogado". Como se sabe, o pedido de falência é uma modalidade de execução para cobrança de crédito. É, portanto, processo judicial, em que há sucumbência, a ele se aplicando, pois, as regras da Lei nº 6.899/81. A correção monetária, no caso, funciona também como atualização do débito, e não como sanção. Anote-se que o parágrafo único do art. 98 da Lei nº 11.101, de fevereiro de 2005, estabelece:

> "Nos pedidos baseados nos incisos I e II do caput do art. 94 desta Lei, o devedor poderá, no prazo da contestação, depositar o valor correspondente ao total do crédito, acrescido de correção monetária, juros e honorários advocatícios, hipótese em que a falência não será decretada e, caso julgado procedente o pedido de falência, o juiz ordenará o levantamento do valor pelo autor".

k) Súmula 16 do STJ: "A legislação ordinária sobre crédito rural não veda a incidência da correção monetária". Muitas controvérsias foram travadas acerca desta matéria, fundadas no seguinte: a) o art. 9.º do Decreto-Lei nº 70/66 exclui do crédito rural a correção monetária; b) a Lei nº 4.829, de 1965, que institucionalizou o crédito rural, em seu art. 14, prevê juros favorecidos para a agricultura, prescrevendo ainda, no seu art. 4.º, IV, que o Conselho Monetário Nacional "assegure taxas menores de financiamentos"; c) os arts, 5.º e 10 do

Decreto-Lei nº 167, de 1967, enumeram, expressamente, os encargos financeiros que se constituem exigibilidade cartular, que são: juros compensatórios, taxa de fiscalização e multa de 10%, sem fazerem nenhuma menção à correção monetária; d) quando da elaboração da Lei nº 4.829, de 1965, o Congresso Nacional não permitiu a inserção da correção monetária como encargo remuneratório das operações de crédito rural.

7. 6. Outras regras. a) Determinada a indenização por dano moral em valor certo, o termo inicial da correção monetária é a data em que esse valor foi fixado[340], pois a retroação à data do ajuizamento da demanda implicaria corrigir o que já está atualizado; b) tratando-se de ilícito contratual, a correção monetária conta a partir da citação[341]. Não se aplica, portanto, em hipótese desta natureza, o art. 398 do Código Civil, que se limita à responsabilidade civil extracontratual.

8. Comissão de permanência e correção monetária. A comissão de permanência é uma forma de compensação pelo atraso na liquidação do título em cobrança. Não tem caráter remuneratório, sendo uma sanção aplicável em decorrência da mora. A comissão de permanência não pode ser cumulada com a correção monetária. A proibição decorre da formação da comissão de permanência,

---

340. STJ. REsp 309725 / MA (Recurso Especial 2001/0029313-1). Relator: Min. Sálvio de Figueiredo Teixeira. Fonte: DJU de 14/10/2002, pág.: 00232.
341. STJ. REsp n. 101.033. RJ. Relator: Min. Aldir Passarinho Junior. Fonte: DJU de 15/05/.00.

que traz embutida a correção monetária. Embora, na origem, sejam institutos diversos, na essência, têm a mesma finalidade. Se for admitida a cumulação, haverá um *bis in idem*. A respeito, convém transcrever os seguintes julgados:

> "A comissão de permanência, por si só, é legal, não cumulada com a correção monetária (Súmula nº 30/STJ), devendo aplicar-se o índice pactuado, limitado, entretanto, à taxa média do mercado, segundo a espécie de operação, apurada pelo Banco Central do Brasil, nos termos do procedimento previsto na Circular da Diretoria nº 2.957, de 28/12/99"[342].

> "Contrato de crédito rotativo. Comissão de permanência. Capitalização. Correção monetária. Honorários. Precedentes da Corte. 1. Possível é a cobrança da comissão de permanência, desde que não cumulada com a correção monetária, considerando a taxa média de mercado para a operação de mútuo, apurada pelo Banco Central do Brasil, na forma da Circular da Diretoria nº 2.957, de 28/12/99, nos termos do precedente da Segunda Seção. 2. Desde que pactuada, em contrato posterior à Lei nº 8.177/91, possível é a utilização da TR como índice de correção monetária"[343].

---

342. STJ. REsp323172/RS (Recurso Especial 2001/0053662-8) Relator: Min. Carlos Alberto Meneses Direito. Fonte: DJU de 01/04/2002, pág. 00183.
343. STJ. REsp SP 304727/RS (Recurso Especial 2001/0020519-4). Relator Min. Carlos Alberto Meneses Direito. Fonte: DJU de 25/03/2002, pág.: 00275.

Capítulo XXXIV

RESPONSABILIDADE CIVIL POR DANO PRATICADO NA INTERNET

1. Introdução. 2. Composição do sistema. 3. Comércio eletrônico. 4. Riscos do comércio eletrônico. 5. Regulamentação jurídica no Brasil. 6. Direito do consumidor e a Internet. 7. Infrações praticadas. 7.1. Violação de direitos autorais. 7.2. Invasão de sites/redes. 7.3. Clonagem de cartões de crédito. 7.4. Acesso não autorizado a contas bancárias. 7.5. Pornografia infantil. 7.6. Concorrência desleal. 7.7. Manipulação e falsificação de dados. 7.8. Racismo.

1. Introdução. Na sua monografia de conclusão do Curso de Ciências Jurídicas e Sociais, apresentada ao Centro Universitário de João Pessoa — UNIPÊ, Grace Graça Gomes[344], funcionária do Tribunal de Justiça do

---

344. Grace Graça Gomes. Dano praticado na Internet: Responsabilidade jurídica diante do consumidor.

Estado da Paraíba, fez um amplo e profundo estudo acerca da origem da Internet. Vincula o seu aparecimento à evolução tecnológica e à própria sociedade que, através da integração de esforços entre governo, pesquisadores, acadêmicos e indústria, implantou a infra-estrutura para o desenvolvimento dessa rede mundial de computadores.

Assinala que, como reação ao lançamento do satélite *Sputnik* pela Rússia, em outubro de 1957, o então presidente dos Estados Unidos criou a ARPA (*Advanced Research Projects Agency*), buscando desenvolver novos projetos que colocassem os Estados Unidos em pé de igualdade com a Rússia no domínio do espaço. Além disso, era necessário proteger os dados militares de um ataque inimigo.

Uma solução para a proteção dos dados do Exército norte- americano era a criação de uma rede eletrônica de dados, que seriam armazenados em computadores geograficamente dispersos. Uma modificação desses dados implicaria a atualização dos dados nos computadores remotos no menor espaço de tempo possível. Assim, cada computador deveria comunicar-se com todos os outros, de forma que a rede continuasse a funcionar mesmo com a falha ou destruição de um dos equipamentos.

No Brasil, a Internet surgiu em 1988, por iniciativa da comunidade acadêmica de São Paulo (FAPESP — Fundação de Amparo à Pesquisa do Estado de São Paulo) e do Rio de Janeiro (UFRJ — Universidade Federal do Rio de Janeiro). As duas instituições criaram os meios para integrar o país à rede BITNET (*Because Its Time Network*), conectando a FAPESP ao Fermilab (*Fermi National Accelerator Laboratory*, Laboratório de Física de Altas Energias de Chicago) nos Estados Unidos, através de uma linha dedicada de velocidade 4.800 bps por segundo, alugada da EMBRATEL (Empresa Brasileira de Telecomunicações). Nesta linha coexistiram várias outras redes, como a HEPNET (*High Energy Physics Network*), a USENET (*User Network*) e finalmente a própria Internet.

Em 1989 foi criada a Rede Nacional de Pesquisas (RNP) pelo Ministério de Ciência e Tecnologia, tendo como objetivos construir uma rede nacional de âmbito acadêmico e iniciar efetivamente a disponibilização do serviço de acesso à Internet no país. Foi instalado um *backbone* interligando onze Estados da Federação, a partir de pontos de presença (*point of presence*) — entidades que ficam responsáveis pelo fornecimento do serviço de acesso à Internet para uma determinada região geográfica — em suas capitais.

A partir desses pontos de presença, foram criados *backbones* regionais, ligando outras cidades também à Internet.

A primeira ligação internacional em TCP/IP foi realizada pela FAPESP em fevereiro de 1991. A partir de então, essa fundação se encarregou da administração do domínio br e da distribuição dos números IP em todo o país. Em 1994, a EMBRATEL, em um projeto-piloto, permitiu o acesso à Internet através de linha discada. Ela incorporou em seu plano de negócios o desenvolvimento de uma Internet comercial no país, procurando, sem sucesso, impor um monopólio de serviços comerciais de valor agregado no setor.

Em 1995, com a expansão da velocidade do tráfego da rede ampliada para 2 Mbps (*megabits* por segundo), a adição de novos pontos de presença e a redefinição de seu papel, a RNP passou a atuar não apenas como uma rede acadêmica, mas também como uma rede com serviços e atividades de caráter privado e comercial. O novo *backbone* passou a se chamar Internet/BR (ou Internet/Brasil). Nesse mesmo ano, foi criado o Comitê Gestor da Internet no Brasil (CGI.Br), através da Portaria Interministerial nº 147, assinada pelos Ministros das Comunicações e da Ciência e Tecnologia. Esse Comitê, composto por representantes do Ministério das Comunicações, do Ministério da Ciência e da Tecnologia, de entidades operadoras e gestoras de espinhas dorsais, de representantes de provedores de acesso ou de informações, de representantes de usuários, e da comunidade acadêmica, se tornou a instância máxima consultiva sobre Internet no país.

Além de regulamentar o funcionamento e o fornecimento de serviços comerciais e privados da Internet para o público em geral, o CGI.Br tem como principais atribuições: a) fomentar o desenvolvimento de serviços Internet no Brasil; b) recomendar padrões e procedimentos técnicos e operacionais para a Internet no país; c) coordenar a atribuição de endereços Internet, o registro de nomes de domínios e a interconexão de espinhas dorsais (*backbones*); d) coletar, organizar e disseminar informações sobre os serviços Internet.

Afirma ainda a citada autora que, a partir da criação do CGI.Br, foi permitido que os provedores comerciais de serviço Internet se conectassem à RNP, como forma de estimular o desenvolvimento da Internet no país. Foi definido que caberia à RNP interligar as redes regionais, estaduais ou metropolitanas, dando suporte ao tráfego de natureza acadêmica, comercial ou mista. Desta forma, os Estados poderiam definir e implantar, de acordo com as suas necessidades, as espinhas dorsais Internet a serem interligadas à rede RNP. Os meios (circuitos) para expansão da RNP, constituição de outras espinhas dorsais e acessos para provedores e usuários de serviços Internet foram e estão sendo fornecidos pelas empresas do Sistema Telebrás (dentre elas, a EMBRATEL).

A EMBRATEL disponibiliza, atualmente, o maior *backbone* Internet da América Latina, tanto em termos de abrangência, atingindo mais de trezentas localidades em todo o país, como em capacidade de circuitos de transmissão de dados, em nível nacional e internacional. A Rede Nacional de Pesquisa conta hoje com vinte e sete pontos de presença (PoPs) instalados em todas as capitais do país, interligando cerca de duzentas e cinquenta instituições de ensino e pesquisa e algumas iniciativas de redes regionais — principalmente redes estaduais e redes metropolitanas de ensino e pesquisa.

2. *Composição do sistema.* O sistema da rede de computadores atua com os seguintes componentes: usuário, protocolo, lugar virtual, correio eletrônico, documento eletrônico, endereço eletrônico, provedor. A seguir, será definido, sucintamente, cada um desses componentes.

Usuário: Num sentido amplo, é toda pessoa que faz uso de um determinado sistema. Na ciência da computação, usuário é todo e qualquer indivíduo que faz uso da Internet.

Protocolo: É o conjunto de regras que determinam como a comunicação entre dois computadores será estabelecida.

Lugar virtual: É o lugar geográfico onde está localizado todo e qualquer conteúdo na Internet, com um endereço único no âmbito da rede.

Correio eletrônico: É a forma de comunicação realizada no âmbito da Internet. É semelhante ao correio tradicional. Cada usuário da Internet pode criar uma "caixa postal" virtual, seja no próprio provedor de acesso, seja em sites específicos para esse fim. Através de um software de correio eletrônico, o usuário escreve, envia e recebe suas mensagens, que podem conter não apenas texto, mas também qualquer outro arquivo eletrônico.

Documento eletrônico: Segundo Augusto Tavares Rosas Marcacini[345], o documento eletrônico é composto por uma seqüência de bits (menor unidade de representação de uma informação em um computador) que, traduzida por um programa de computador, é representativo de um fato. O documento eletrônico não está atrelado a nenhum dispositivo físico de armazenamento. Existe por si só, qualquer que seja a mídia magnética onde esteja localizado. Pode ser repassado para qualquer outra mídia (CD, DVD, disquete etc.), sem perder sua característica de originalidade. Um documento eletrônico pode corresponder a um texto, a uma fotografia, a um filme, enfim, a qualquer elemento que seja representativo de um fato e que possa ser gravado no formato de um arquivo digital.

Saliente-se que o documento eletrônico, por ser um objeto imaterial, não tem cópia ou segunda via. Qualquer cópia que se faça de um documento eletrônico manterá as mesmas características do documento origi-

---

345. Apud Grace Graça Gomes, op., cit.

nal, sendo, portanto, considerado original, salvo se estiver impresso em uma mídia específica (DVD produzido com os trabalhos de uma conferência). Nesse caso, uma cópia feita desse trabalho será distinta do original que foi produzido especificamente para a conferência (com estampilha própria).

Endereço eletrônico: É a forma de identificação de pessoas e lugares (sites) na rede Internet. Para Augusto Tavares Rosas Marcacini[346], o endereço eletrônico contém o nome do servidor em que a pessoa ou a informação poderá ser encontrada, além de um complemento para permitir distinguir entre as várias pessoas ou informações no mesmo servidor. No Brasil a forma do endereço eletrônico deve observar o padrão do protocolo DNS (*Domain Name System*) definido pelo Comitê Gestor de Internet no país. O DNS é um sistema mundial de bancos de dados distribuídos de nomes e endereços de domínios registrados na rede Internet. Ele implementa uma hierarquia de nomes de máquinas, podendo ser considerado um organograma de âmbito mundial da Internet, que facilita o uso da grande rede na medida em que o acesso a sites pode ser feito pelo seu nome em substituição ao seu número IP.

Provedor: É a entidade que fornece os meios para que um usuário tenha acesso à Internet, seja franqueando o endereço na grande rede, seja armazenando e disponibilizando o site, seja prestando e coletando informações.

Segundo Bernd Schauer[347], existem os seguintes provedores de acesso à Internet: a) *Access Provider*: prove-

---

346. Apud Grace Graça Gomes, op. cit.
347. Apud Grace Graça Gomes, op. cit.

dor que disponibiliza o acesso à Internet; b) Internet *Service Provider*: provedor que disponibiliza um conjunto de serviços agregados, como notícias, fóruns de discussão, correio eletrônico etc.; c) *Hosting Service Provider*: provedor que oferece os serviços de alojamento de sites, não fazendo nenhum controle sobre os seus conteúdos; d) *Content Provider*: provedor que oferece sites já prontos para o consumidor, sendo responsável pelas informações e conteúdos neles contidos, sendo que os consumidores desse tipo de provedor normalmente desenvolvem sites para usuários do *access provider*; e) *Link Provider*: provedor que organiza linha de conexão sobre a qual dados são transportados ou é disponibilizado o acesso a consumidores; f) *Information Provider*: provedor que disponibiliza a busca de dados em seus bancos de dados, oferecendo informações através de um site.

3. Comércio eletrônico. Define-se comércio eletrônico como as transações realizadas através dos meios eletrônicos, por meio da telefonia fixa, telefonia móvel e Internet. É feito a distância, sem que haja presença física simultânea dos contratantes em um mesmo lugar. Essas transações são conhecidas também por contratos eletrônicos, contratos por computador, contratos de comércio eletrônico e *e-commerce*. O grande paradigma dessa relação contratual é a segurança necessária para proteger o usuário, no que se refere à forma de pagamento, à preservação dos dados pessoais informados, à idoneidade do fornecedor, ao respeito ao direito de arrependimento, à informação clara e precisa[348].

---

348. Grace Graça Gomes, op cit.

Cláudia Lima Marques[349] conceitua comércio eletrônico como uma das modalidades de contratação não-presencial ou a distância para a aquisição de produtos e serviços através do meio eletrônico. O comércio eletrônico envolve todas as fases do negócio jurídico estabelecido, desde a oferta do produto, negociação do preço, entrega do produto, até a atenção ao cliente após a entrega. Segundo a citada autora, existem basicamente quatro formas diferentes de abordagem para a contratação a distância:

a) O consumidor vai diretamente a um site de um fornecedor conhecido para realizar uma transação eletrônica.

b) O consumidor encontra, ao acaso, a propaganda de um fornecedor na Internet e se interessa pela oferta, sendo levado através desta oferta até o site do fornecedor, onde efetua sua compra.

c) O consumidor recebe uma mensagem eletrônica *(e-mail)* informando sobre um determinado produto/serviço de um fornecedor. Essa mensagem o leva a procurar o endereço do site do fornecedor na Internet, para lá realizar sua transação eletrônica.

d) O consumidor recebe a publicidade por *e-mail*, como na opção anterior, mas, nesse caso, a mensagem eletrônica já contém o *link* para a página do fornecedor.

Convém ressaltar que o fornecedor de produtos ou serviços na Internet geralmente adquire bancos de dados com endereços de possíveis consumidores. Com esses endereços, envia suas publicidades eletrônicas. O envio

---

349. Apud Grace Graça Gomes, op. cit.

de publicidades não autorizadas para uma pessoa na Internet (*spam ou spamming*) constitui uma efetiva estratégia de *marketing* mais eficiente que as tradicionais técnicas de publicidade.

Se, por um lado, esse tipo de publicidade tem um custo muito barato para os fornecedores, por outro, perturba os consumidores por terem suas caixas postais preenchidas por mensagens não desejáveis, além de desperdiçarem tempo de conexão para baixar esses *e-mails*. O projeto de lei nº 6.210/2002 buscava limitar esse tipo de publicidade na Internet, como forma de proteger os consumidores que não solicitaram informação. Foi, no entanto, arquivado, em janeiro de 2003, nos termos do art.105 do Regimento Interno da Câmara dos Deputados.

4. Riscos do comércio eletrônico. A responsabilidade na rede mundial de computadores é fruto do seu próprio desenvolvimento. Com o crescimento da Internet, surgiram os primeiros negócios jurídicos firmados através desse meio eletrônico: contratos de compra e venda, serviços prestados de consultoria, de pesquisa, de desenvolvimento de *sites,* entre outros. Paralelamente, apareceram os primeiros conflitos: pessoas que desistiam de negócio firmado ou que eram enganadas por falsos prestadores de serviços ou por falsos vendedores, compras de objetos que não existiam. Crimes começaram a ser praticados na grande rede, como estelionato, difamação através de publicidades em sites ou através de mensagens eletrônicas, pedofilia, furto, violação de direitos autorais, concorrência desleal, clonagem de cartões de crédito, violação de contas bancárias, invasão de sites e redes.

Além disso, os consumidores que adquirem produtos ou serviços na Internet estão expostos a diversos riscos: a) falta de conhecimento exato se o site é do fornecedor que se apresenta; b) se o produto/serviço está sendo de fato ofertado pelo fornecedor ou o fornecedor foi vítima de um terceiro que alterou o conteúdo de seu site; c) impossibilidade de o consumidor manusear o produto antes da escolha; d) demora que geralmente ocorre na entrega do produto/serviço; e) possibilidade de quebra da privavacidade dos dados fornecidos pelo consumidor; f) dificuldade de provar-se o contrato eletrônico.

Diante desses fatos, o Estado procurou adaptar-se e atualizar-se na busca de soluções para os conflitos surgidos. No âmbito civil, houve construção jurisprudencial, ante a lacuna de normas que regulamentem as relações estabelecidas no comércio eletrônico. No campo penal, a solução é complexa em razão da tutela constitucional prevista no art. 5º, inciso XXXIX, que estabelece não haver crime sem lei anterior que o defina, nem pena sem prévia cominação legal.

5. *Regulamentação jurídica no Brasil.* Não há ainda lei especial regulamentando o uso da Internet no Brasil. Segundo levantamento realizado, tramitam no Congresso Nacional os seguintes projetos de lei:

Projeto de lei nº 4.102/93, de autoria do Senador Maurício Correa. Regula a garantia constitucional da inviolabilidade de dados, define os crimes praticados por meio de computador, altera a lei que dispõe sobre a proteção da propriedade intelectual de programas de computador e sua comercialização no país (na época, Lei nº 7.646/7, que foi revogada pela Lei nº 9.609/98). Em

19/11/2003, o projeto tramitou pela Comissão de Constituição e Justiça e de Cidadania (CCJC), recebendo parecer do relator pela constitucionalidade, juridicidade e técnica legislativa, e, no mérito, pela aprovação.

Projeto de lei nº 1.070/95, de autoria do Deputado Ildemar Kussler. Dispõe sobre crimes oriundos da divulgação de material pornográfico através de computadores. Foi apensado aos projetos de lei 1713/96, 1.654/99, 2.644/96, 3.258/97, 3.268/97, 3.498/97, 3.498/97, 3.692/97, 1.682/99, 3.356/00, 6.127/02 e 4.990/05.

Projeto de lei nº 1713/96, de autoria do Deputado Cássio Cunha Lima. Dispõe sobre a ilegalidade do cruzamento de informações automatizadas, obtidas sem autorização judicial, e também sobre o acesso, a responsabilidade e os crimes cometidos nas redes integradas de computadores. Em 13/12/1999, foi apensado aos projetos de lei 1.070/95, 1.654/99, 1.713/96, 3.258/97, 3.268/97, 2.644/96, 3.498/97, 3.498/97, 3.692/97, 1.682/99, 3.356/00, 6.127/02 e 4.990/05.

Projeto de lei nº 2.644/96, de autoria do Deputado Jovair Avantes. Dispõe sobre a elaboração, o arquivamento e o uso de documentos eletrônicos. Foi apensado aos projetos de lei 1.070/95, 1.713/96, 1.654/99, 1.713/96, 3.258/97, 3.268/97, 3.498/97, 3.498/97, 3.692/97, 1.682/99, 3.356/00, 6.127/02 e 4.990/05.

Projeto de lei nº 3.173/97, de autoria do Senador Sebastião Rocha. Dispõe sobre os documentos produzidos e os arquivados em meio eletrônico e dá outras providências. Em 14/12/2005, foi designado relator o deputado Antonio Carlos Magalhães Neto, pela Comissão de Constituição e Justiça e de Cidadania.

Projeto de lei nº 3.258/97, de autoria do Deputado Osmânio Pereira. Dispõe sobre crimes perpetrados por meio de redes de informação. Foi apensado aos projetos de lei 1.070/95, 1.713/96, 1.654/99, 1.713/96, 2.644/97, 3.268/97, 3.498/97, 3.498/97, 3.692/97, 1.682/99, 3.356/00, 6.127/02 e 4.990/05.

Projeto de lei nº 3.268/97, de autoria do Deputado Agnelo Queiroz. Limita a veiculação de pornografia e violência através de mensagens eletrônicas na Internet. Foi apensado aos projetos de lei 1.070/95, 1.713/96, 1.654/99, 1.713/96, 2.644/97, 3.258/97, 3.498/97, 3.498/97, 3.692/97, 1.682/99, 3.356/00, 6.127/02 e 4.990/05.

Projeto de lei nº 3.498/97, de autoria do deputado Silas Brasileiro. Proíbe a utilização da Internet para divulgação de material pornográfico. Foi apensado aos projetos de lei 1.070/95, 1.713/96, 1.654/99, 1.713/96, 2.644/97, 3.258/97, 3.268/97, 3.498/97, 3.692/97, 1.682/99, 3.356/00, 6.127/02 e 4.990/05.

Projeto de lei nº 3.692/97, de autoria do Deputado Vicente André Gomes. Dispõe sobre a publicação das listas de assinantes da Internet. Foi apensado aos projetos de lei 1.070/95, 1.713/96, 1.654/99, 1.713/96, 2.644/97, 3.258/97, 3.268/97, 3.498/97, 3.498/97, 1.682/99, 3.356/00, 6.127/02 e 4.990/05.

Projeto de lei nº 4/99, de autoria do Deputado Luiz Piauhylino Monteiro. Dispõe sobre os crimes cometidos na área de informática e suas penalidades. Tem o objetivo de preencher lacunas na legislação brasileira em relação às responsabilidades dos agentes envolvidos. Os principais crimes definidos por esse projeto de lei são: dano a dado ou a programa de computador; acesso indevido ou não autorizado; alteração de senha ou mecanismo de acesso a programa de computador ou dados; obtenção indevida ou não autorizada de dado ou instrução de computador; criação, desenvolvimento ou inserção em computador de dados ou programa de computador com fins nocivos; veiculação de pornografia na rede de computadores. Em 12/11/2003, a Mesa Diretora da Câmara dos Deputados remeteu-o ao Senado Federal.

Projeto de lei nº 1.483/99, de autoria do Deputado Hélio de Oliveira Santos. Institui a fatura eletrônica e a assinatura digital nas transações de comércio eletrônico. Em 25/06/2001, foi encaminhado à Comissão Especial. Foi apensado aos projetos de lei 1.589/99, 4.906/01, 6965/02 e 7093/02.

Projeto de lei nº 1.589/99, de autoria da Câmara dos Deputados (redigido originalmente pela OAB/SP). Busca definir regras sobre o comércio eletrônico, documentos eletrônicos e assinaturas digitais. Esse projeto de lei assegura, ainda, os direitos individuais e coletivos dos consumidores, o direito à informação clara e precisa, o direito a sua privacidade, além de regular as relações entre o usuário e o provedor de acesso. Busca proporcionar um grau maior de confiança ao comércio praticado na rede mundial de computadores, de forma a permitir a expansão desta modalidade de comércio. Foi apensado aos projetos de lei 1.483/99, 1.589/99, 6965/02 e 7093/02.

Projeto de lei nº 1.654/99, de autoria do deputado Herculano Anghinetti. Proíbe a fabricação, importação e comercialização de jogos eletrônicos e programas de computador de conteúdo obsceno ou violento. Foi apensado aos projetos de lei 1.070/95, 1.713/96, 1.713/96,

2.644/97, 3.258/97, 3.268/97, 3.498/97, 3.498/97, 3.692/97, 1.682/99, 3.356/00, 6.127/02 e 4.990/05.

Projeto de lei nº 1.682/99, de autoria do Deputado Arnaldo Faria de Sá. Acrescenta dispositivos ao Código Penal para incriminar condutas relacionadas ao uso ilícito do computador. Foi apensado aos projetos de lei 1.070/95, 1.713/96, 1.713/96, 2.644/97, 3.258/97, 3.268/97, 3.498/97, 3.498/97, 3.692/97, 1.654/99, 3.356/00, 6.127/02 e 4.990/05.

Projeto de lei nº 3.356/00, de autoria do Deputado Osmânio Pereira. Dispõe sobre a oferta de serviços através de redes de informação. Foi apensado aos projetos de lei 1.070/95, 1.713/96, 1.713/96, 2.644/97, 3.258/97, 3.268/97, 3.498/97, 3.498/97, 3.692/97, 1.654/99, 1.682/99, 6.127/02 e 4.990/05.

Projeto de lei nº 4.906/01, de autoria do Senador Lúcio Alcântara. Dispõe sobre o comércio eletrônico. Foi apensado aos projetos de lei 1.483/99, 1.589/99, 6965/02 e 7093/02.

Projeto de lei nº 6.127/02, de autoria da Deputada Nair Xavier Lobo. Define o crime de veiculação de informações, mensagens ou imagens relativas à pedofilia ou abuso sexual de crianças ou adolescentes na rede Internet ou em outras redes destinadas ao acesso público. Foi apensado aos projetos de lei 1.070/95, 1.713/96, 1.713/96, 2.644/97, 3.258/97, 3.268/97, 3.498/97, 3.498/97, 3.692/97, 1.654/99, 1.682/99, 3.356/00 e 4.990/05.

Projeto de lei nº 6.965/02, de autoria do Deputado José Carlos Coutinho. Confere valor jurídico à digitalização de documentos e dá outras providências. Foi apensado aos projetos de lei 1.483/99, 1.589/99, 4.906/01 e 7093/02.

Projeto de lei nº 7.093/02, de autoria do Deputado Ivan Paixão. Dispõe sobre a correspondência eletrônica e dá outras providências. Foi apensado aos projetos de lei 1.483/99, 1.589/99, 6965/02 e 4.906/01.

Projeto de lei nº 4.990/05, de autoria do deputado Francisco Olímpio. Dispõe sobre crimes oriundos da divulgação de material pornográfico através de computadores. Foi apensado aos projetos de lei 1.070/95, 1.713/96, 1.713/96, 2.644/97, 3.258/97, 3.268/97, 3.498/97, 3.498/97, 3.692/97, 1.654/99, 1.682/99, 3.356/00 e 6.127/02.

6. *Direito do consumidor e a Internet.* Conforme assinala Grace Graça Gomes, na sua monografia citada, o direito do consumidor da Internet veio como resposta à evolução das relações sociais, ao surgimento do consumo em massa e à formação de conglomerados econômicos, como solução para os conflitos que surgiam e cuja solução já se tornava difícil com a legislação existente. A proteção jurídica do consumidor é tema supranacional, na medida em que abrange todos os países desenvolvidos ou em desenvolvimento.

A Organização das Nações Unidas (ONU), primeiro organismo internacional a se manifestar sobre o assunto, preocupada com as repercussões sociais em vários países provocadas pelas modificações nas relações de consumo, aprovou, em 1969, a Resolução nº 2.542. Através dessa Resolução, foi proclamada a Declaração das Nações Unidas sobre o Progresso e o Desenvolvimento Social. Com ela, foram dados os primeiros passos na busca da tutela do consumidor.

Em 1973, a ONU enunciou e reconheceu os direitos fundamentais e universais do consumidor, representando mais um avanço na garantia dessa tutela. Em 1985, baixou a Resolução nº 39/248, dispondo sobre a proteção ao consumidor, reconhecendo o seu desequilíbrio nas relações de consumo e incentivando os governos a desenvolverem e manterem uma efetiva política de proteção aos consumidores. Por esta Resolução, também foi incentivada a cooperação internacional, especialmente, a troca de informações relacionadas a normas e programas, relação de produtos retirados do mercado, procedimentos de padronização de qualidade de produtos e serviços, entre outros[350].

A defesa do consumidor no Brasil ensaiou seus passos iniciais em 1977, com a criação do PROCON de São Paulo. Em 1985, entrou em vigor a Lei nº 7.347/85, que instituiu a ação civil pública para a defesa de interesses difusos e coletivos. No mesmo ano, foi criado o Conselho Nacional de Defesa do Consumidor. A Constituiçao Federal de 1988 definiu a proteção ao consumidor como direito fundamental. Essa tutela, prevista no art. 5º, XXXII, com observância obrigatória pela ordem econômica nacional (art. 170, VI, da Lei Magna), é direito individual e coletivo que o Estado tem o dever de promover. A Lei nº 8.078/90 (Código de Defesa do Consumidor) surgiu em conseqüência da norma constitucional citada. Busca o CDC restabelecer o equilíbrio na relação de consumo, através da instituição de normas consideradas de ordem pública e interesse social, visando à proteção do consumidor, parte mais frágil na relação contratual.

---

[350]. Grace Graça Gomes, op.cit.

7. Infrações praticadas. A Internet dá a falsa impressão de liberdade, de um território sem fronteiras e sem lei. O crescente número de transgressões ocorridas na rede mundial de computadores deve-se principalmente ao fato de os agentes infratores esconderem-se sob o manto do anonimato. As principais transgressões são: violação de direitos autorais; invasão de sites e redes de computadores; clonagem de cartões de crédito; acesso não autorizado a contas bancárias; pornografia infantil; concorrência desleal/fraude aos consumidores; manipulação e falsificação de dados; prática de racismo. Examinaremos a seguir essas infrações.

7.1.Violação de direitos autorais. Para Gustavo Testa Corrêa[351], direitos autorais são todos aqueles que conferem ao autor de obra literária, científica ou artística o direito de reproduzi-la e explorá-la economicamente enquanto vivo for. Esse direito é transmitido aos seus herdeiros e sucessores por setenta anos, contados a partir de 1º de janeiro do ano seguinte ao da morte do autor.

Liliana Minardi Paesani[352] afirma que direito autoral é um direito absoluto cujo objeto não é um bem material onde se concentra uma idéia, mas, ao contrário, é a própria idéia. Esse objeto, salvo exceções, não oferece uma vantagem econômica imediata. Os direitos autorais se dividem em dois tipos distintos. O primeiro, de caráter patrimonial, tem prazo de validade para o seu exercício (em regra, setenta anos); o segundo, de caráter moral, refere-se ao direito de reconhecimento de paternida-

---

351. Gustavo Testa Corrêa. Aspectos jurídicos da Internet.
352. Apud Grace Graça Gomes, op. cit.

de e de se opor a qualquer alteração que prejudique a criação, sendo, nesse caso, imprescritível, inalienável e ilimitado.

No primeiro caso, o direito é limitado no tempo, ao fim do qual a obra poderá ser livremente usada por toda a coletividade; no segundo, o direito de reivindicação da paternidade é imprescritível, irrenunciável e inalienável. Os direitos autorais são regulamentados pela Lei nº 9.610/98, que protege qualquer obra, fruto da criação humana, qualquer que seja a forma expressa.

Uma obra exposta na Internet rapidamente pode ser reproduzida em todo o mundo. Esse fenômeno, todavia, não autoriza que a obra caia no domínio público. Isso só ocorre nos casos enumerados na Lei nº 9.610/98 que não contempla a exposição da obra na Internet. Para Liliana Minardi Paesani[353], se o destinatário de uma obra, no âmbito da rede mundial, modifica o seu conteúdo e a utiliza para uso próprio, não poderá alegar-se lesão ao direito do autor, por não haver divulgação para terceiros. Em sentido contrário, se o destinatário modifica a obra e divulga o resultado desta alteração viola os direitos autorais.

Especificamente, em relação a programas de computador (*softwares*), a Lei nº 9.610/98 traça os princípios gerais sobre a violação dos direitos autorais e remete a matéria para a lei do *software* (Lei nº 9.609/98). A proteção aos direitos autorais dos *softwares*, sob o aspecto patrimonial, é limitadao a cinqüenta anos. A violação dos direitos autorais na Internet é feita pela captura (*download*) de *softwares*, músicas, livros, filmes, entre outras

---

353. Apud Grace Graça Gomes, op.cit.

obras, em sites ou anexadas a mensagens eletrônicas[354]. A reprodução ou o uso ilegal de *software* constitui violação de direitos autorais, cuja pena varia de seis meses a dois anos de detenção, além de multa de até duas mil vezes o valor de cada cópia ilegal. O agente também pode ser processado por crime de sonegação fiscal.

Em razão da ampla possibilidade de manipulação de obras originais no âmbito da Internet, o direito à integridade e à paternidade é freqüentemente violado. É comum encontrar-se na grande rede a divulgação de obras tradicionais com a introdução de técnicas multimídia, como imagens e sons que não eram da vontade original do autor, a inserção de parte de uma obra de um autor em uma obra de outro, entre outras violações.

A Inglaterra instituiu o conceito de *fair use*. Esse conceito define o uso correto dos direitos autorais para permitir o acesso a obras pelo público em geral, nos limites da legislação vigente. Os Estados Unidos propuseram a aplicação do *fair use* num conceito denominado *copyleft* (em contraposição ao conceito de *copyright*). Pelo *copyleft*, uma obra poderia ser acessada na Internet sem necessariamente o usuário adquiri-la, a exemplo do que acontece quando se folheia um livro gratuitamente em uma biblioteca ou em uma livraria[355].

Anote-se que o consumidor pode ser cúmplice de violação de direitois autorais, quando, por exemplo, adquire produtos que não sejam originais. Nesse caso, além da perda do produto que adquirira (art. 102 da Lei n° 9.610/98) e da indenização que tem de pagar ao autor

---

354. Grace Graça Gomes, op. cit.
355. Grace Graça Gomes, op. cit.

(arts. 102 e 104), submete-se a processo criminal (art. 184, § 2º, do Código Penal e art. 12 da Lei nº 9.609/98.

7. 2. Invasão de sites/redes. O site de um fornecedor é criado com o objetivo de ser uma representação do seu estabelecimento comercial na rede mundial de computadores, oferecendo os seus produtos ou serviços para serem comercializados no âmbito virtual. As invasões a sites ou a redes de computadores podem ser feitas por *hackers* ou por *crackers*. Os *hackers* são pessoas com conhecimento aprofundado na área de informática. Usam seus talentos para descobrir e explorar falhas de segurança em sistemas, em redes de computadores.

Alguns *hackers* agem com o intuito de causar prejuízo ou se beneficiar com a invasão desses sistemas ou redes. São os denominados *crackers*, também conhecidos como *"hackers* do mal". Outros usam o seu conhecimento apenas para explorar falhas no sistema e obter mais conhecimento. O objetivo é detectar pontos vulneráveis à ação de outros *hackers/crackers*, muitas vezes ajudando as vítimas a solucionar esses problemas. São os "hackers do bem" ou, simplesmente, hackers. Os *crackers* ou *hackers* do mal atuam de forma claramente dolosa e buscam sempre auferir vantagem com esse tipo de invasão[356].

Afirma ainda Grace Graça Gomes[357] que as invasões a *sites* ou a redes podem ter vários objetivos, merecendo destaque os aspectos social, político e laboral que esse tipo de invasão pode esconder. O aspecto social ocorre

---

356. Grace Graça Gomes, op. cit.
357. Grace Graça Gomes, op. cit.

quando os *hackers* trabalham como "pichadores virtuais", invadindo sistemas e deixando suas marcas apenas para demonstrar à comunidade *hacker* o seu feito.

O aspecto político tem o objetivo de divulgar ideais políticos seguidos pelo invasor. O aspecto laboral tem por finalidade conseguir emprego na empresa cuja rede (ou *site*) foi invadida e pode ser visto em duas situações: a primeira ocorre, quando o invasor pretende demonstrar que é melhor do que aqueles que desenvolveram o sistema de segurança da rede ou site invadido, merecendo, portanto, ser contratado para corrigir as vulnerabilidades descobertas; a segunda acontece no caso de promessa de prêmio oferecida por aqueles que querem colocar à prova os novos mecanismos de segurança do sistema informatizado, sendo dado um emprego como recompensa para aquele que violar o sistema.

Saliente-se que muitos *hackers*, depois de cumprirem suas penas, são contratados por empresas preocupadas com a segurança de seus sistemas. Essas empresas procuram, através do conhecimento especializado desses técnicos, testar e corrigir todas as falhas de segurança possíveis em seus sistemas. Newton de Lucca e Simão Filho[358] citam exemplos de danos que podem ser causados aos consumidores pela invasão de *sites* ou redes dos fornecedores: a) interceptação de mensagens de correio eletrônico; b) acesso não autorizado a dados pessoais e confidenciais do consumidor; c) uso de senhas de acesso a determinados serviços no ambiente de Internet; d) interceptação de dados referentes a cartões de crédito ou bancários; e) uso de dados do consumidor para aquisição

---

358. Apud Grace Graça Gomes, op. cit.

de produtos ou serviços; f)divulgação ou venda de dados pessoais obtidos do consumidor.

Nessas situações o fornecedor não pode se escusar da responsabilidade de indenizar, sendo-lhe defeso alegar caso fortuito ou de força maior, salvo se provar a imprevisibilidade e a inevitabilidade da invasão, segundo as regras estabelecidas no art. 393 do Código Civil. Todavia, isso é quase impossível. É que não se pode falar em imprevisibilidade, em face do atual desenvolvimento tecnológico à realidade presente que noticia diariamente ataques a sites e a redes de computadores. Já quanto à inevitabilidade, a vítima teria de provar, cabalmente, que foram realizadas todas as diligências, cuidados e perícias para o caso — o que, na prática, é muito difícil de demonstrar. Desta forma, ocorrendo a invasão, o fornecedor deverá indenizar os prejuízos que porventura venham a causar a seus clientes.

7.3. Clonagem de cartões de crédito. A clonagem de cartões de crédito pode ser realizada com base nas informações pessoais dos consumidores conseguidas pela violação de comunicação eletrônica ou pela invasão de *sites* ou redes de computadores. Evitar-se-ia essa invasão se os bancos de dados fossem criptografados. A criptografia é um mecanismo de proteção de dados contra acessos não autorizados, quer em computadores que não estejam na rede, quer em computadores conectados à Internet.

No caso, retirar-se-iam os dados referentes a cartões de crédito da rede, imediatamente após a compra, armazenando-os criptografados em mídia removível, longe da rede mundial de computadores. Assinale-se que os *sites* de empresas administradoras de cartões de crédito são os alvos preferidos de ataques por *hackers* e *crackers*. O prejuízo ao consumidor, que tem seu cartão de crédito clonado, é imprevisível. Porém, na grande maioria dos casos, esse prejuízo é suportado pelas operadoras de cartões de crédito[359]. Sobre a matéria, decidiu o STJ:

> "Indenização. Dano moral. Clonagem. Telefone celular. Trata-se de ação de indenização por danos morais e materiais por cobrança da quantia de R$ 16.178,02 relativa à utilização de linha telefônica de celular em período em que estava clonado, bloqueada a linha. Narra o autor que tais fatos acarretaram-lhe danos porque o uso dessa linha resvestia-se de grande importância em suas funções como membro do Ministério Público. Em primeiro grau, o pleito foi julgado procedente em parte, excluindo-se a indenização por danos materiais. A empresa apelou para reduzir o valor indenizatório, e o Tribunal *a quo* proveu parcialmente a apelação, reduzindo o valor da indenização. Daí o presente recurso especial da empresa de telefonia, com pedido para reduzir ainda mais o valor fixado naquele Tribunal. Para o Min. Relator, ficou comprovada, nas instância ordinárias, a culpa da empresa recorrente, que reconheceu falha no seu sistema computadorizado, o que não a exclui da responsabilidade de não avisar o cliente do bloqueio em caso de clonagem. Considerou ainda excessivo o quantum indenizatório e o reduziu a R$ 7.000,00, observados os princípios da moderação e

---

359. Grace Graça Gomes, op. cit.

da razoabilidade. Com esse entendimento, a Turma deu provimento ao recurso"[360].

7.4. Acesso não autorizado a contas bancárias. As instituições bancárias estão enquadradas no conceito de serviço, nos termos do art. 3º, § 2º, do Código de Defesa do Consumidor, por se tratar de uma atividade fornecida no mercado de consumo mediante remuneração. Portanto, sujeitam-se ao regramento imposto naquele Codex, respondendo objetivamente pelos danos que venham a causar a seus consumidores. A jurisprudência brasileira considera as instituições bancárias responsáveis pela segurança no meio eletrônico colocado à disposição dos consumidores *(home banking)*, por se tratar de um risco profissional decorrente da oferta do serviço.

Os dados bancários dos consumidores podem ser obtidos a partir da violação de comunicação eletrônica ou invasão de *sites*/redes de computadores. O acesso não autorizado a conta bancária e a sua correspondente movimentação financeira através da rede mundial de computadores ensejam para a vítima o direito à reparação — a ser suportado pelo estabelecimento bancário que disponibilizou o serviço na Internet — e para o infrator o enquadrreamento no crime de furto, tipificado pelo artigo 155 do Código Penal[361]. O furto realizado no âmbito da rede (relacionado ao acesso não autorizado a contas bancárias) é denominado "furto salame". Por essa modalidade de furto, o ladrão faz a transferência de centavos

---

360. STJ. . Relator: Ministro Jorge Scartezzini. Data do julgamento: 7/12/2006.
361. Grace Graça Gomes, op. cit.

de milhares de contas correntes, sem que seus titulares percebam qualquer anormalidade.

7.5. Pornografia infantil. A rede mundial de computadores tem condições de divulgar documentos de maneira impessoal, anônima. Por esse motivo, é muito utilizada para divulgação de material pornográfico. Segundo Gustavo Testa Corrêa[362], há há três categorias de pornografia na grande rede: a) divulgação de fotografias eróticas através de mensagens, listas de discussões, publicações em páginas; b) divulgação de pornografia mediante acesso *on-line*, após o pagamento pelo serviço; c) pedofilia e outros materiais obscenos, como rituais macabros e mutilações.

O material pedófilo é disseminado na rede por uma comunidade virtual fechada. Liliana Minardi Paesani[363] assevera que é necessário aperfeiçoar as polícias e representantes da justiça, bem como contar com a colaboração dos provedores de acesso à rede, para impedir a divulgação de material que explore sexualmente crianças. Países como Estados Unidos, Inglaterra e Canadá vêm investindo na formação de policiais especializados em crimes digitais — os chamados *cybercops*.

Os maiores problemas em relação à pornografia infantil residem na existência de países em que a pedofilia/pornografia não têm legislação específica para regulamentar a matéria, a exemplo do Japão[364]. A veiculação desse tipo de imagem na Internet é proibida no Brasil

---

362. Apud Grace Graça Gomes, op. cit.
363. Liliana Minardi Paesani, op. cit.
364. Grace Graça Gomes, op. cit.

pelo Estatuto da Criança e do Adolescente (ECA). Essa lei comina pena de reclusão de um a quatro anos, independentemente do meio de comunicação, a quem publicar cena de sexo explícito ou pornografia envolvendo criança ou adolescente.

7.6. *Concorrência desleal.* O endereço eletrônico ou nome de domínio está intimamente ligado ao nome empresarial e ao título do estabelecimento comercial. Ensina Grace Gomes Gomes[365] que, se alguém registra um endereço eletrônico com a marca ou o título do estabelecimento comercial que não é seu, visando a confundir o consumidor ou a obter vantagem do verdadeiro titular da marca ou do estabelecimento, pratica o crime de concorrência desleal, em conformidade com o art. 195 da Lei de Propriedade Industrial. É comum, nos dias atuais, o registro de endereços de domínio de marcas famosas por aqueles que não detêm os direitos sobre a marca, no intuito de auferir lucro pela venda do domínio para o verdadeiro titular da marca.

No mesmo crime incorre o fornecedor de um produto similar que usa em sua página na Internet uma *metatag* com o nome do produto original, do concorrente, visando a confundir o consumidor que utiliza os serviços dos buscadores para identificar o site do fornecedor originário. Desta forma, o consumidor pode ser induzido a erro pela escolha do produto similar, quando buscava adquirir um produto original. E assim é levado a contratar com um fornecedor que não é o fornecedor originário do produto ou serviço.

---

[365] Ibidem.

7.7. Manipulação e falsificação de dados. A manipulação de dados ocorre quando dados verdadeiros do consumidor, obtidos em decorrência de violação de comunicação eletrônica ou de invasão de sites ou redes de computadores, são usados para realizar contratações não autorizadas pelo consumidor proprietário das informações. A falsificação dos dados, por outro lado, dá-se pela alteração dos dados dos consumidores nos sites ou nas redes dos fornecedores no momento de sua invasão por *crackers*.

7.8. Racismo. É comum, na Internet, a existência de páginas incitando a discriminação contra nordestinos, negros, judeus, homossexuais, etc. Essa situação tem preocupado as organizações envolvidas com a defesa dos direitos humanos. Para coibir esse tipo de prática, é necessário investir em uma polícia especializada de investigação em crimes virtuais, capaz de rastrear a comunicação entre membros desses grupos e identificar os responsáveis pela divulgação desses conteúdos na grande rede.

Capítulo XXXV

CONTRATO PELA INTERNET

1. Introdução. 2. Formas dos contratos eletrônicos. 3. Natureza da responsabilidade na Internet. 4. Das sanções. 5. Da jurisdição. 6. Jurisprudência colacionada.

1. Introdução. O contrato eletrônico não difere muito do contrato comum. Apenas, o acordo de vontade afasta-se da forma tradicional, pois se realiza por meio virtual. Assim, a manifestação de vontade das partes é feita em silêncio, por ser conduzida através de um conjunto de imagens e acionamentos de *mause* ou de teclado. Esta linguagem eletrônica, virtual, exclui o verdadeiro diálogo e, portanto, o caráter pessoal da contratação.

Por não haver negociação direta entre o fornecedor do produto ou serviço e o consumidor, muitos consideram que se estabelece um relacionamento desumanizado, por ser efetivado entre máquinas. No entanto, é necessário lembrar que, por trás de cada máquina, há uma pessoa com vontade e discernimento. Em regra, a contratação eletrônica se dá através de um contrato de adesão, unilateralmente elaborado pelo fornecedor, a que o consumidor se vincula[366]. No mais, aplicam-se as mesmas regras existentes no nosso ordenamento jurídico, no caso, o Código de Defesa do Consumidor, pois as relações obrigacionais envolvem aquisição de produtos ou de serviços.

Além dos contratos eletrônicos entre fornecedores e consumidores, existem outros realizados entre aqueles que querem usufruir os benefícios da rede mundial de computadores e aqueles que dispõem dos meios de acesso à rede. Há também os provedores gratuitos. Estes últimos, por não serem onerosos, não são tutelados pelo Código de Defesa do Consumidor. O provedor de acesso, nessa situação, não pode ser enquadrado como fornecedor. A importância desse tema se dá quando se analisa a questão da responsabilidade, que deverá ser apurada conforme as normas do Código Civil e não do Código de Defesa do Consumidor[367].

O contrato eletrônico trouxe grandes benefícios para o consumidor: contratação a qualquer hora e em qualquer lugar, sem fronteiras, no território nacional ou estrangeiro, com ampla capacidade de escolha. No entanto, aumentou a vulnerabilidade do consumidor. Isso porque ele teve a sua capacidade de controle reduzida, com poucas condições de impor a sua linguagem, de proteger sua privacidade, de comprovar as condições contratadas. A identificação de autoria da mensagem, bem como a

---

366. Grace Graça Gomes, op. cit.
367. Grace Graça Gomes, op. cit.

identidade e a localização do fornecedor são situações que demonstram a vulnerabilidade do consumidor. Também a complexidade das transações eletrônicas diminui sua privacidade, segurança e confiança[368].

2. Formas dos contratos eletrônicos. A legislação brasileira não faz qualquer objeção à forma de celebração de contrato através da Internet, exceto nas situações em que a lei determina o uso de formas especiais. A Internet dispõe, além dos contratos normais, os contratos "encapsulados" ou *wrap-agreements* que só são disponibilizados após a contratação ou a instalação de um programa de computador. Aliadas ao contrato eletrônico, existem, de forma desmaterializada, as garantias contratuais, expressas em anexos, *folders*, prospectos ou faturas que inexistem no meio eletrônico. O problema se agrava se o objeto do contrato também for imaterial, como um livro eletrônico ou um programa de computador. Nesse caso, o vício do objeto, a comprovação de entrega ou não-entrega do produto são de difícil constatação[369].

Integram o contrato eletrônico a conduta prévia do fornecedor, a publicidade com as informações suficientemente claras e precisas (arts. 30, 31, 46 e 54 do Código de Defesa do Consumidor) e os atos negociais conclusivos Como em todo contrato, as informações devem ser claras e precisas, sendo decisivas para a contratação por meio eletrônico. Difícil é a forma como as informações devem ser perenizadas para posterior meio de prova do contrato.

---

368. Grace Graça Gomes, op. cit.
369. Grace Graça Gomes, op. cit.

O Código Comercial prevê que os contratos comerciais podem ser provados, entre outros meios, pela correspondência epistolar (art. 122, inciso IV). No caso de contratos eletrônicos, no entanto, o meio de prova é imaterial. Como o Código de Processo Civil, em seu art. 332, admite todos os meios de prova admitidos em direito, a prova de uma contratação eletrônica é considerada atípica ou inominada. As páginas navegadas, os *e-mails* trocados entre consumidor e fornecedor, as senhas de acesso, tudo é usado como indícios de prova do contrato. Como se observa, a desmaterialização da contratação eletrônica é um fator de insegurança para o consumidor, uma vez que o fornecedor não aparece materializado por um vendedor. Na verdade, está representado por uma marca, por um nome comercial, por uma estratégia de *marketing*[370].

Ressalte-se que a publicidade na Internet se apresenta sob várias formas: ícones (símbolos), *banners* (faixas de propaganda, letreiros), *spams* (correspondência eletrônica indesejada), *e-mails* (mensagens eletrônicas) etc. Como forma de garantir a autenticidade das pessoas que fazem uso da Internet e de outros meios eletrônicos, foi criado o instituto da criptografia, surgindo a assinatura digital, que visa à autenticação e à certificação eletrônica. A criptografia é uma técnica que busca "esconder", "embaralhar" as informações através do uso de uma chave de acesso e de algoritmos matemáticos de codificação.

A criptografia pode ser simétrica ou assimétrica. No primeiro caso, o emissor e o receptor compartilham uma

---

370. Grace Graça Gomes, op. cit.

mesma chave de acesso para criptografar (embaralhar) e descriptografar (desembaralhar) a informação. No segundo caso, faz-se uso de duas chaves: uma pública e outra privada. Essas duas chaves sempre trabalham em conjunto: uma mensagem criptografada por uma chave privada só pode ser descriptografada por sua chave pública correspondente, e vice-versa.

O emissor que deseja enviar uma mensagem faz uso de sua chave privada para codificar a informação. O destinatário para descobrir o conteúdo codificado faz uso da chave pública do emissor para descriptografar a mensagem. Esse tipo de criptografia funciona como uma assinatura do emissor (assinatura digital). É a garantia de que remeteu a informação, pois apenas a sua chave pública é capaz de descriptografar a mensagem[371].

O uso da criptografia assimétrica deu origem à assinatura digital e à certificação eletrônica. A assinatura digital dá segurança ao consumidor, na medida em que garante a identificação do fornecedor, do autor da oferta, sendo um meio consistente de conferir a sua identidade. Os documentos eletrônicos, assinados digitalmente, são considerados meios de prova, em conformidade com o art. 332 do Código de Processo Civil.

Augusto Tavares Rosa Marcacini[372] assinala que o uso da criptografia assimétrica pode garantir a autenticidade de uma pessoa através do recurso de certificação eletrônica de chaves públicas. A certificação eletrônica funciona através do uso das chaves pública e privada, interme-

---

371. Grace Graça Gomes, op. cit.
372. Augusto Tavares Rosa Marcacini. Direito e Informática — uma abordagem jurídica sobre criptografia, Forense, 2002.

diada por uma autoridade certificadora. Assim, para se certificar que um documento foi enviado por determinado emissor, o qual previamente criptografou sua mensagem com a sua chave privada (assinatura digital), o destinatário solicita à autoridade certificadora a chave pública daquele emissor; se a chave obtida decodificar a mensagem, então o emissor é autêntico.

A criptografia também é usada para garantir o sigilo nas comunicações trafegadas na rede. Os estabelecimentos bancários disponibilizam seus serviços na Internet com o auxílio de forte esquema de criptografia. A certificação eletrônica no Brasil teve impulso com a Medida Provisória n° 2.200-2, de 24 de agosto de 2001, que instituiu a infra-estrutura de chaves públicas (ICP-Brasil). O objetivo foi garantir autenticidade, integridade e validade jurídica dos documentos eletrônicos, das aplicações de suporte e das aplicações habilitadas que utilizem certificados digitais, e também a realização de transações eletrônicas seguras.

Recente alteração no Código de Processo Civil do CPC, através da Lei n° 11.280, 16 de fevereiro de 2006, regulamentou a realização de atos processuais de forma eletrônica. O art. 154 passou a ter a seguinte redação:

> "Os atos e termos processuais não dependem de forma determinada senão quando a lei expressamente a exigir, reputando-se válidos os que, realizados de outro modo, lhe preencham a finalidade essencial.
> Parágrafo único. Os tribunais, no âmbito da respectiva jurisdição, poderão disciplinar a prática e a comunicação oficial dos atos processuais por meios eletrônicos, atendidos os requisitos de autenticidade, inte-

gridade, validade jurídica e interoperabilidade da Infra-Estrutura de Chaves Públicas Brasileira — ICP — Brasil".

Antes disso, foi baixada a Instrução Normativa n° 17, de 11 de dezembro de 1996, pelo Ministério de Administração Federal e Reforma do Estado, regulamentando o uso de documentos eletrônicos e assinatura digital no âmbito das atividades do governo federal.

Outro problema comum nos contratos eletrônicos é a contratação com pessoas civilmente incapazes ou com pessoas que se passam por outra. Não há como o fornecedor impedir essa situação. O máximo que pode fazer é esclarecer esse impedimento em seu *site* e suportar os riscos decorrentes dessas contratações inválidas ou anuláveis. A existência do ato negocial é imputada ao guardião do computador ou da senha. Mas, se quem negociou não tinha condições de fazê-lo, o contrato é nulo ou anulável.

3. Natureza da responsabilidade civil na Internet.
Os fornecedores de produtos e serviços que são ofertados na rede mundial de computadores respondem civilmente pelos danos que causarem aos seus consumidores, nos termos do Código de Defesa do Consumidor. Carlos Alberto Gonçalves[373] entende que os comerciantes e industriais brasileiros que disponibilizem a venda ou o uso de seus produtos ou serviços através da Internet devem ater-se às normas de proteção do Código de Defesa do Consumidor, ressalvando a responsabilidade do titular do site. O festejado autor entende que o titular do esta-

---

373. Carlos Alberto Gonçalves. Responsabilidade civil, 2002.

belecimento eletrônico onde é feito o anúncio, assim como o provedor de acesso à Internet, não respondem pela irregularidade do anúncio ou do uso da rede quando atuarem apenas como veículo.

Com relação ao provedor de Internet, a responsabilidade civil por vício do produto ou do serviço é objetiva, quando ele atua como provedor de informação *(information provider)*. Nesse caso, como ensina Antônio Jeová Santos[374], o provedor aloja a informação transmitida por um *site*, assumindo o risco de eventual ataque a direito personalíssimo de terceiro. Essa responsabilidade também se dá em relação a conteúdos próprios e a conteúdos de terceiros, também conhecidos como conteúdos diretos e indiretos, respectivamente. O conteúdo próprio ou direto ocorre quando os provedores são autores do conteúdo veiculado no *site*. No conteúdo de terceiros ou indiretos, o provedor é responsável de forma objetiva, na medida em que faz referência ou estabelece uma ligação com outra página ou site de terceiros através de um sistema de ligação *(link)*.

O citado autor dá o seguinte exemplo: um provedor, buscando otimizar seu portal e torná-lo mais agradável aos olhos de um usuário, no intuito de conquistar mais assinantes, contrata profissionais da imprensa para estabelecerem um noticiário eletrônico. Se, nesse noticiário, forem difundidas notícias, assinadas colunas, em analogia a um jornal eletrônico, e um dos jornalistas noticiar uma matéria passível de ofender a uma pessoa, ensejando indenização por dano moral, respondem civilmente o

---

374. Antônio Jeová Santos. Dano moral na Internet. São Paulo, Método. 2001.

jornalista e o titular do site. Essa responsabilidade solidária se dá em razão de não haver norma específica para regulamentar a matéria. É, então, aplicada analogamente a Lei de Imprensa (Lei nº 5.250/67), funcionando o titular do site como um editor de publicações.

A súmula 221 do Superior Tribunal de Justiça é nesse mesmo sentido, ao estabelecer que são civilmente responsáveis pelo ressarcimento de dano decorrente de publicação pela imprensa tanto o autor do escrito quanto o proprietário do veículo de divulgação.

Quando o provedor de serviços funciona como *service provider*, que é a situação onde o provedor apenas fornece o serviço para permitir a conexão à Internet, sua responsabilidade é subjetiva. Assim, ele não será responsável por anúncios abusivos ou enganosos expostos em sites na grande rede. Isso acontece pelo fato de atuar apenas como instrumento para permitir a conexão do usuário à Internet, exceto se a publicidade for referente a negócios do próprio provedor de serviços. O mesmo ocorre no caso do *hosting service provider*. Trata-se de uma situação na qual o provedor tem a função de hospedar sites, atuando como hospedeiro tecnológico virtual, sem intervir no conteúdo da informação que o usuário coloca na Internet[375].

Antônio Jeová Santos[376] assevera que a responsabilidade dos provedores, nesses casos, apenas ocorrerá se eles atuarem com alguma modalidade de culpa. Por exemplo, é do conhecimento dos provedores a veiculação de fato antijurídico e/ou infamante em uma das

---
375. Grace Graça Gomes, op. cit.
376. Antônio Jeová Santos, op. cit.

páginas de seus clientes e esses provedores não tomam as providências necessárias para impedir o abuso. Nesse caso, são solidários com o proprietário da página.

Esclarece ainda o autor que a responsabilidade dos provedores é objetiva para as empresas que exploram a *information provider*, e subjetiva em relação aos *hosting providers*. São responsáveis se tiverem sido notificados do conteúdo ilícito que estão propagando e houver demora para baixar a página ou site. Mas não terão responsabilidade as empresas de *access provider* por atuarem apenas como facilitadoras do acesso à Internet.

4. Das sanções. Aqueles que causarem danos através da Internet não fogem à regra geral: são obrigados a reparar o prejuízo. A reparação pode ser civil ou penal. No primeiro caso, de caráter indenizatório, alcança os danos materiais e/ou morais suportados pela vítima. No segundo caso, cumpre esclarecer que muitas transgressões ocorridas na Internet ainda não são puníveis, por faltar tipificidade, a exemplo da invasão de *sites* e redes e da falsificação de dados. Outras transgressões encaixam-se nas condutas já tipificadas no sistema normativo brasileiro, estando sujeitas às suas penalidades.

5. Da jurisdição. Na Internet, as fronteiras territoriais e estatais são ultrapassadas. A noção de soberania clássica (de fazer leis e julgar) é atingida pela desnacionalização dos contratos firmados. É quebrado o paradigma da soberania estatal, pois a Internet não conhece o conceito de "território"[377]. Tradicionalmente, as leis dos Es-

---

377. Grace Graça Gomes, op. cit.

tados estão ligadas a seus territórios (domicílio ou residência), ao *status* político-estatal das pessoas (nacionalidade) ou ao local físico dos atos (onde foram realizados ou onde foram surtidos os seus efeitos).

Mas, se um consumidor pode, de sua residência, contratar com um fornecedor, que na maioria das vezes tem endereço físico desconhecido e às vezes nem o tem, como as lojas unicamente virtuais (), ou tem endereço fora do país, como estabelecer a jurisdição? Como fixar a competência? Quais os limites da soberania para os conflitos surgidos na Internet? Esses questionamentos têm dificultado a regulamentação do comércio eletrônico.

Existem dois tipos de contratos realizados na Internet: o contrato realizado no âmbito de um país (interno) e o realizado no âmbito internacional. No primeiro caso, não existem dúvidas. Aplicam-se as regras de competência estabelecidas no Código de Processo Civil. As dificuldades surgem no segundo caso. Nesses contratos, o nosso direito positivo preocupa-se em tutelar o consumidor brasileiro, segundo as regras da lei nacional de proteção aos consumidores. Todavia, por se tratar de comércio internacional, mesmo que de consumo, observa-se a legislação do país onde está o fornecedor. Diante desse impasse, deve-se buscar o diálogo, visando a uma solução entre a tutela do consumidor, parte mais fraca da relação de consumo, e a harmonia internacional, segundo as normas de Direito Internacional Privado.

Esclareça-se, contudo, que o direito do consumidor tem dimensão internacional. Assim, o consumidor não pode ser prejudicado, devendo ser aplicada a legislação que lhe for mais benéfica. No âmbito do Mercosul, a Resolução nº 126/94 impõe a aplicação das normas de proteção aos consumidores do país destinatário, em razão dos diferentes níveis de proteção ao consumidor nos países-membros, enquanto não houver uma harmonização legislativa. A Convenção de Bruxelas de 1968 estabeleceu regras de competência judiciária que protegem os consumidores, dando-lhes a faculdade de iniciar a demanda judicial no tribunal de seu domicílio. Dessa forma, tem-se estabelecido uma jurisdição pessoal do consumidor para o resto do mundo[378]. Não se tratando de relações de consumo, torna-se difícil a escolha de um foro comum pelas partes. Em regra se aplica o do domicílio do demandado.

6. *Jurisprudência colacionada.* Os tribunais têm enfrentado alguns conflitos ocorridos no âmbito da grande rede, tendo usado a analogia e a legislação corrente aos casos concretos. Transcreveremos, a seguir, algumas decisões:

"Responsabilidade civil. Manutenção indevida do nome dos apelantes em site da Internet pela apelada. Restou comprovado que houve parceria entre apelantes e apelada. Houve concordância de que o nome dos apelantes constasse no site da empresa apelada. Porém, com o desfazimento da parceria, os nomes deveriam ter sido retirados do site, o que não ocorreu atempadamente. Não obstante, tal fato, por si só, não caracteriza dano moral. Houve relação profissional de cooperação entre as partes, oferecendo conjunta-

---

378. Grace Graça Gomes, op. cit.

mente seus serviços ao mercado. Antes do ajuizamento da ação, não postularam os apelantes a exclusão dos seus nomes do referido meio de divulgação. Apelo desprovido"[379].

"Direito do consumidor. Reparação de danos materiais e morais. Compra de *videogame* pela internet. Remessa de aparelho em modelo inferior ao comprado. Infindáveis contatos para solução do problema. Dano moral verificado. Desrespeito à honra do consumidor. Rejeição à impugnação à assistência judiciária. 1. O fato de ter o autor adquirido produto de valor expressivo não é prova suficiente de que apresente condições de pagamento das despesas do processo, prevalecendo sobre a alegação da ré a declaração de necessidade. 2. Tendo o autor adquirido o aparelho do modelo *Playstation* 2, enviando-o à ré, porque não dispunha em estoque o produto, o 'Playstation 1', ou seja, produto de valor inferior ao comprado, opondo-lhe após infindáveis dificuldades para a restituição da quantia paga, por certo que atingiu a honra do consumidor, fazendo-o sentir-se ludibriado, o que acarreta o dever de reparar, tanto os danos materiais, como os danos morais. Recurso parcialmente provido"[380].

"Ação de indenização por danos morais e patrimoniais. Direitos autorais. Material fotográfico utilizado

---

[379]. TJRS. Apealação cível. Sexta Câmara Cível.
[380]. JER do Rio Grande do Sul. Terceira Turma Recursal.

sem autorização e retribuição pecuniária. Obra fotográfica. Proteção legal. Direitos autorais. Art. 7º, VII, da Lei nº 9.610/98. Danos patrimoniais e morais. 1. Sendo incontroversa a utilização de fotografias sem a autorização do seu autor, devida a indenização de danos materiais e morais. Proteção legal às obras fotográficas, conforme dispõe o art. 7º, VII, da Lei n. 9.610/98. 2. Danos materiais. Autoriza-se o juiz, na ausência de outros parâmetros, a adotar aquele que melhor dimensiona o dano causado, a partir de critérios de razoabilidade. Razoável arbitrar-se o dano material no valor equivalente àquele contratado anteriormente para utilização nas revistas das rés, duplicado, no caso, dada a dupla utilização, em duas formas de publicidade, tanto em folders, quando na Internet. 3. Danos morais. Embora a dificuldade sempre enfrentada na tarefa da medição da lesão, uma vez que as operadoras nessa dosimetria são, no mais das vezes, de ordem subjetiva e comparativa, jamais se alcançando o efetivo abalo experimentado pela vítima; e por mais que se tente fugir do tarifamento, tão criticado por aqueles que vêem na consagração do dano moral a imperativa necessidade de avaliar-se caso a caso, assim evitando-se a massificação dos julgamentos, também imperativo coibir-se a aleatoriedade dos julgados, razão por que prudente o paradigma. Valor majorado em atenção ao caso concreto e na linha de precedentes da Câmara"[381].

---

381. TJRS. Nona Câmara Cível.

"Ação de indenização por dano moral. Lançamento de débitos não efetuados por quaisquer dos dois titulares da conta corrente. Valores subtraídos da conta corrente de forma irregular. Lançamentos via internet. Obrigação de indenizar. Dano moral *in re ipsa*. Quantificação. É incumbência do Banco zelar pela segurança do correntista. Evidenciando-se que os autores tiveram dois cheques devolvidos por insuficiência de fundos, sem que a tanto tenham dado causa, provocando-se-lhes sérios transtornos, assente a obrigação de indenizar. Dano moral. Dano *in re ipsa*. Quantificação. Mostrando-se que a indenização, no caso concreto, não satisfaz a suficiência da reparação, dada a gravidade do fato, torna-se imperativa a sua majoração. Valor majorado para quantia que, na atualidade, representa 50 salários mínimos. Provimento da apelação dos autores e desprovimento do apelo do réu"[382].

"Indenizatória. Dano moral. A tentativa de responsabilizar o provedor da Internet em face de atraso de *e-mails* referentes a notas de expedientes enviadas pela SIPNET da OAB/RS não tem como prosperar, ainda mais quando busca vincular os serviços do provedor à alegada perda de prazos processuais. Razões de recurso que não superam os fundamentos da sentença. Negado provimento ao recurso"[383].

---

382. TJRS. Apelação cível. Décima Câmara Cível.
383. JEC do Rio Grande do Sul. Segunda Turma Recursal Cível.

"Responsabilidade civil. Danos morais. Elaboração e divulgação de mensagem eletrônica — *e-mail* — com conteúdo depreciativo ao nome e à imagem da empresa. Dano moral. Indenização. Valor. Arbitramento. Critérios. Honorários advocatícios. Compatibilidade com o trabalho desenvolvido. Provado devidamente o fato, o sucesso da pretensão se impõe. Sopesadas as circunstâncias que norteiam a indenização por danos morais, correta a fixação do quantum em patamar que atenda as finalidades reparatória, punitiva e inibitória da condenação. Honorários advocatícios fixados de forma compatível com o trabalho desenvolvido. Apelação desprovida"[384].

"Apelação cível. Dano moral. Entrevista e reportagem veiculadas por 'portal' da internet. No que se refere à entrevista, tratando-se de um evento ao vivo, por meio de *chat*, no qual o veículo de comunicação, o 'portal' de Internet, opera tão-somente como transmissor e mediador entre os participantes, 'internautas' e entrevistado, e em ocorrendo ofensa por parte desse em relação a terceiro, não se pode responsabilizar aquele que promoveu, que possibilitou o evento. Esse não incorre em culpa em relação a eventuais maledicências proferidas pelo entrevistado. Quanto à reportagem, também não se pode incumbir responsabilidade ao 'portal' que armazena as 'páginas' de seus clientes, em seus respectivos sítios, permitindo que sejam acessadas. Ademais, a responsabilidade pelo texto é evidenciada pelo registro dos direi-

---

384. TJRS. Apelação cível. Sexta Câmara Cível.

tos autorais constante ao final da reportagem. Em ambos os casos, além disso, o conteúdo das informações veiculadas não atingiu grau de relevância ou ofensa a ponto de ensejar direito a uma indenização por danos morais. Não houve qualquer demonstração efetiva de dano patrimonial. Apelo desprovido"[385].

"Responsabilidade civil. Dano moral. Utilização desautorizada e inadequada de imagem. Alteração da imagem. Uso vexatório, ofensivo à reputação. Preliminares afastadas. Hipótese em que a imagem, confiada a uma empresa gráfica, por primeiro foi modificada, transportando-se o rosto da autora para um corpo desnudo e posteriormente foi disponibilizada num *site* da Internet. Tudo isto, obviamente, sem a autorização e o conhecimento da dona da imagem. Inegável a ofensa à honra. Poder-se-ia dizer que o uso, no caso, foi inadequado e desautorizado, dando ensejo, por estas duas razões, à indenização pelos danos que a exposição causou. A lei tutela o direito à imagem, mormente quando o uso é abusivo e ofensivo à reputação, causando uma situação desprimorosa. Nesses casos, a publicação sem prévia autorização, por si só, já tipifica dano à imagem, tornando devida a indenização por dano moral. Havendo, como no caso vertente, a alteração da imagem e uso inadequado, ou seja, com finalidade vexatória, mais evidentes a ilicitude da conduta e a ofensa. Recursos desprovidos[386].

---

385. TJRS. Apelação cível. Sexta Câmara Cível.
386. TJRS. Apelação cível. Nona Câmara Cível.

"Dano moral. Internet. Provedor. Interrupção do serviço. Mero transtorno. A interrupção de acesso à Internet pelo provedor, com base em débito inexistente, diz com transtorno inerente ao cotidiano, não sendo passível de indenização por dano moral. Nega-se provimento ao apelo . Unânime"[387].

"Agravo de instrumento. Ação cautelar preparatória de ação de nulidade de registros federais delegados no âmbito da internet. A competência para conhecer, processar e julgar demandas nas quais é questionada a licitude de uso de registros de alçada federal junto à internet, é da justiça comum estadual. Agravo conhecido por maioria, vencido o relator. Marca de indústria. Nome do domínio na internet. Concorrência desleal. Comprovado que a agravante é titular da marca *rider* junto ao INPI, o *fumus boni juris* e o perigo de lesão de difícil reversão daí decorrentes justificam a concessão da medida cautelar denegada pelo juízo *a quo*, a fim de vedar à agravante o uso da palavra *rider* no seu nome de domínio e endereço eletrônico junto à internet, por caracterizar, em princípio, indícios de concorrência desleal. Agravo provido[388].

---

387. TJRS. Apelação cível. Décima Câmara Cível.
388. TJRS. Apelação cível. Décima Quarta Câmara Cível.

BIBLIOGRAFIA

Agostinho Alvim. Aspectos da locação predial, 1966.
Agostinho Alvim. Da inexecução das obrigações e suas conseqüências, Saraiva, 1980.
Aguiar Dias. Da responsabilidade, 7.ª ed., Forense.
Alípio Silveira. A boa-fé no Código Civil, vol. II, p. 223.
Alnaldo Rizzardo. A reparação.
Álvaro Lazzarini. Responsabilidade civil do Estado por atos omissivos de seus agentes: RJTJSP 11/78.
Alvino Lima. Da Culpa ao Risco, 1938.
Antônio Chaves. Lições, pág. 101.
Antonio Chaves. Tratado, v. III.
Antônio Herman Vasconcelos Benjamin. Comentários ao Código de Defesa do Consumidor.
Antônio Jeová Santos. Dano moral na Internet. São Paulo. Método, 2001.
Aquiles Beviláqua. Código Comercial Brasileiro, Rio, 6ª ed.
Arnoldo M. da Fonseca. Caso fortuito e teoria da imprevisão, 1943.
Arnoldo Wald, RT 415/419.
Arnoldo Wald. Obrigações e contratos, 1979.

Arrighi de Casanova. La Responsabilité et le Droit Commum de la Responsabilité Civile, 1946.
Aubry et Rau, apud Pontes de Miranda.
Augusto Tavares Rosa Marcacini. Direito e Informática — uma abordagem jurídica sobre criptografia, Forense, 2002.
Bernd Schauer. Eletronic commerce.
Caio Mário da Silva Pereira. Instituições — Responsabilidade civil, 9º ed., Forense.
Carlos Alberto Bittar, Contratos, 2.ª ed.
Carlos Alberto Bittar. Reparação civil por danos morais, Editora Revista dos Tribunais, 3.ª ed.
Carlos Alberto Bittar. Responsabilidade civil, Teoria & Prática, 2.ª ed., Forense Universitária.
Carlos Roberto Gonçalves. Comentários ao Código Civil, Saraiva, vol. XI, pág. 927.
Carvalho de Mendonça. Doutrina e Prática das Obrigações, 3ª ed. Tomo II
Carvalho de Mendonça. Contratos, vol. II.
Carvalho de Mendonça. Tratado de Direito Comercial, vol. VI.
Carvalho Santos, Código Civil Brasileiro Interpretado, vol. XII, 7.ª ed.
Carvalho Santos. Código Civil Brasileiro Brasileiro Interpretado, vol. XX, 7ª ed.
Carvalho Santos. Código Civil Brasileiro Interpretado, vol. XVII, 7.ª ed.
Carvalho Santos. Código Civil Brasileiro Interpretado, vol. XVIII, 7ª ed.
Celso Antônio Bandeira de Mello. Direito Administrativo Brasileiro, 30ª ed., Malheiros.
Chironi, apud José de Aguiar Dias, op. cit.
Cláudia Lima Marques. Confiança no comércio eletrônico e a proteção do consumidor.
Clóvis Beviláqua. Código Civil dos Estados Unidos do Brasil, edição histórica.
Clóvis Beviláqua. Comentário ao Código Civil, vol. V.

Darcy Arruda Miranda. Anotações ao Código Civil Brasileiro, vol. III.
De Plácido e Silva. Vocabulário Jurídico, vol. II, 11.ª ed.
De Plácido e Silva. Vocabulário Jurídico, vol. III, 11.ª ed.
Demogue, apud Miguel de Serpa Lopes, Curso de Direito Civil, vol. 5º.
Demogue, Lalou e Candido Oliveira Filho, citados por Carvalho Santos, Código Civil Brasileiro Interpretado, vol. XX, 7ª ed.
Diógenes Gasparin. Direito Administrativo.
Edis Milaré. RT 623/36.
Eduardo Espínola. Da responsabilidade das Estradas de Ferro, vol. III.
Giorgi, Teoria delle Obbligazione, vol. VI
Georgette Nacarato Nazo. Da Responsabilidade Civil no pré-contrato de casamento, pág. 139.
Grace Graça Gomes. Dano praticado na Internet: Responsabilidade jurídica diante do consummidor.
Guilherme Chaves Sant'ana. Responsabilidade civil dos médicos anestesístas.
Guimarães Menegale. Responsabilidadee profissional do cirurgião-destista, RF nº 8º.
Gustavo Testa Corrêa. Aspectos jurídicos da Internet.
Helita Barreira Custódio. Avaliação de Custos Ambientais em Ações Jurídicas de Lesão ao Meio Ambiente, RT, vol. 652.
Hely Lopes Meirelles. Direito de Construir, 2.ª ed.
Humberto Deodoro Jr. Direito e Medicina.
James Marins. Responsabilidade da empresa.
João Luiz Alves. Código Civil Anotado, Rio de Janeiro, 1917.
José dos Santos Carvalho Filho. Responsabilidade Civil do Estado, 10ª ed.
Julian Huxley, apud Aguiar Dias, op. cit.
Leonardo A. Colombo. Culpa aquiliano, nº 65.
Leonardo José Carneiro da Cunha. A Fazenda Pública em Juízo, 3ª edição.
Liliana Minardi Paesani. Direito e Internet.

Maria Helena Diniz. Curso de Direito Civil Brasileiro — Teoria geral das obrigações, vol. II, 16ª ed.
Mário Moacyr Porto. Da Responsabilidade civil e outros estudos. Revista dos Tribunais, 1966.
Mário Moacyr Porto. Temas de Responsabilidade Civil, RT/1989.
Mazeaud, Henri e Léon. Traité théorique et pratique de la responsabilité civile, délictuelle et contractuelle, Paris, 1938, 3.º vol., 3.ª ed., t. 1, ns. 4-5.
Miguel Maria de Serpa Lopes. Curso de Direito Civil, vol. IV.
Minozzi, apud Sílvio Rodrigues, op. cit.
Moura Bittencourt. Família, Editora Alba, 1970.
Nelson Nery Júnior. Responsabilidade civil por dano ecológico e a ação civil.
Newton de Lucca e Simão Filho. Direito e Internet.
Orlando Gomes, Obrigações, 12.ª ed., Forense.
Orlando Gomes. Alienação Fiduciária, 1970.
Orlando Gomes. Contratos, 18.ª ed., Forense.
Orlando Gomes. Obrigações, 8ª ed., Forense.
Pablo Stolze Gagliano e Rodolfo Pamplona Filho, op. cit., pág. 75, edição 2003.
Plablo Stolze e Gagliano Rodolfo Pamplona Filho. Novo Curso de Direito Civil — Responsabilidade Civil, ed.Saraiva, vol. III.
Pontes de Miranda. Manual de Direito Civil, n.º 38.
Pontes de Miranda. Tratado, v. 26.
Pothier. Manual de Droit Civil, vol. II.
Regina Beatriz Tavares. Novo Código Civil comentado, ooordenado por Ricardo Fiúza, 4ª edi., Saraiva.
Reynaldo Andrade da Silveira. RT, vol. 674.
Ripert. Revue Critique de Legislation et Jurisprudence, 1912.
Roberto Rosas. Direito Sumular, 10ª ed.
Ruy Rosado. Direito e Medicina.
Savatier. Traité de la responsabilité civile en droit français. Paris, 1939.
Sérgio de Andréa Ferreira. Direito Administrativo Didático.
Sílvio de Salvo Venosa. Teoria Geral das Obrigações — Teoria Geral dos Contratos, 2001.

Sílvio Rodrigues. Direito Civil — Responsabilidade Civil, vol. II, 22ª ed., Saraiva, 1994.
Sílvio Rodrigues. Direito Civil — Responsabilidade Civil, vol. IV, 13ª ed., Saraiva.
Seresa Âncora Lopes. Responsabilidasdee civil dos médicos, em "Responsabilidaede Civil".
Toshio Mukai. Responsabilidade solidária da administração por danos causados ao meio ambiente: conferência proferida no II Simpósio Estadual de Direito Ambiental, Curitiba Paraná.
Tracy Laquey. O manual da Intrernet.
Vivante, apud Eduardo Espínola, in Revista de Direito, vol. LXX.
Washington de Barros Monteiro, Curso de Direito Civil — Direito de Família, 30ª ed., vol. II, pág. 35.
Washington de Barros Monteiro. Direito das Obrigações, 1ª parte, vol. IV, ed.1994.
Wilson Mello da Silva. O Dano Moral e a sua Reparação.
Yussef Said Cahali. Dano e Indenização, 1980.
Yussef Said Cahali. Dano Moral, 2.ª ed., Revista dos Tribunais.
Zelmo Denari. Código de Defesa do Consumidor comentado pelos autores do projeto, 8ª ed.

JURISPRUDÊNCIA DOS TRIBUNAIS

SUPREMO TRIBUNAL FEDERAL

STF. ADI nº 2591/DF. Relator: Min. Carlos Velloso. Relator p/Acórdão: Ministro Eros Grau. Julgamento: 07/06/2006. Tribunal Pleno. Fonte: DJU 29/09/2006, pág. 0031.
STF. ADI-MC 1127/DF (Medida cautelar na ação direta de inconstitucionalidade. Relator: Min. Paulo Brossard. Tribunal Pleno. Data do julgamento: 06/10/1994. Fonte: DJU 29/06/2001, pág. 00032.

STF. Inquérito nº1674/PA. Relator: Min. Ilmar Galvão. Relator p/Acórdão: Min. Sepúlveda pertence. Órgão Julgador: Tribunal Pleno. Data do julgamento: 06/09/2001. Fonte: DJU 01-08-2003, pág. 00105.
STF. RE 109615/RJ. Relator: Ministro Celso de Mello. Primeira
STF. RE 128.362-RJ; RE 170.204-GO.
STF. RE 130764 / PR Relator: Min. Moreira Alves. Primeira Turma. Julgamento: 02/05/1992. Fonte: DJU 07/08/1992, pág. 11782.
STF. RE 166.586-6-GO.
STF. RE 178236, DJ11/04/1997, pág. 12207.
STF. RE 189736, DJ 27/09/1996, pág. 001141.
STF. RE 201595/SP, Relator: Min. Marco Aurélio. Julgamento: 28/11/2000. Segunda Turma. Fonte: DJU 20-04-2001, pág. 00138.
STF. RE 228.977-SP. Relator: Ministro Nery da Silveira.
STF. RE 297901/RN. Relatora: Min. Ellen Gracie. Data do julgamento 7/3/2006.
STF. RE 80569-8-RJ; STJ REsp 46.731-4-SP.
STF. RE 95.923, RTJ 108/676; RTJ 119/433/ RTJ 126/1.170.
STF. RE nº 175. 739-SP. Relator: Min. Marco Aurélio. Fonte: Informativo nº 139.
STF. RE nº 187. 753. Relator: Min. Ilmar Galvão. Fonte: Informativo nº 143.
STF. RE nº 387945/AC. Relator: Min. Sepúlveda Pertence. Órgão Julgador: Primeira Turma. Data do Julgamento: 14/02/2006. Fonte: DJU 10/3/006, pág. 00029
STF. RE. 172.720-RJ, Relator: Ministro Marco Aurélio. Fonte: DJ 21/02/1997, pág. 02831.
STF. RE-170203 / GO. Relator: Ministro Ilma Galvão. Fonte: DJU de 15/04/94, págs.: 08076.
STF. RE-AgR 432386/PE. Relator: Ministro Ricardo Lewandowski. Julgamento: 20/06/2006. Órgão Julgador: Primeira Turma. Fonte: DJ 18/08/2006.pág. 00023.

SUPERIOR TRIBUJNAL DE JUSTIÇA

STJ. REsp 257099/SP (Recurso Especial 2000/0041643-6). Fonte: DJ 05/02/2001, pág.105.
STJ. 171506/SP (Recurso Especial 1998/0026508-2). Relator Ruy Rosado de Aguiar. Fonte: DJ 05/03/2001, pág. 267.
STJ. AGRCC 27166/MG (Conflito de Competência (1999/0071615-9). Relator: Ministro Nilson Naves. Fonte: Site do STJ.
STJ. AgRg no Ag 442487/RJ; Agravo Regimental no agravo de instrumento 2002/0030055-2. Relator: Ministro Humberto Gomes de Barros. Terceira Turma. Fonte: DJ 09/10/2006, pág. 284.
STJ. AgRg no REsp 256174/DF; Agravo regimental no Recurso Especial 2000/0039468-8. Relator: Ministro Fernando Gonçalves. Quarta Turma. Data do julgamento: 04/11/2004. Fonte: DJU 22/11/2004, pág. 345.
STJ. AgRg nos EREsp 604679/SP; Agravo regimental nos embargos de divergência no recurso especial 2006/0017910-6. Relator: Ministro Jorge Scartezzini. Segunda Seção. Fonte: DJ 26/06/2006 pág. 113.
STJ. AgRgAg. nº 37.060-RS. Relator: Ministro Eduardo Ribeiro. Fonte: DJU 06/02/1995.
STJ. CC 1999/0117578-0. Relator: Ministro Fernando Gonçalves. Fonte: Site do STJ.
STJ. EREsp 268669/SP; Embargos de divergência no recurso especial 2001/0162676-0. Relator: Ministro Ari Pargendler. Segunda Seção. Fonte: DJ 26/04/2006, pág. 198.
STJ. Esp 190221/SP (Recurso Especial 1998/0072240-8).
STJ. Fonte: Site do STJ na Internet.
STJ. OMS. 8235/RS (Recurso Ordinário 1997/000313-6).
STJ. REsp 107230/RJ (Recurso Especial 1996/0057093-0). Fonte: DJ 18/10/1999, pág. 174.
STJ. REsp 120.647-SP. Relator: Min. Eduardo Ribeiro. Quarta Turma. Fonte: DJU, 15/05/2000.
STJ. REsp 121017/AM (Recurso Especial 1997/0013238-2). DJ 15/12/1997, pág. 66418.

STJ. REsp 13403/RJ (Recurso Especial 1991/0015813-5). Relator Min. Sálvio de Figueiredo Teixeira.
STJ. REsp 135535/PB (Recurso Especial 1997/0039952-4). Relator: Min. Sálvio de Figueiredo Texeira.
STJ. REsp 154943/DF (Recurso Especial 1997/0081326-6). Relator: Min. Nilson Naves.
STJ. REsp 156764/SP (Recurso Especial 1997/0085839-1). Relator: Min Sálvio de Figueiredo Teixeira.
STJ. REsp 159637/SP (Recurso Especial (1997/0091836-0), Fonte: DJU 03/081998, pág. 00248.
STJ. REsp 168318/DF (Recurso Especial 1998/0020621-3). Fonte: DJ 02/04/2001, pág. 296.
STJ. REsp 168346/SP (Recurso Especial 1998/0020650-7). Relator: Ministro Waldemar Zveiter. Relator p/ Acórdão: Ministro Carlos Alberto Menezes Direito. Terceira Turma. Fonte: DJ 06/09/1999, pág. 80.
STJ. REsp 172335/SP (Recurso Especial 1998/0030356-1). Relator: Carlos Alberto Menezes Direito. Fonte: DJ 18/10/1999, pág. 00229.
STJ. REsp 175795 (Recurso Especial 1998/0039197-5). Fonte: DJ: 10/05/1999.
STJ. REsp 191125/MG (Recurso Especial 1998/0074778-8).
STJ. REsp 1994/0032028-0-DF, Fonte: DJ 21/08/1995, pág. 25364.
STJ. REsp 206440/MG (Recurso Especial 1999/0020002-0). Fonte: DJU 30/10/2000, pág.00161.
STJ. REsp 209527/RJ (Recurso Especial 1999/0029640-0). Relator: Min. Carlos Alberto Menezes Direito. Fonte: DJ 05/03/2001, pág 115.
STJ. REsp 212460//RS (Recurso Especial 1999/0039214-0). Relator: Ministro Franciulli Neto. Fonte: DJU 21/10/2002, pág. 00328.
STJ. REsp 220982/RS (Recurso Especial (1999/0057692-6). Relator Min. José Delgado. Fonte: DJ: 03/04/2000, pág. 116. Data da decisão 2/02/2000.
STJ. REsp 222003/SC (Recurso Especial (1999/0058496-7/DF). Relator Ministro Hamilton Carvalhido. Fnte: Site do STJ.

STJ. REsp 226325/SP (Recurso Especial (1999/0071320-6).
Relator: Ministro Eduardo Ribeiro.
STJ. REsp 247477/SC (Recurso Especial (2000/0010284-9). Relator: Ministro Vicente Leal. Fonte: Site do STJ.
STJ. REsp 249321/SP (Recurso Especial 2000/0017498-0). Relator: Ruy Rosado de Aguiar. Fonte: DJ 12/03/2001, pág. 145.
STJ. REsp 251078/RJ (Recurso Especial 2000/0023996-8). Relator: Ministro Eduardo Ribeiro.
STJ. REsp 254418 / RJ (Recurso Especial 2000/0033332-8). Relator: Ministro Aldir Passarinho Júnior. Quarta Turma. Data do julgamento: 27/03/2001. Fonte: DJ 11/06/2001, pág. 229.
STJ. REsp 257454/pR (Recurso Especial 2000/0042502-8). Relator: Min. Ruy Rosado de Aguair. Fonte: DJ 27/11/2000, pág. 00170.
STJ. REsp 257454/PRl
STJ. REsp 257827/SP (Recurso Especial 2000/0043082-0). Relator: Ministro Sálvio de Figeiredo Teixeira. Fonte: DJ 23.10.2000, pág. 00144.
STJ. REsp 25832/SP (Recurso Especial (2000/00435722/SP) Relator: Min. Barros Monteiro. Fonte: DJ 19/03/2001, pág. 116.
STJ. REsp 262682 /MG (Recurso Especial 2000/0057686-7). Relator: Ministro Barros Monteiro. Quarta Turma. Fonte: DJ 20/06/2005 pág. 289.
STJ. REsp 264589/RJ (Recurso Especial 2000.002816-6). Relator: Min. Sálvio de Figueiredo Teixeira. Fonte DJU de 18/12/2000.
STJ. REsp 284536/ PR (Recurso Especial 2000/0109693-1). Relator: Min. César Arfor Rocha. Fonte DJU de: 22/10/2001, pág.00327. REsp 90143- PR (Recurso Especial 1996/0015149-0). Relator: Min. Ari Pargendler. Fonte: DJU de 21/02/2000, pág. 00118. REsp 33055/RJ (Recurso Especial 1993/0007149-1). Fonte: DJ 05/09/1994, pág. 23108. REsp 33055/RJ (Recurso Especial 1993/0007149-1). Fonte: DJ 05/09/1994, pág.

23108. LXSTJ, vol. 00129, pág. 00073. LEXSTJ, vol. 00066, pág. 00160, REVJMG, vol. 00131, pág. 00536.
STJ. REsp 3.718-SP (Recurso Especial 1990/0005924-0). Relator: Ministro Eduardo Ribeiro. Fonte: DJU de 10/12/.90, pág. 00201.
STJ. REsp 302165/MS (Recurso Especial 2001/0010217-4). Relator: Ministro José Delgado. Fonte: DJ 18/06/2001, pág. 00117.
STJ. REsp 309725 / MA (Recurso Especial 2001/0029313-1). Relator: Min. Sálvio de Figueiredo Teixeira. Fonte: DJU de 14/10/2002, pág.: 00232.
STJ. REsp 324886/PR (Recurso Especial 2001/0066584-3). Relator Ministro José Delgado. Primeira Turma. Fonte: DJU 03/09/2001, pág.00159.
STJ. REsp 32578 / RJ (Recurso Especial 1993/0005220-9) . Relator: Ministro Nilson Naves. Terceira Turma. Fonte: DJ 31/05/1993, pág. 10663.
STJ. REsp 32836/SP (Recurso Especial 1993/0006283-2). Fonte: DJU 21/08/1995, pág. 25359.
STJ. REsp 357418/ RJ (Recurso Especial 2001/0132987-9). Relator: Ministro SÁLVIO DE FIGUEIREDO TEIXEIRA. Órgão Julgador: Quarta Turma. Data do julgamento: 04/02/2003. Fonte: DJU 10/03/2003. pág. 227
STJ. REsp 365008/MG (Recurso Especial 2001/0117494-7). Relator: Ministro César Asfor Rocha. Quarta Turma. Data do julgamento: 25/06/2002. Fonte: DJU11/1/002, pág. 222.
STJ. Relator: Min. Aldir Passarinho Junior. Data do julgamento: 14/11/2006. Fonte: Site do STJ.
STJ. REsp 402708 / SP (Recurso Especial 2002/0001343-0. Relatora: Ministra Eliana Calmon. Segunda Turma. Data do julgamento: 24/08/2004. Fonte: DJU 28/02/.2005, pág. 267.
STJ. REsp 41614/SP (Recurso Especial (1993/0034264-9). Fonte: DJU 11/12/2000, pág. 205.
STJ. Relator: Min. João Otávio de Noronha. Data do julgamento: 16/5/2006.

STJ. REsp 4595/RJ (Recurso Especial 1994/0007599-5). Fonte: DJ 24/06/1996, pág. 22754.
STJ. REsp 519310/SP (Recurso Especial 2003/0058088-5). Relatora: Ministra Nancy Andrighi. Terceira Turma. Data do julgamento: 20/04/2004. Fonte DJ 24.05.2004, pág. 262.
STJ. REsp 53104/RJ (Recurso Especial 1994/0026022-9). Relator: Ministro Waldemar Zveiter. Terceira Turma. Data do julgamento: 04/03/1997. Fonte DJ 16.06.1997 pág. 27359.
STJ. REsp 57974/RS (Recurso Especial 1994/0038615-0). Fonte: DJ: 29.05.95.
STJ. REsp 598281/MG (Recurso Especial 2003/0178629-9). Relator: Ministro Luiz Fux. Relator p/acórdão: Ministro Teori Albino Zavascki. Primeira Turma. Data do julgamento: 02/05/2006. Fonte: DJ 01/06/2006, pág. 147.
STJ. REsp 602102/RS (Recurso Especial 2003/0192193-2). Relatora: Ministra Eliana Calmon. Segunda Turma. Data do julgamento: 06/04/2004. Fonte; DJ 21/02/2005, pág. 146.
STJ. REsp 613036 / RJ (Recurso Especial 2003/0201860-2). Relator:Ministro: Castro Filho. Terceira Turma. Fonte: DJ 01/07/2004 pág. 194.
STJ. . Relatora originária: Ministra Denise Arruda. Relator para acórdão: Ministro Teori Albino Zavascki. Data do julgamento: 28/11/2006. Fonte: Site do STJ.
STJ. REsp 712662/RS (Agravo Regimental no Recurso Especial 2005/0001247-0). Relatora: Ministra Laurita Vaz.
STJ. REsp 72557 / SP (Recurso Especial 1995/0042573-4). Relator: Ministro Waldemar Zveiter. Terceira Turma. Fonte: DJ 02.09.1996, pág. 31075
STJ. REsp 734234/RJ (Recurso Especial 2005/0042439-2). Relatora: Ministra Eliana Calmon. Segunda Turma. Data do julgamento: 16/02/2006. Fonte: DJ 13/03/2006, pág. 274.
STJ. REsp 737797/ RJ (Recurso Especial 2005/0051277-5). Relator: Ministro Luiz Fux. Primeira Turma. Fonte DJ 28.08.2006, pág. 226.

STJ. REsp 750418 / RS (Recurso Especial 2005/0079958-3) .Relator: Ministro Aldir Passarinho Júnior. Quarta Turma. Fonte: DJ 16/10/2006, pág. 378.

STJ. REsp 81101/PR (Recurso Especial 1995/0063170). Fonte: DJU 31/05/1999. REsp 10536/RJ (Recurso Especial 1991/0008177-9). Fonte: DJU 19/08/91, pág. 10993.

STJ. REsp 86450/MG (Recurso Especial 1996/0004420-1). Fonte: DJ 13/11/2000, pág. 00145.

STJ. . Relator: Ministro Jorge Scartezzini. Data do julgamento: 7/12/2006.

STJ. REsp 8754 / SP (Recurso Especial 1991/0003759-1). Relator: Ministro Athos Carneiro. Quarta Turma. /Fonte: DJ 20/05/1991, pág. 6537.

STJ. REsp 886920/PR; (Recurso Especial 2005/0117525-5). Relator: Ministro Humberto Gomes de Barros. Órgão Julgador: Terceira Turma. Data do julgamento: 26/10/2006. Fonte: DJU 27/11/2006, pág. 287.

STJ. REsp 94.277/SP. Fonte: DJ 16.09.1996.

STJ. REsp n. 101.033. RJ. Relator: Min. Aldir Passarinho Junior. Fonte: DJU de 15/05/.00.

STJ. RESP nº 196.024. Relator: Min. César Ásfora Rocha . Fonte: DJ 02.88.99.

STJ. REsp SP 304727/RS (Recurso Especial 2001/0020519-4). Relator Min. Carlos Alberto Meneses Direito. Fonte: DJU de 25/03/2002, pág.: 00275.

STJ. REsp13403/RJ (Recurso Especial (1991/0015813-5). Relator Min. Sálvio de Figueiredo Teixeira.

STJ. REsp169000-RJ (Recurso Especial 1999/0022178-6). Relator: Min. Paulo Costa Leite.

STJ. REsp323172/RS (Recurso Especial 2001/0053662-8) Relator: Min. Carlos Alberto Meneses Direito. Fonte: DJU de 01/04/2002, pág. 00183.

STJ. ROMS. 7859/SP (Recurso Ordinário 1996/0070571-2). Fonte: DJ 13/09/1999, pág. 00074.

TJ. REsp 402227 / RJ (Recurso Especial 2001/0147548-7). Relator: Ministro Aldir Passarinho Júnior. Quarta Turma.

Data do julgamento: 07/12/2004. Fonte: DJU 11/04/2005, pág. 305.

OUTROS TRIBUNAIS

JEC do Rio Grande do Sul. Segunda Turma Recursal Cível.
JER do Rio Grande do Sul. Terceira Turma Recursal.
Jurisprudência da Correção Monetária, ed. RT, pág. 103.
TJDF. AC 5158699. Relator: Des. Sérgio Bittencourt. Fonte: DJU 28/06/2000.
TJMG. Processo n° 1.0024.03.998127-9/001(1). Relator: José Flávio de Almeida. Data do acórdão: 11/10/2006. Fonte: DJ 02/11/2006.
TJMG. Processo n° 2.0000.00.395803-4/000(1). Relator: ANTÔNIO SÉRVULO. Data do acórdão: 23/09/2003. Fonte: 08/11/2003.
TJMG. Processo n° 2.0000.00.508268-4/000(1). Relator: Elpídio Donizetti. Data do acórdão: 15/12/2005. Fonte: 25/02/2006.
TJMG. Processo n° 2.0000.00.510353-9/000(1). Relator: Márcia de Paoli Balbino. Data do acórdão: 08/09/2005, Fonte: DJ 14/10/2005.
TJPB. Apelação cível n° 3.493-2.
TJPB. Apelação cível n° 92.003150-0, da Comarca da Capital, Segunda Câmara Cível. Relator: Des.Antônio Elias de Queiroga.
TJPB. Apelação cível n° 98.002663-8, 1.ª Câmara. Relator: Des. Marcos Souto Maior.
TJPB. Apelação Cível n° 2004.000313-1, Comarca da Capital. Relator: Desembargador Antônio Elias de Queiroga.
TJPB. Apelação Cível n° 2000.001196-7. Relator: Desembargador Antônio Elias de Queiroga.
TJPB. Apelação Cível n° 2000.003165-8. Relator: Desembargador Antônio Elias de Queiroga.
TJPB. Apelação Cível n° 93.008525-5, Relator: Des. Antônio Elias de Queiroga.

TJPB. Remessa de ofício 99.006191-3. Relator: Desembargador Antônio Elias de Queiroga.
TJPR. AC 0023792100. Rel. Des. Abrahão Miguel. Data do julgamento: 19/08/1997.
TJRO. RT 773/ 365. Relator: Des. Renato Mimessig. 365.
TJRS. Apealação cível. Sexta Câmara Cível.
TJRS. Apelação cível. DécimaCâmara Cível.
TJRS. Apelação cível. Nona Câmara Cível.
TJSP. RT, 639/58.
TJSP. RT, 639/58.
TJSP. Sexta Câmara de Direito Privado..
TJSP. Site da RT na Internet.

REVISTAS

Adcoas, Boletim de Jurisprudência, ano VIII, n° 19, verbete. 41.461.
Boletim do STJ, n. 02/2001.
RJSTJ 2/281.
RJTJRS 19/63.
RJTJSP 106/136).
RSTJ 132/313.
RSTJ 76/257.
RT 332/507.
RT 434/76.
RT 437/240.
RT 530/213
RT 724/223.
RT 724/223.
RT 506/256.
RTJ 106/860.
RTJ 106/860.
RTJ 39/38.
RTJ 39/38.
RTJ 67/277.
RTJ 83/929.
RTJ 83/929.

RTJ 110/127.
RTJ 110/127.
RTJ, 40/355; 56/733/; 57/786; 62/255

SÚMULAS

08 STJ.
114 STJ.
121 STF.
141 STJ.
16 STJ.
162 *STJ*.
162 STJ.
167 STF.
179 STJ.
255 STF.
29 STJ.
43 STJ.
43 STJ.
490 STF.
562 STF.
93 STJ.

Impresso em offset nas oficinas da
FOLHA CARIOCA EDITORA LTDA.
Rua João Cardoso, 23 – Tel.: 2253-2073
Fax.: 2233-5306 – Rio de Janeiro – RJ – CEP 20220-060